U0365714

住房城乡建设部土建类学科专业"十三五"规划教材
高等学校城乡规划学科专业指导委员会规划推荐教材

城市综合交通
运输体系发展与规划

刘冰　编著

中国建筑工业出版社

审图号：GS（2020）5013号

图书在版编目（CIP）数据

城市综合交通运输体系发展与规划/刘冰编著.—北京：中国建筑工业出版社，2019.12

住房城乡建设部土建类学科专业"十三五"规划教材　高等学校城乡规划学科专业指导委员会规划推荐教材

ISBN 978-7-112-24543-7

Ⅰ.①城…　Ⅱ.①刘…　Ⅲ.①城市交通运输－交通运输系统－高等学校－教材②城市交通运输－交通运输规划－高等学校－教材　Ⅳ.① U12

中国版本图书馆CIP数据核字（2019）第286234号

　　本教材为住房城乡建设部土建类学科专业"十三五"规划教材、高等学校城乡规划学科专业指导委员会规划推荐教材。教材系统地介绍了综合交通运输体系的基本知识，铁路、水路、公路、航空的交通运输发展与规划，以及交通运输一体化与枢纽规划设计。理论知识讲解细致，与实践案例相结合，章末附表列出了相关规划设计的要点供师生参考，可作为高校城乡规划及相关专业的教材，也可供相关行业从业人员学习参考。

　　为更好地支持本课程的教学，我们向使用本书的教师免费提供教学课件，有需要者请与出版社联系，邮箱：jgcabpbeijing@163.com。

责任编辑：杨　虹　尤凯曦

责任校对：李欣慰

住房城乡建设部土建类学科专业"十三五"规划教材

高等学校城乡规划学科专业指导委员会规划推荐教材

城市综合交通运输体系发展与规划

刘冰　编著

*

中国建筑工业出版社出版、发行（北京海淀三里河路9号）

各地新华书店、建筑书店经销

北京雅盈中佳图文设计公司制版

北京建筑工业印刷厂印刷

*

开本：787×1092毫米　1/16　印张：15　字数：320千字

2019年12月第一版　2019年12月第一次印刷

定价：42.00元（赠课件）

ISBN 978-7-112-24543-7

　　（35210）

前　言

在经济全球化、区域融合和城乡统筹的背景下，随着交通运输技术的迅猛发展，近年来公路、铁路、水路和航空等交通基础设施得到了大规模建设，有力地促进了综合交通运输格局的重大改变。尤其是高速公路、高速铁路和机场的建设，使综合交通运输方式结构不断变化，对城市和区域产生了极其深远的社会、经济和环境影响。

"十二五"期间，我国集中出版了一系列关于综合交通运输领域的规划设计规范。由于城乡规划专业的交通课程相关教材编写时间较早，已无法反映交通领域最新的发展，亟待更新。本教材结合城乡规划专业的教学特点，注重工程性、实践性和政策性的结合，以综合交通运输一体化发展规划为总体线索，分别对铁路、公路、水路和航空运输的系统特征、组成和一般技术要求、选址和规划布局进行了论述。在内容深度上，除了宏观尺度的交通运输网络布局规划，也注重微观尺度的场站规划设计要点，以更好地适应城乡规划的空间层次多、范围跨度大的专业教学要求。

本教材可作为城乡规划、区域规划、建筑学、景观学、交通运输等专业的教材，也可供相关领域的规划设计研究人员在工作中参考。

本教材的特点有：①把握学科的发展动向，在总结国内外综合运输发展经验的基础上，及时反映当代交通运输领域发展的新生事物和最新成就，纳入了最新发布的相关政策、规范、标准和规划。②重视对综合交通运输发展与规划的多角度认识。除了重视工程技术性的要求，还注重规划观念、技术创新、发展政策、空间设计等内容的拓展，使学生更深入地理解综合交通运输活动的复杂性及其与社会、经济、环境可持续发展的关系。③强调不同尺度交通运输与空间布局结构的作用关系，在教材中还补充了各类交通运输设施用地控制的相关要求，有利于加强交通运输规划与国土空间规划的整合。④重视理论与实践的结合，在教材中引用了大量的规划和设计案例，有利于拓宽学生的视野。

本教材共分6章，分别是总论、铁路交通运输发展与规划、水路交通运输发展与规划、公路交通运输发展与规划、航空交通运输发展与规划，以及交通运输一体化与枢纽规划设计。其中，颜淋丽参与了第4章的编写，周玉斌参与了第6章的编写。感谢张秋扬、王舸洋在插图绘制方面做了大量工作，感谢李沛一、周于杰、史帅、袁贝梦、曹娟娟等对部分插图的贡献，也感谢在教材编写过程中提供资料和其他帮助的多位师生和朋友。

由于编写人员水平所限、时间仓促，错误和缺点在所难免，恳请读者批评指正。

目 录

—Contents—

第1章　总论

　　人、物资和信息的移动始终是人类社会活动的基本组成部分。交通运输作为事关经济发展和社会进步的基础性产业，是自然地理、经济社会、政治体制和技术水平等作用的综合结果，其发展水平已成为一个国家和地区进步的标志。

　　现代社会经济的发展过程伴随着交通运输活动的显著增长和网络可达性水平的提高。尤其在20世纪后半叶，贸易的自由化以及劳动力和资源比较优势在全球范围内的有效利用，使这一趋势明显加速，社会日益依赖于交通运输系统来支持通勤、能源供应、生产和配送等各种活动。在这一过程中，交通运输的发展呈现出从单一方式到多式联运、从服务本地经济到服务区域和国际经济、从地方独立管辖到区域联合共管、从注重建设到注重管理等新趋势。

　　交通运输在国民经济中占有重要地位，是引导人口和生产力布局的重要因素，是促进城市和区域发展的根本条件。当前，在城市化、全球化和区域一体化背景下，交通运输技术的迅猛发展和基础设施的大规模建设，促进了交通运输格局的重大改变，对城市和区域产生了深远的社会、经济和环境影响。目前，我国已基本形成了覆盖主要人口和产业聚集地、有效连接城市与农村地区的综合交通运输体系，但仍面临一些突出问题，如交通网络结构尚不完善，各种运输方式之间的有效衔接尚未实现，总体服务水平不高，能耗与排放水平仍未得到有效控制等。

我国正处于快速城镇化的时期，人员和货物运输在安全性、时效性、便捷性和可达性等方面的要求越来越高。按照"新型城镇化"的要求，交通运输要在促进城镇要素跨域流动、引导城镇产业合理布局、优化城镇空间结构方面发挥引领作用，以实现"集约、智能、绿色、低碳"的城镇发展模式。然而，交通运输的发展具有复杂性高、公共性强、资金密集、影响广泛等特征，如何发展和完善综合交通运输系统，更好地满足交通运输需求的增长、提升城市和区域发展的竞争力，成为一个严峻的挑战。要从根本上解决好这一问题，必须从规划入手，统筹兼顾，科学布局综合交通运输网络、优化综合交通运输结构、合理配置交通运输资源，使各种运输方式形成一个有机整体，以充分发挥它们各自的优势，有效地支撑和引导城市和区域的可持续发展。

1.1 综合交通运输的概念

1.1.1 交通和运输

"交通"与"运输"是既相互联系而有所区别的两个概念。"交通"一词泛指"人、货物、信息在地点间的移动或传输"，除了运输，邮电（Communication）也包含在广义的交通概念中。

狭义的交通（Traffic）是指"通过一定的组织管理，实现人和交通工具在水、陆、空线路上移动的一种活动"。交通系统包括四个基本要素：连线、节点、交通工具和组织管理，有道路交通、空中交通、船舶交通等。

"运输（Transport 或 Transportation）"一词在《交通大词典》中的解释是"使用运输工具和设备，运送人和物的生产活动"。《不列颠百科全书》的解释是"将货物和人员从一地运送到另一地，以及完成这类运送的各种手段"。因此，运输是利用交通网络和运载工具，通过一定的组织管理技术，实现人与物空间位移的一种经济社会活动。运输系统包含交通网络（设施）、运载工具、运营组织管理和客货运输对象四个要素。

在两者关系中，运输以交通为基本前提，而交通以运输为主要目的。在很多情况下，交通与运输可以替换使用，如交通线与运输线、交通部门与运输部门等。但两者有不同的侧重和适用情况，交通关注人和各种交通工具的运行特性，运输更关注人和物的载运方式、服务和价格等。比如，汽车作为交通工具或运输工具的含义是有区别的。

1.1.2 交通运输

"交通运输"一词可全面覆盖交通与运输的多种含义，是指人和交通工具在交通网络上移动，以及人与物使用运输工具实现空间位移的经济社会活动的总称。当不是专指交通或运输的差异时，可以使用交通运输这一术语。交通运输系统是由交通运输网络、载运工具、客货流需求和组织管理等四个方面构成的复杂动态系统（图1-1-1）。

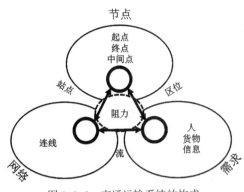

图 1-1-1 交通运输系统的构成

交通运输业的产品不具有实物形态,而是人和物的空间位移。人和物每一次完整的空间位移都包含了从起点到终点的全部交通运输过程。交通运输的目的是克服人为和物理限制形成的空间障碍,包括距离、时间、行政区划等而实现各种联系功能。此外,空间移动还受制于成本的影响,它会因运输中涉及的距离、运输品特性等因素而具有很大的变化。

因此,交通运输本质上是用时间和资金来实现空间移动的一种经济活动,即为人、物(和信息)从起点到终点的空间地理属性赋予这一过程中的增加值(Rodrigue,2009)。正如马克思在《资本论》中所指出的:"物品的使用价值只是在物品的消费中实现,而物品的消费可以使物品的位置变化成为必要,从而使运输业的追加生产过程成为必要"。

1.1.3 综合交通运输体系

随着社会经济的发展,交通运输规模不断增长,需求层次也逐步增加。当社会对交通运输的需求超过任何一种交通运输方式所能提供的服务时,就要求两种或两种以上的方式互相协作来实现完整的客货移动过程。每种方式具有不同的技术经济特征,它们一方面相互补充和依存,另一方面相互竞争和制约。为了扬长避短,要求有计划地开展综合交通运输,加强各种方式之间、各个环节之间的衔接和配合,形成统一的交通运输过程。

20 世纪 80 年代以来,随着计算机、信息和通信技术的迅猛发展,突破了制约综合交通运输发展的瓶颈问题。加之面对经济全球化、需求分散化的挑战,各国实施放宽交通运输市场管制等政策,促进了综合交通运输理论的进一步发展。目前,国外一般倾向于将综合交通运输定义为:长途、全程、无缝、连续的交通运输过程,强调交通运输资源的有效利用和各种方式之间的高效衔接。其中,"长途"是指其运距较长,可能是跨地方、跨区域、跨国家或跨大陆;"全程"是指一次托运或一次售票的"门到门"交通运输;"无缝"指的是交通运输的硬件和软件等实现无缝联结或对接,包括技术装备、网络设施、运营方式、信息通信、组织管理和制度规范等;"连续"指的是交通运输生产作业和其他相关作业,实现不间断、不停顿运转或操作等。

综合交通运输体系是指符合一个国家或地区的经济地理特征,适应国民经济发展和人们生活水平提高的要求,依托交通基础网络、设施和运载工具,采用现代先进技术与组织,各种运输方式分工协作、优势互补,在物理上和逻辑上实现无缝、连续的一体化交通运输系统的总称(图 1-1-2)。与传统交通运输相比,各种运输方式能够按照市场定位、协调配合,整合到"门到门"的交通运输链中,显示出各自合理的内在经济特性和运营特性,达到提高交通运输系统的服务质量和总体效益的目的。因此,发展综合交通运输体系是世界各国在现代化进程中不断适应经济和社会发展的必然选择,也是交通运输生产力发

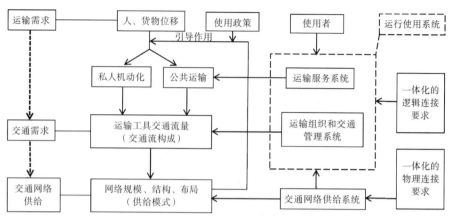

图 1-1-2　综合交通运输体系关系结构图

资料来源：罗仁坚，2009

展到一定阶段的内在要求。我国于 1985 年 8 月在国务院办公厅印发的《交通运输技术政策要点》中首次采用了"综合运输体系"的概念。

在综合交通运输体系中，政策引导和组织管理贯彻于交通基础网络和一体化运输服务两大系统之中，对综合交通运输体系的发展方向、结构特征和综合效能具有根本性的影响。如美国为全面推进国家综合交通运输系统的规划、政策和分步实施，于 1991 年颁布了《地面多模式交通运输效率法案》（*Intermodal Surface Transportation Efficiency Act*），规定：国家综合交通运输系统应由统一标准和相互联结的各种交通运输方式组成，其建设重点是方式间的联络设备、交通枢纽和公共交通运输通道等。欧盟也于 1997 年制定了欧洲统一的综合交通运输基础设施发展战略。

在技术、资金和法规的推动下，综合交通运输体系不断发展。从各种运输方式之间的分工协作关系来考察，综合交通运输体系的发展可分为起步阶段、成长阶段和成熟阶段（表 1-1-1）。

综合交通运输体系的发展阶段　　　　　　　表 1-1-1

阶段	时间	特征
起步阶段	19 世纪初到 20 世纪 50 年代初	各种现代交通运输工具相继问世，在运输市场出现交叉和竞争，同时有了初步分工和简单的节点设施衔接。但各种运输方式发展尚不完善，它们之间良好的分工协作关系尚未形成
成长阶段	20 世纪 50 年代初到 20 世纪 70 年代末	各种运输方式的发展相对完善，运输结构发生重整，各种运输方式的市场定位更加明朗，各种运输方式之间、各个运输环节之间的衔接与配合更加紧密
成熟阶段	始于 20 世纪 80 年代	各种运输方式的发展走向成熟，运输结构调整成为发展重点，以一体化运为目标的综合性技术、组织与体制整合不断加强，联合运输迅速发展，更加重视节能环保等外部效应

1.1.4　综合交通运输体系的基本特点

概括起来，综合交通运输体系具有以下几个特点：

(1) 它是多方式的，包括客、货运中所有的交通运输方式，它们具有不同的运行速度、运载能力、运输费用等服务性能，也具有不同的空间和环境效应。在综合交通运输体系中，一个地区或城市被视为统一的多模型系统，必须考虑全部的交通运输方式、各个组成部分、所有的变动因素。即对于每一种交通运输的"流"，应考虑从起点到终点的全部旅程和使用的各种运输方式和设施。

(2) 它是多主体的，包含公共部门、私营部门、公众群体等不同的利益相关者，他们分别担当着决策者、建设者、运营者和使用者的角色[①]。作为基础性准公共产品，交通运输的供给通常采取政府干预、公私合营、私人经营等不同形式，公共和私人的价值观对交通运输决策均有显著的影响。长期以来，使用者的需求变化引起了系统供给在规模、结构和布局上的调整，在当前资金和环境的约束下，供给水平、费用和政策的改变会更显著地影响需求的发展。

(3) 它是多问题的，涉及交通运输行业的制度、交通运输发展的政策、交通运输网络的规划、交通运输系统的运营和管理、特定交通设施的布局和设计以及相关的财政、法规等一系列问题，甚至关系到国家的统一和国防等事业的发展。交通运输还能够通过促进或限制人们的移动而影响社会的相互作用，从而支撑甚至塑造社会的结构关系。因此，综合交通运输体系的发展不能孤立于城市的社会、经济、政治背景之外，经济发展、环境质量[②]、社会公正以及财务可行性等对交通运输决策的影响越来越大（图1-1-3）。

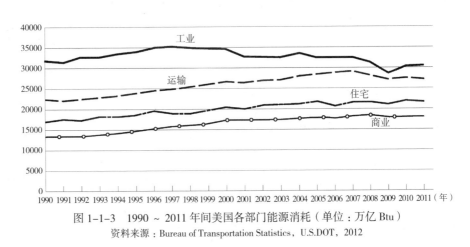

图 1-1-3　1990～2011年间美国各部门能源消耗（单位：万亿 Btu）

资料来源：Bureau of Transportation Statistics，U.S.DOT，2012

(4) 它是多学科的，在这个广阔的领域中融合了经济学、工程学、运筹学、管理学、法学等自然科学和社会科学的理论和方法，以全面解决从抽象的理论、复杂的模型和具体的规划设计与运营方案，直到政治上重要的公共

---

① 各级政府作为投资来源和规则制定者在交通运输系统发展中起着关键作用，经常为公路、铁路、公共交通等基础设施建设和运营提供补贴。

② 交通运输是当代环境问题的一个主要影响因素，其环境后果非常重大，包括空气和水的质量、噪声水平、人体健康以及气候变化等。

政策和制度性改革等各种问题。这样才能既形成交通基础网络的一体化物理连接，使各种运输方式在布局和能力衔接上协调发展；又形成运输服务、市场开放、经营合作、技术标准、运营规则、运输价格、清算机制、信息以及票据等方面的一体化逻辑连接，实现交通运输系统的整体有机配合和全过程连续运行。

1.2 综合交通运输体系的演变

纵观人类文明的发展史，交通运输革命给人类社会带来了深刻的影响，可谓载着历史前进的车轮。每一次新技术革命和经济振兴，都会带来交通运输的空前发展，扩大了人类活动的视野和空间，反之，交通运输体系的现代化过程又是社会经济跃进的先声。

1.2.1 交通运输技术变革

在人类科技进步、需求诱致、政策推动等因素的作用下，交通运输技术处于不断革新之中，具体可归结到导向和载运工具（车辆）、支持系统两大方面（图1-2-1）。

以人力、畜力和风力作为动力的交通工具占据了人类历史的绝大部分时间。早在原始社会，人类创造出最早的水上交通工具——筏和独木舟，以后逐渐发明了车。车的运用促进了道路的发展，四大文明古国以及希腊、罗马等欧洲文明的发祥地都是"丝绸之路"所通达的地区。

14世纪以后，随着造船和航海技术的进步，出现了以风力为动力的远程三桅帆船，开启了运输史上的第二次革命。它使人类的活动范围扩大到洲际，欧美海上贸易迅速兴起，世界经济中心逐渐从内陆转移到沿海。这一时期，英国依靠海上优势建立了世界海洋运输网，成为世界经济强国。

19世纪，蒸汽机相继用于船舶和火车上。1807年，第一艘蒸汽机船"克莱蒙特"号在纽约哈德逊河下水，1825年，英国斯托克顿至达灵顿的第一条铁路通车，宣告了第三次运输革命的到来。它开创了以机械为动力的现代交通运输新纪元，交通运输体系进入飞速发展阶段。蒸汽机船和铁路因其运能大、成本低而在早期的工业化国家迅速发展，在较短时期内便成为货物运输的主力军。在美国，税道和运河改善了东西部贸易的运输条件，随后连结各州的大规模铁路网进一步降低了运输成本，促进了全国统一市场的形成和经济的显著增长，使美国赶超其他国家成为世界上最大的经济体。

随后，电动机、内燃机技术应用于载运工具上，各种新型交通工具不断出现，其中内燃机的发明使交通运输技术发展到一个新的阶段。1883年，戴姆勒和本兹制造出了内燃机汽车，使人类进入汽车时代，至20世纪20年代，小汽车在美国已基本普及，公路运输也得到了快速发展。1903年，莱特兄弟发明了最早的飞机，这是人类20世纪所取得的最重大的科技成就之一。从20世纪50年代起，喷气式飞机使洲际间的旅行时速超过900km，航空运输因速度上的突出优势得到迅速发展，多种方式并存的水、陆、空综合交通运输体系逐步形成。

图 1-2-1 交通运输技术发展与变革

资料来源：R.Tolley，B.J. Turton，1995

1.2.2 交通运输发展的新趋势

20 世纪 80 年代后，发达国家的经济进入后工业化时期，新技术促进了交通运输体系的进一步升级，出现了一些新的发展趋势。

1.2.2.1 旅客运输走向高速化和舒适化

这一时期，出现了载客量在 300 人以上的大型宽体客机，以满足民航旅客大幅增加的需要。2007 年投入使用的 A380 客机，拥有 4 条乘客通道，可承载 800 多名乘客。依靠电气牵引的高速铁路技术也发展成熟，时速达到 300km 以上，为城市间中长距离旅行提供了一种有竞争力的方式。磁浮列车进一步实现了铁路技术的突破，世界上首条商业运营的上海磁悬浮列车专线于2003年投入使用，其最高运行时速达到430km。

1.2.2.2 货物运输走向专业化和重载化

在企业跨国化和适时制生产（Just-in-time）的背景下，全球贸易增长对陆路和水路交通运输、换装作业和组织管理等提出了更高要求，促进了集装箱多式联运、管道运输的迅速发展。为了提高运输效率、改善运输服务和降低运输成本，载货汽车和船舶的发展方向是大型化、专用化和集装箱化（表1-2-1），出现了重载列车、大型船舶（如超级油轮、散货船、货柜船等）和专用码头，拖挂和甩挂运输车辆以及罐装车、冷冻冷藏车等各种专用货运车辆的发展也十分迅速。国际贸易中电子产品、贵重物品、鲜活货物和精密仪器的运输需求日益增加，航空货运发展迅速，成为货物运输新的增长点。

运载工具大型化发展 　　　　　　　　　　　　　　　　表1-2-1

交通工具	示意	运量	卡车当量
船		1500吨/52500蒲式耳/453600加仑	58
底卸式卡车		100吨/3500蒲式耳/30240加仑	4
100车厢火车		10000吨/35000蒲式耳/3024000加仑	385
半挂式卡车		26吨/910蒲式耳/7865加仑	1
巴拿马型集装箱船		5000标准集装箱	2116
巨型油轮		300000吨/200万桶油	9330
747-400F飞机		124吨	5

1.2.2.3 能源动力和车辆技术走向环保化、低碳化

伴随资源、环境问题的加剧，保护环境和节约资源成为综合交通运输体系走向成熟的重要标志。许多国家制定了法规、政策和标准，推动交通环保技术的研究和应用，包括提高能源使用效率、促进替代燃料使用、减少车辆尾气和碳排放等，以减轻对环境和气候变化的不利影响。各种清洁燃料和新能源车辆受到重视，电动汽车（混合动力、纯电动及燃料电池车）、气体燃料汽车、生物燃料汽车、氢燃料汽车等开始出现。

1.2.2.4 组织管理走向自动化和科学化

以信息和通信技术为支撑，综合交通运输体系走向智能化时代。它将先进的信息技术、数据通信传输技术、电子传感技术、控制技术及计算机技术等有效地集成，形成实时、准确、高效的综合交通运输管理系统。GPS车辆跟踪定位系统、CVPS车辆运行线路安排系统等技术手段得到应用，显著提高了运输

生产自动化管理水平。在未来一个时期，车联网、船联网将成为交通运输智能化的发展重点。

1.2.3　交通运输结构及其变化

格鲁贝勒提出了运输技术扩散与替代理论，认为某一种运输方式的技术增长呈明显的"S"形态，开始时缓慢增长，接着加速增长，最后达到饱和。新的运输方式引入市场后，会产生新的竞争关系，导致各种方式市场份额的变动，使整个运输结构发生重大改变；而随着它对其他运输方式的替代影响逐渐弱化，最终形成一种新的平衡。因此，交通运输结构的变化过程就是各种交通运输方式经历竞争、替代、衰退、复兴、再竞争的一系列过程。

各种交通运输方式由于在速度、安全、舒适和经济等方面具有不同的技术特性，它们对各种交通运输需求有不同程度的符合度，由此在不同的交通运输活动中起到不同作用。通常情况下，以各种运输方式在一段时间内完成的运输量大小及其比重来反映交通运输结构，既可以体现各方式的地位和作用，也可以体现它们的发展状态和利用程度。

在世界范围内，交通运输业的发展经历了几次剧变期，使交通运输结构发生了重大转变（图 1-2-2、图 1-2-3）。

1.2.3.1　铁路高潮时期

自 19 世纪 30 年代以来，进入工业化的欧美各国率先掀起了铁路建设的高潮。铁路具有运能大、成本低的优势，弥补了水路运输速度慢、受地理条件限制的不足，满足了社会化大生产对人口、产业向城市集聚的要求。铁路解除了产业布局对水路交通的过分依赖，动摇了内河航运的主导地位，成为当时最有优越性的交通运输方式。到 1916 年，美国铁路营业里程达到历史最高峰，约 41 万 km。通达的铁路网为美国经济的高速发展和边远地区的开发创造了最有力的条件。

1.2.3.2　汽车高潮时期

第二次世界大战前后，美、欧相继进入了汽车普及的时期，带动了公路交通运输的发展。尤其随着高速公路网的大规模建设，公路运输在短途和长途方面均显示出机动灵活、快捷方便的优势，与水路、铁路运输展开了激烈的竞争。到 20 世纪 50 年代，传统铁路越来越缺乏竞争力，许多国营铁路运输效益降低，铁路干线大幅度萎缩。美国在这一期间建成了以高速公路为主的综合运输网，法、德等国也构建了庞大的高速公路网。公路运输所占的比重迅速提高，铁路运输比重逐渐下降，内河运输则进一步萎缩。

1.2.3.3　航空大发展时期

从"二战"结束后到 20 世纪 60 年代开始，机场和航路网等基础设施得到大量兴建，民航进入了大众化运输时代，贸易和旅游业的发展促进了航空运输量的快速增长。在 1960 ~ 2010 年间，美国的航空客运周转量由 311 亿人次英里增长到 5647 亿人次英里，所占比例由 2.3% 扩大至 11.6%，主要是长距离的公路运输转移到航空运输所引起的。航空货运满足了高科技贸易全球化发展的需要，市场份额也大幅增长。美国航空货运周转量所占比例从 1950 年的 0.03% 增加至 1990 年的 0.37%，其营业收入占货运总营业收入的比例达到 4%。

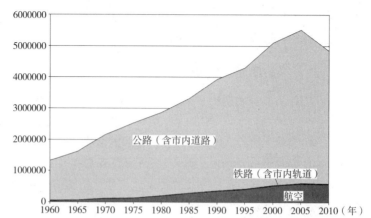

图 1-2-2　美国国内各种方式的客运周转量变化情况（单位：百万人次英里）
资料来源：根据统计数据绘制

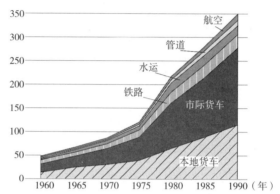

图 1-2-3　美国货物运输营业收入增长（单位：10 亿美元）
资料来源：Bureau of Transportation Statistics，U.S.DOT，1994

1.2.3.4　铁路再发展时期（第二次铁路时代）

自 20 世纪 70 年代开始，伴随着全球性能源危机、环境问题的凸现，高速铁路运输显现出巨大的优势。日、法、意、德推动了早期的高铁建设，20 世纪 90 年代后，欧洲议会批准了泛欧高速铁路网的规划，西班牙、比利时、荷兰、瑞典和英国等国家开始兴建高速铁路。与公路和航空相比，高速铁路在城市间中长距离的旅行方面具备了竞争力，填补了铁路的市场份额，创造了一种新的动态平衡。自 1995 年欧洲之星（巴黎—伦敦）运行以来，高速铁路旅客人数迅速增长了 33%，航空运输则从 70% 下降到 41%，显示了高铁对铁路运输复兴的作用。从世界经验来看，在高铁运行 3 小时以内的范围，高铁的市场份额通常超过 50%；在更远的范围，民航的市场份额大于 50%。900km（按照高铁时速 300km 计）是高速铁路与民航市场份额竞争的临界点。

可见，随着交通建设的重点先后由水路转向铁路继而公路、航空，交通运输的整体格局发生了剧变。公路在客货运市场跃居主导地位。铁路在中长途运输方面保住了部分市场，但长途运输更多被航空所取代。内河运输在大宗散货运输方面拥有一定份额；远洋运输则随着对外贸易的迅速发展而在外贸货运中独占鳌头。今后，高速化运输方式的进一步发展可能再次引发交通运输结构的变化，例如在

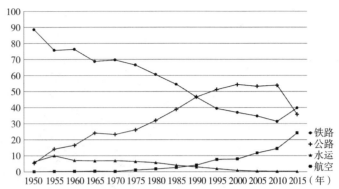

图 1-2-4　中国各种交通运输方式的客运周转量比例变化（单位：%）

资料来源：根据统计数据绘制

相同的总旅行时间下，时速 500km 的高速磁悬浮，其优势距离可以达到 1500km。

从整体上来说，我国综合交通运输体系处于快速发展阶段。1949 年以来，旅客运输规模显著增长，旅客运输结构也从铁路占绝对主导，转变为公路、铁路和航空竞合发展的格局（图 1-2-4）。至"十一五"末，公路客运周转量占据半壁江山；航空运输发展迅猛，比重已接近 15%；铁路运输比重则因公路和航空的竞争而显著降至 30%（后来随着高速铁路的客流增长而企稳）；水运则进一步萎缩，比重不足 1%。伴随我国经济发展的进程，货物运输结构也经历了根本转折（图 1-2-5）。中华人民共和国成立初期，重工业得到优先发展，铁路和水运由于能够以低廉的价格为工业生产提供大宗原材料而成为当时的发展重点，至 20 世纪 70 年代，铁路和水运占货运周转量的比例达到 90% 以上。改革开放以来，加工工业和第三产业的发展速度超过了传统重工业，它们要求迅捷、灵活的交通运输服务，对运输价格的承受能力更强。结果，铁路货运周转量的比例持续降低，并被公路运输所超越；水运（含远洋运输）的比重则因国际贸易的增长而得以保持。

总之，除了技术因素以外，国家或政府的资源开发和利用、产业和贸易、生态环境保护等政策因素，都不同程度地影响着交通运输结构的发展。各地交

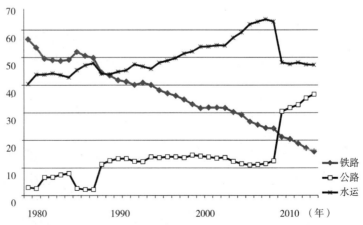

图 1-2-5　中国各种交通运输方式的货运周转量比例变化（单位：%）

资料来源：根据统计数据绘制（2008 年统计口径有变化）

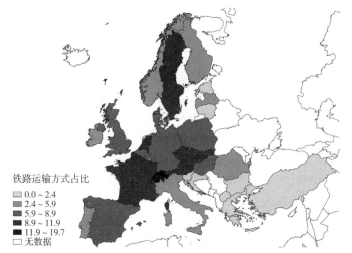

铁路运输方式占比

□ 0.0 ~ 2.4
■ 2.4 ~ 5.9
■ 5.9 ~ 8.9
■ 8.9 ~ 11.9
■ 11.9 ~ 19.7
□ 无数据

图 1-2-6　2017 年欧洲主要国家内陆客运周转量的铁路运输方式占比（单位：%）

资料来源：根据统计数据绘制

通运输方式的发展往往受到不同条件的制约，使交通运输结构的演进表现出一定的个体差异。比如，在欧洲主要国家的客运周转量构成中，瑞士的铁路运输比重最高，为 19.7%，希腊仅为 0.9%。又如，在美国密西西比河流域，内河航运拥有其他地区不可比拟的优势地位。

1.3　交通运输与城市和区域发展的关系

1.3.1　交通运输的时空效用

交通运输是最重要的人类活动之一，它创造了空间位置和各种活动之间有价值的连接，使各个地点之间建立起不同的社会经济联系，并映射到基于"流"（人流、物流）的空间联系上[①]。交通运输作为调度本地区和整个区域乃至世界地理资源的一种手段，既是社会经济活动的影响因素，反过来也受到它们的影响，各地社会经济发展的水平、管理客货运输系统及其信息流的能力是相互依存的。比如，衡量中国 GDP 增长的"克强指数"[②]就纳入了"铁路货运量新增"这一交通运输指标。

一般认为，交通运输发展有利于提高经济活动的附加值、促进地域分工和规模经济、影响土地价值。有了廉价的交通方式以后，每一地区都可以按照比较利益的原则，生产相对优越的产品，并通过相互交易达到彼此的经济

---

① 马努·卡斯泰尔（Manuel Castells）提出，"流空间（Space of Flow）"是一种动态化的空间概念，是信息社会占支配性地位的空间形态。作为不同的流要素，"交通流"反映的是地理实体空间的关系，"信息流"反映的是网络信息空间的关系。尽管"流空间"对于以地理距离为核心的地理学和空间经济学产生了冲击，但信息传递并不能取代物质输送，交通流仍具有基础性的空间联系意义。

② 所谓"克强指数"（Li Keqiang Index），是英国著名政经杂志《经济学人》在 2010 年推出的用于评估中国 GDP 增长量的指标，该指数包括三种经济指标，即"工业用电量新增""铁路货运量新增"和"银行中长期贷款新增"的结合。

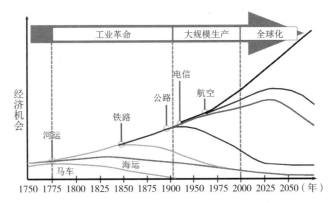

图 1-3-1 各种交通运输方式对经济机会的累积贡献

资料来源：J.P.Rodrigue，等，2009

目的（图 1-3-1）。早在 1776 年，亚当·斯密在《国富论》中论述了交通运输对城市和地区经济繁荣所起的促进作用，后来弗里德里希·李斯特在《政治经济学的国民体系》中提出了依靠交通运输驱动经济繁荣的思想，马克思在《资本论》中也论述了铁路和航运对资本主义大工业的作用。交通运输的发展不仅促进了产品交换，人员的流动性也大为增强，尤其在工业革命之后，有力地推动了城市化的进程，改变了人们的工作、生活和旅游方式以及相应的活动区位选址决策。

　　经典的"工业区位论"和"中心地理论"都阐释了交通可达性对地区发展和地区间联系的重要性。在交通运输网络的成长阶段，由于交通建设的边际效应显著，改善交通运输条件往往是一个地区增加发展机会、提升竞争力的必然要求。因此，交通运输经常被用作刺激经济、创造就业机会的主要措施，这又会进一步形成大量新的交通运输需求。对于一个特定的交通运输网络，各个地点因为处于不同的区位而具有不同的可达性水平和时空属性；当交通运输网络发生变化时，各个地点的可达性也随之改变，成为塑造新的位置移动模式和空间结构关系的关键力量，导致产业布局、人口变迁和地域空间格局的变化。在越来越以全球化流动和国际交易为主导的世界经济中，竞争力、就业和可达性被共同视为实现经济增长的必要条件。因此，交通运输对地区发展具有重要的引领作用，交通改善必须纳入地区发展战略，而国际枢纽地位的竞争已经上升到了国家战略。

1.3.2 交通运输与空间演替

　　从历史维度上考察，发现几乎每一种交通运输方式的引入，都会导致交通运输网络的重构，使得一批城市依托交通优势而兴起，有些城市则因交通萧条而衰退。卡萨达将这种现象总结为"冲击波"[①]，每一次"冲击波"都伴随着交通运输与产业经济的互动发展，使经济中心发生转移，也使城市的地理分布、

---

① 卡萨达（Kasarda）总结了大航海时代以来，美国交通运输体系演变与城市发展之间的关系，提出了"第五波理论"，认为随着经济全球化的深入发展，由航空运输引起的时间价值竞争，已经成为继海运、河运、铁路、公路运输之后，驱动经济发展和财富增长的"第五冲击波"。

空间结构和布局形态发生改变。

　　各种交通运输方式的网络布局差别很大（表1-3-1）。在不同交通运输方式兴起的时期，形成了各具特点的码头城市、海港城市、车站城市、多中心城市和空港城市等。从地域上来说，远洋和航空运输具有国际性，大型商港和航空枢纽促进了国际经济中心的形成和发展；而公路、铁路运输以地方性为主，它们促进了产业重构与空间重组，进而改变了国家和区域的空间格局。

不同主导交通运输方式下的产业和城市发展特征　　　　表1-3-1

运输方式	内河运输	远洋运输	铁路运输	公路运输	航空运输
发源时间	农业社会	大航海时代	蒸汽机时代	机动化时代	信息化时代
代表性城市或地区	码头城市（Dock City）	海港城市（Harbor City）	车站城市（Depot City）	多中心城市（Multi-center City）	空港城市（Aerotropolis）
城市发展特征	大量城市因水而兴。单个城市规模小，布局紧凑	国际性商业中心城市崛起，城市规模增大	人口和产业大规模集中，出现了一批有特色的工业城市和工商业城市	沿路产业带以及都市圈、大城市带和城市群形成，郊区化蔓延加剧	临空地区的功能不断扩展，形成以机场为核心的产业集聚区或城市
运输需求	粮食、农副产品、纺织品、原材料等物资，适合便宜、大容量的运输工具	海上贸易以及钢铁、石油加工工业对国外原料的严重依赖，进一步刺激了海运的发展	电力、冶金、化工等以大宗燃料及矿石为基本原料的重工业崛起，大大促进了铁路运输的发展	随着资源利用率的提高、燃料结构的变化以及初级产品的深加工发展，公路运输呈上升势头	工业品的价值提高，技术资本含量大，物质含量相对较低。航空运输比例上升，铁路、水运比重进一步下降
产业布局	河岸型	临海型	煤铁集中型	网络分散型	临空型

1.3.2.1　码头城市

　　铁路出现之前，陆路交通困难而且成本高，内河水运是主要的运输方式。城市往往坐落在天然港口附近，以借助便利的水运条件。早期的奴隶制城市多建立在水运方便且有利于灌溉的河流沿岸，如两河流域、黄河流域、尼罗河流域和印度河流域。我国隋朝建成的大运河工程也孕育了沿岸的许多城市，促进了这些城市在文化与经济上的繁荣。徐州、扬州、镇江、常州、苏州、嘉兴、杭州等城市的兴起和发展与大运河的建设是分不开的。

1.3.2.2　海港城市

　　大航海时代以来，远洋运输和海上贸易促进了海港城市的大发展和经济中心的崛起。一大批沿海城市纷纷在主要港口形成，并在一些主要海港周围出现了国际性的商业中心城市。如15、16世纪的威尼斯、里斯本，17世纪的阿姆斯特丹、安特卫普，18世纪的伦敦、利物浦、汉堡，19世纪的纽约、蒙特利尔，到20世纪70年代前美国的洛杉矶，日本的横滨、东京，再到近来的新加坡市、香港、上海等。相反，我国宋元时期的东方第一大港泉州，曾是海上"丝绸之路"的重要港口，却因明清时期厉行海禁而逐渐没落。在船舶大型化的发展趋势下，深水港口具有物流便利性的优势，它们极有可能成为全球贸易路线和供应链上的重要节点，这些港口城市也可藉此跻身国际性大都市。

1.3.2.3 铁路车站城市

由于大规模运输的特点，铁路大幅降低了运输成本，扩大了市场规模，加速把人口、资本和工商业集中到城市，使欧美国家经济增长的基础条件得到显著改善，率先加快了城市化进程。在英国，铁路连通了主要的矿区和其他原料产地，加强了以棉制品制造为主的曼彻斯特与港口城市利物浦的联系。19 世纪后期，美国处于铁路枢纽的一些内陆城市繁荣起来，辛辛那提、克利夫兰、底特律、印第安纳波利斯、圣路易斯、密尔沃基、芝加哥等城市迅速成长，城市间的产业分工也开始形成，如密尔沃基以农产品加工和酿酒为主，底特律以钢铁机械产品著称，亚特兰大成为商品生产、交易、配送中心。铁路开通以后，我国的经济中心也发生了重大变化。在铁路沿线，一些原有的城市变得更为重要，如北京、上海、天津、长春、济南等；同时形成了一些新的经济中心，如哈尔滨、大连、青岛、石家庄、包头等。

1.3.2.4 多中心城市

公路由于建设时间短，投资成本低，对地方经济的促进效应快。美国政府推行了大规模援助公路建设的政策，在 20 世纪 70 ~ 80 年代建成了世界上最为发达的公路系统，形成了横贯东西、纵贯南北的骨干公路网络，大大缩短了城市间的时空距离，降低了客流通勤成本和货物运输成本，城市化进程突飞猛进。人口和工商业活动已不局限在铁路线附近，而是在区域上沿公路蔓延，促进了沿线产业带的发展，形成了以大城市为中心、中小城镇相互联系的城镇体系，都市圈、大城市带和城市群成为一种新的城市组织形态。迅速成长起来的郊区中心与传统市中心共同建立起了多中心的城市结构，甚至引发了市中心的衰退。"汽车社会"还催生了一批依托汽车产业的"汽车城"，以底特律为典型，它采用适合小汽车交通的分散发展模式，没有明显的市中心。

1.3.2.5 空港城市

在全球化背景下，航空运输适应了国际贸易距离长、空间范围广、时效水平高等要求。航空枢纽作为产业服务的节点和门户，能够满足新经济对"联接性、速度和灵敏性"的需求，成为国家和地区经济增长的发动机。美国作为全球最大的经济体，拥有世界上最大的航空市场，拥有纽约、芝加哥、华盛顿、亚特兰大、洛杉矶、达拉斯等国际航空枢纽。欧洲主要经济体也拥有伦敦、巴黎、法兰克福等枢纽机场。随着经贸旅游的发展，近年来亚太和中东地区的航空运输出现高速增长，香港、新加坡市、北京、上海、迪拜、广州机场的旅客吞吐量均居于全球前列。

基于航空便利性和空地联运的优势，信息密集型的企业纷纷将机场作为有吸引力的选址地点，机场日益成为就业、购物、贸易、商务和休闲的聚集地。除了航空基础设施和核心服务外，物流和自由贸易区、企业总部、零售商业中心、办公会展中心、加工装配园区、健康医疗等各种非航空业务的功能在机场周围产生并扩展，形成了以机场为核心的产业集聚区。孟菲斯被认为是北美首屈一指的航空城，它是联邦快递（UPS）公司的全球总部所在地，该机场及其有关企业共提供了 22 万个就业机会，占到全市的 1/3。

1.3.2.6　高铁枢纽城市

高速铁路兼具速度快、运量大的优势，能够对地理空间产生显著的"时空压缩"效应，促进高铁活动圈的形成和发展，原有城市群的尺度随之扩大，中心城市的集聚功能也得以强化；同时，还会造成城市的影响范围相互重叠，使它们的经济联系和职能分工发生分化。通常，在高速铁路的"虹吸"作用下，总部经济、科技服务、会展博览等经济活动会向中心城市集聚，从而增强其区域中心的地位；一些中小城市的要素资源可能被吸引到附近的大城市，导致沿线地区发展的不均衡。连接东京、大阪、名古屋三大都市圈的日本东海道新干线，促进了东京—大阪都市连绵带的发展，设有高铁站点的城市其人口和产业增长率普遍高于没有站点的城市；我国的高速铁路网也大大增加了出行的便利，推动了区域经济的发展和升级。

高铁站点的对外连接度高，成为城市参与区域经济活动的新型空间节点。其中，有的高铁站区会崛起成为城市中心，有的会形成不同类型的"新城"或"新区"，还有的会带动周边地区的复兴。但是，并非每一个高铁站点都能对城市或区域经济产生重大的影响，如法国 TGV 东南线有三个新建站点，仅里昂地区出现了明显的经济增长。

总之，随着综合交通运输体系的进一步发展，各种交通运输方式将共同形成互通互联的多层级交通运输网络，资源要素以前所未有的速度和容量移动，使空间上的同时集中和分散成为可能。这些物质网络与信息网络把交叠影响的功能地域联结起来，过去单个城市之间的竞争也将转向以城市群为主体的群体竞争，从而在城市、区域乃至更大的范围内形成新的地理网络，引发城市和区域格局的重构。

需要注意的是，交通运输不是唯一决定这一演化的因素。比如，高速公路的发展并不能单独引起郊区化和大都市的扩展，而是紧密关联着收入的提高、住房的变革和劳动力市场或其他方面的动力。只有将交通运输政策与人口、空间、产业等相关政策相结合，才能更好地发挥交通运输引导社会经济发展的作用。

1.4　综合交通运输体系规划

1.4.1　综合交通运输体系规划的发展历程

综合交通运输体系规划是根据国家、区域、城市的社会经济发展情况，对一定时期内交通运输基础网络、运输服务和支持保障等各方面未来发展所做出的总体安排。为了指导各种交通运输方式的无缝衔接和优势互补，推进综合交通运输由低级向高级发展，综合交通运输体系规划必须先行。

我国政府对综合交通运输体系规划日益重视。1987 年，党的十三大报告把加快发展综合运输体系作为今后相当长时间内调整和改造交通运输产业的基本方向。2001 年，原国家计委组织编写了《"十五"综合交通运输体系发展重点专项规划》，这是我国政府首次完成的关于交通运输业综合发展五年计划的纲领性文件。此后，国家先后批准颁布了《中长期铁路网规划》《国家高速公路网规划》《农村公路建设规划》《全国沿海港口布局规划》《全国内河航道和港口布局规划》《全国民用机场布局规划》等。2007年11月，国务院常务会议审议并原则通过了《综合交通网中长期发展规划》，标志着我国交通运输已迈入全面建设现代综合交通体系的新发展阶段。至此，综合交通运输规划体系基本形成。

2012年6月，我国《"十二五"综合交通运输体系规划》经国务院正式发布。"加快交通发展方式的转变，实现各种运输方式从分散、独立发展转向一体化发展，初步形成网络设施配套衔接、技术装备先进适用、运输服务安全高效的综合交通运输体系"的目标以规划形式得到明确。各区域、省市层面也开展了综合交通运输体系规划的编制工作，有力地推动了我国地方性综合交通运输体系规划工作的开展。

1.4.2　综合交通运输体系规划的基本原则

综合交通运输体系规划的对象是一个开放、动态、复杂的巨系统，其根本目的是要根据资源、环境约束条件，对各种交通运输方式进行统筹布局和优化组合，充分发挥各自的比较优势，在有效满足交通运输需求的情况下，实现交通运输与社会经济发展、生活质量提高、资源高效利用、生态环境保护之间的协调，促进城市和区域可持续发展。

在综合交通运输体系规划中，需要遵循以下主要基本原则：

（1）整合集成原则。在交通系统规模逐步扩大的同时，各类交通设施之间的关联性增强，越来越依赖于整体效益的发挥。规划应考虑多式联程、联运的需要，统一布局和合理组织各种线网、合理配置和综合设计场站设施、充分协调通道和枢纽的关系，形成结构合理、功能健全、无缝衔接、服务完善的综合交通运输系统。

（2）主动引导原则。综合交通运输体系规划要从被动适应转向主动引导，加强与城乡建设、社会经济、环境保护等规划的衔接，结合当地社会经济、产业发展的实际要求，合理制定交通运输的发展政策和规划措施，以带动生产力布局和空间结构的优化调整，促进城乡发展与交通运输的良性互动（图1-4-1）。

（3）内外衔接原则。全球化和区域协作中的社会经济活动需要同时依赖城市的对外交通和内部交通才能完成。前者主要承担城市融入区域和世界运输网络的联系功能；后者主要承担城市地域内的联系功能，两者各有分工侧重。应合理疏导过境交通和城际交通，加强综合枢纽体系的建设和一体化换乘组织，形成城市交通和区域交通的高效对接。

（4）综合效益原则。除了满足交通使用者的需求，规划还要考虑交通运输发展的多目标要求，重视社会隔离、环境污染、生态破坏等外部效应，不断优化交通运输结构，力求以最小的资源和环境代价满足交通运输的需求，实现速度、规模、效益的统一。

（5）因地制宜原则。规划要充分考虑当地的自然条件和特点，深入分析地

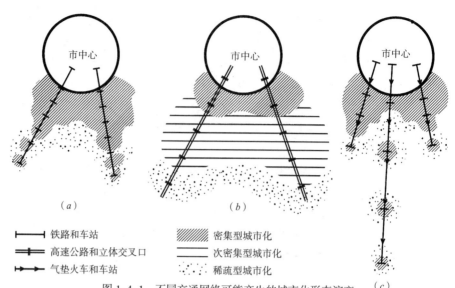

图 1-4-1 不同交通网络可能产生的城市化形态演变
（a）由铁路产生的城市化；（b）由高速公路产生的城市化；（c）由快速交通线和普通铁路产生的城市化
资料来源：皮埃尔·梅兰，城市交通，1996

形、地质、气候、水文等因素对交通运输走廊和枢纽布局的影响，采用适宜的技术标准，选取合理的线路走向、站港位置，并贯彻节约土地资源、保护生态环境的政策，尽量少占耕地、不占良田。

（6）科学决策原则。要科学运用交通运输规划与决策管理的理论与方法，推广信息化、智能化等先进技术的应用，辅助交通规划分析与决策。根据经济社会发展的实际情况和资金筹措的可能性，合理安排建设项目，优化资源配置，保证综合交通运输体系的健康有序发展。

1.4.3 综合交通运输体系规划的理论框架

综合交通运输系统与社会经济系统密不可分、交互影响，这是交通运输体系规划的基础观点。这一观点反映在交通运输规划模型中（图 1-4-2），可以用三个基本变量来解释：交通供给，即提供各种交通基础设施和运输服务；用地活动，即各种用地上的社会与经济活动；出行活动，即交通运输需求，表现为各种流的模式，包括起点、终点和通过各种方式的人和货物的数量。

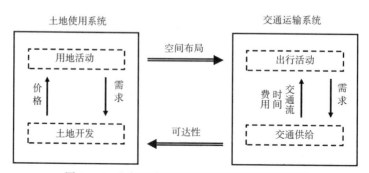

图 1-4-2 空间活动系统和交通运输系统分析模型

出行活动取决于交通供给与用地活动，它在一定时间内又会引起交通运输系统的变化：在出行需求的驱动下，企业和政府会发展新的服务或改善现有的服务；从长期看，出行活动还可以通过交通运输服务和设施、资源供给而改变用地活动系统。用地活动系统的演化过程由很多力和市场决定，它们相互叠加和相互联系着——如社会结构、政治组织、房地产市场等，其内部动力学十分复杂，交通运输则是这些影响力中一个含有社会、经济、政治因素的力量。

因此，综合交通运输体系规划的实质是准确而审慎地介入一个社会的复杂结构中，与其他的公共和私人活动相配合，利用交通运输系统有效地推动各地社会经济的发展。为此，要充分考虑引起交通运输发展变化的需求因素、技术因素和价值观因素，基于交通运输与用地活动之间的相互作用，建立综合交通运输规划分析的总体框架。

在综合交通运输体系规划中，需求和供给的关系始终是规划的核心问题。其焦点是分析用地活动和运输活动所产生的各种交通"流"的关系，这些"流"表现为流量、流向、流程、流时和流速等空间、时间和结构特征，是基础网络、运营组织和管理规划的基本依据。由于交通需求具有广泛性、多样性、时空特定性和部分可替代性，如何适应动态的交通需求变化十分关键；而在可持续发展的目标导向下，如何通过优化供给结构来引导交通需求的变化也同样重要。

就交通运输体系规划的整个工作而言，需求预测只是技术分析过程的一部分。围绕客货运输的安全、迅速、舒适、经济、环保等多个目标，还需针对基础设施建设、运营管理、投融资、环境影响、政策法规等规划任务进行技术分析。除了从集计分析模型转向离散分析模型的交通需求预测方法，网络结构分析、成本效益分析、风险估计等多种技术、经济、社会、环境评价方法也逐渐得到应用。

1.4.4 综合交通运输体系规划的基本内容

综合交通运输体系规划所要解决的是交通运输未来发展方向、规模、速度、布局和部门结构等问题，规划内容包括现状分析、规划目标、需求预测、规划方案、综合评价、分期实施、政策措施等主要方面（图1-4-3）。

1.4.4.1 现状分析

开展现状客货运输与综合交通网络调查，对交通运输发展的历史趋势进行分析，评价现状交通运输发展水平，诊断现状存在的主要问题和矛盾，了解可能改进的领域及其障碍。

1.4.4.2 规划目标

明确在规划年限内，交通运输系统预期能够达到的一系列经济技术、服务性能和综合绩效指标，如安全、经济、公平、节能、环保等。

1.4.4.3 需求预测

在规划年限内，依据经济社会发展的总体水平，提出与之相适应的总需求水平和总供给水平，既要能支撑经济社会发展，又要避免过度超前和浪费。进一步根据人口流动、资源分布、生产力布局、商品供给（包括国际贸易往来）等，

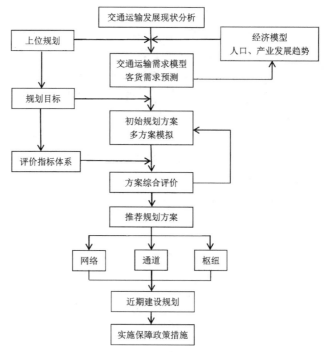

图 1-4-3　综合交通运输体系规划技术路线

预测客货运输需求的流向和流量，并将客货运量在各种运输方式之间进行合理分配，确定交通运输方式结构。

1.4.4.4　规划方案

根据客货运输需求的发展趋势和分布特征，提出综合交通运输网络的若干备选方案，对备选方案进行分析和综合评价，并加以反馈调整，形成综合交通运输网络的推荐方案。规划方案要确定交通运输通道、枢纽布局以及各种运输方式的配合关系，做到点（站、港）、线（线路、航线）、面（网络）结合，以形成综合交通运输能力。在网络结构方案的基础上，进一步选定重大交通工程项目（如高速公路、高速铁路）和具体的线位、站址等，估算工程修建造价。

1.4.4.5　综合评价

规划方案评价要考虑综合交通运输网络的服务水平、可能产生的影响、满足发展目标的程度等，从而为方案比选优化和规划决策提供科学的依据，并可用于规划方案实施的动态监控。综合交通运输规划方案的评价内容包括技术评价、经济评价、社会评价和环境评价，以全面地反映多重的影响。

1.4.4.6　分期实施

拟定综合交通运输规划的实施步骤，重点确定近期交通运输系统发展的目标、内容和具体的任务部署。

1.4.4.7　政策措施

制定规划实施的保障政策和措施，主要包括理顺交通运输管理体制、完善投融资机制、培育和规范运输市场、加强综合交通法制建设、推进交通科技创新等方面，以确保各项规划内容有序实施。

1.4.5 综合交通运输体系规划的层次

1.4.5.1 多尺度的交通运输活动

交通运输活动范围可以分为全球、区域和地方三个大的空间尺度（表1-4-1）。其中，全球范围的交通运输通过国际运输网络来实现，以空中和远洋航路为连线，以空港、海港等国际门户枢纽为节点，主要承担国际投资、贸易和生产活动的空间联系需求。区域范围的交通运输通过国家和地区交通网络来实现，以铁路、公路、水路、航空等多种方式的运输走廊为连线，以城市为节点，主要承担城市群之间、城市之间以及城市与其腹地之间的交通联系。地方范围的交通运输主要通过城市交通网络来实现，主要以城市道路网和公交网为连线，以居住、就业、商业等各种活动地点为节点，主要承担日常生活、通勤和货物配送等联系需求。

三大空间尺度的交通运输活动特点 表1-4-1

空间尺度	节点	连线	联系功能
全球	门户和枢纽（空港和海港）	空中和远洋航路	国际投资、贸易和生产活动之间的联系
区域	城市	运输走廊（铁路、公路、水路、航空等）	城市群之间、城市之间以及城市与其腹地之间的联系
地方	居住、就业、商业等活动中心	道路、公交系统（含轨道交通）	日常生活、通勤和物流配送等联系

现阶段，城市已经越来越紧密地融合到区域发展和全球网络之中，对外交通联系的功能要求更加突出，尤其是国际门户城市，必须加强国际与国内各级交通运输网络的高效衔接，以充分发挥它们在对外连通和对内辐射的"两大扇面"作用（图1-4-4）。

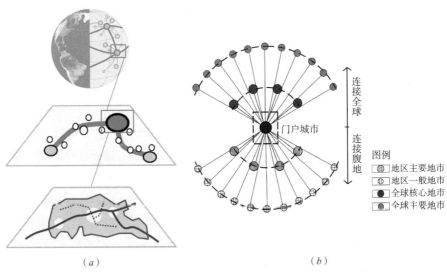

图 1-4-4 多尺度的综合交通运输活动和门户城市的网络节点作用
（a）综合交通运输活动的三大空间尺度；（b）门户城市内外"两个扇面"网络关联示意
资料来源：（a）Jean-Pual Rodrigue，等，2009；（b）唐子来，李涛，2014

1.4.5.2 规划范围和层次

按照规划范围，交通运输规划可以分为国际层面、国家层面、区域层面和城市层面的各种规划。这些规划在内容上有综合性的交通运输规划和单项的交通运输规划，在期限上又可分为 5～20 年的长期规划和 1～5 年的短期行动计划。

(1) 国际交通运输规划

国际交通运输规划的重点是跨境运输通道、跨境运输便利化、外贸运输组织和多式联运等，以充分发挥交通运输在推进国际贸易和国家外交中的基础性、先导性、服务性作用。我国近年开展了《中国—东盟交通合作发展战略规划》《中巴经济走廊交通基础设施总体规划》等项目。欧盟于 2011 年提出了旨在推进欧洲核心交通运输网建设的"跨欧洲交通运输网"指导文件，致力于取消跨境运输的瓶颈，提升港口（改善多式联运）、机场（建设铁路通达市中心）、高速铁路（升级现有铁路）等基础设施，从而将欧洲现有的公路、铁路、机场和运河等零散的交通手段整合成统一的交通运输网。

(2) 国家交通运输规划

国家交通运输规划的重点是明确国家交通运输发展的目标、任务和重点，确定交通基础设施的网络规模与构成，提出综合运输大通道和综合枢纽的总体部署方案，制定重大交通运输政策和措施，以实现各方式统筹协调和资源合理配置，适应全国经济发展和国土开发的总体格局。我国已完成了《综合交通网中长期发展规划 (2007 年)》等多项规划；还计划开展《中长期铁路网规划 (2030 年) 修编》《全国民用运输机场布局规划 (2030 年) 修编》等专项规划，并适时启动中国现代交通发展战略的研究[①]。

(3) 区域交通运输规划

区域交通运输规划的重点是打破地域边界限制，构建区域一体化的交通运输网络系统、运输服务系统和统一的交通运输政策、法规及信息体系，统筹交通运输通道和枢纽的空间布局、技术标准和建设时序，以适应区域经济地理特点和经济布局的要求，提升区域经济整体竞争力。我国城镇化地区综合交通网规划的编制工作陆续开展，已完成了《泛珠三角区域综合交通运输体系合作专项规划纲要》《长三角城市群综合交通规划 (2010—2020 年)》《长江经济带综合立体交通走廊规划 (2014—2020 年)》《京津冀协同发展交通一体化规划》等重大规划。

(4) 城市交通运输规划

城市交通运输规划的重点是制定符合城市发展目标的交通战略和政策，提出与土地使用相协调的多模式交通运输网络方案，合理调控交通资源，优化交通方式结构，以提升系统服务的能力、水平和质量，合理组织城市各项社会经济活动，满足城市各种生产、生活活动，支撑社会经济环境的可持续发展。我国出台了《城市综合交通体系规划编制办法》和《城市综合交通体系规划标

---

① 2015 年，在发改委《关于当前更好发挥交通运输支撑引领经济社会发展作用的意见》中提出。

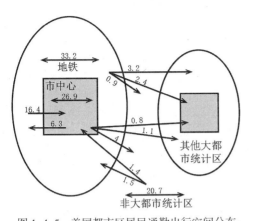

图 1-4-5　美国都市区居民通勤出行空间分布
（1994 年，单位：百万次 / 日）

资料来源：Bureau of Transportation Statistics，U.S.DOT，1994

《准》①，越来越多的城市开展了城市综合交通规划工作，这是对市级国土空间总体规划的深化落实，也是指导各个交通专项系统规划的依据。

在我国城市交通运输规划中，有城区交通、市域交通和市际交通三个层次。其中，城区交通承担着起、终点均在城区内的各种交通联系，决定了城市中就业、服务等活动的可达性；市域交通承担着所辖城镇、工矿区、乡村之间的交通联系，是城乡统筹发展的基础；市际交通则承担着市域内外不同地点之间的交通联系，是区域一体化发展的支撑。凡是起点或终点位于城区中（即进出城区）的市域和市际交通运输活动，通常被归为城市对外交通，它直接影响城市在区域、国家乃至全球中的辐射力。作为区域的生产、生活中心，城市与周边地区以及其他城市之间的联系从未间断过（图 1-4-5）。

对外交通是促使城市产生、发展的重要条件，也是构成城市的主要空间要素，对外交通系统的合理布局对城市和区域规划与建设具有十分重大的影响。与城区交通相比，对外交通在需求特征、系统构成、技术经济要求等方面有其特殊性，本教材以对外交通为重点进行论述。

▓ 参考文献

[1] 罗仁坚．中国综合运输体系理论与实践 [M]．北京：人民交通出版社，2009．

[2] Jean-Pual Rodrigue，Claude Comtois，Brian Slack．The Geography of Transport Systems[M]．2nd edition．London：Routledge，2009．

[3] Rodney Tolley，Brian John Turton．Transport Systems，Policy and Planning：a Geographical Approach[M]．London：Routledge，1995．

[4] Bureau of Transportation Statistics，U.S. Department of Transportation．Transportation Statistics Annual Report[R]．1992．

[5] Bureau of Transportation Statistics，U.S. Department of Transportation．Transportation Statistics Annual Report[R]．1994．

[6] M.L. 曼海姆．运输系统分析基本原理第一卷 基本概念 [M]．许绍林，译．北京：人民交通出版社，1992．

[7] 皮埃尔·梅兰．城市交通 [M]．高煜，译．北京：商务印书馆，1996．

[8] 吴兆麟．综合交通运输规划 [M]．北京：清华大学出版社，2009．

[9] 唐子来，李涛．长三角地区和长江中游地区的城市体系比较研究：基于企业网络关联网络的分析方法 [J]．城市规划学刊，2014（2）：24-31．

① 《城市综合交通体系规划标准》为国家标准，编号为 GB/T 51328—2018，自 2019 年 3 月 1 日起实施。国家标准《城市道路交通规划设计规范》GB 50220—1995 同时废止。

第2章　铁路交通运输发展与规划

2.1　铁路运输发展概况

2.1.1　世界铁路运输发展历程

铁路运输被誉为"现代工业先驱"，经济发达国家在工业化的初期都曾走过密集投资、优先发展铁路的道路。俄国在 1861 ～ 1873 年期间，铁路投资占总投资的 65%；日本在明治维新时期的铁路投资比例也达到 55%；美国 19 世纪 80 年代的铁路建设高潮，为其工业化和现代化发展奠定了坚实基础。发展经济学家罗斯托认为，"从历史上说，铁路的引入是经济起飞的最有力的一个标记，它在美国、法国、加拿大和俄国所起的作用都是决定性的"。

快速化是当今铁路技术发展的重要标志。高速铁路作为一种安全可靠、快捷舒适、运载量大、低碳环保的运输方式，是铁路现代化的重要体现。世界高速铁路的发展历程可以划分为三个阶段。

（1）20 世纪 60 年代至 80 年代末，是世界高速铁路发展的初始阶段，主要由日本、法国、意大利和德国推动了这一次建设高潮。日本东海道新干线于 1964 年正式营运，是世界上首条高速铁路；之后又建成了山阳、东北和上越新干线，形成了遍布全国的新干线网络，在技术、商业及政治上取得了巨大成功。在此期间，法国的东南 TGV 线、大西洋 TGV 线，意大利的罗马—佛罗伦萨线以及德国的汉诺威—维尔茨堡线也投入运营，高速铁路总里程达3198km。

（2）20 世纪 80 年代末至 90 年代中期，欧洲许多国家大规模修建本国或跨国界的高速铁路，逐步形成了欧洲高速铁路网络。1991 年瑞典开通了X2000 摆式列车；1992 年西班牙建成了马德里—塞维利亚线；1994 年英吉利海峡隧道连接法、英两国，开创了第一条高速铁路国际连接线；1997 年，"欧洲之星"列车又将法国、比利时、荷兰和德国连接在一起。这次高速铁路的建设高潮，不仅仅是铁路提高内部企业效益的需要，更多的是国家能源、环境、交通政策的需要。

（3）20 世纪 90 年代中期至今，这一阶段涉及亚洲、北美、大洋洲以及整个欧洲，形成了世界范围内建设高速铁路和铁路运输转型升级的热潮。俄罗斯、韩国、澳大利亚、英国、荷兰及中国台湾和大陆等都先后开始了高速铁路的建设，欧洲东部和中部的国家正在进行干线铁路改造和全面提速。美国、加拿大和印度等国家对高速铁路开展了前期研究和初步实践。

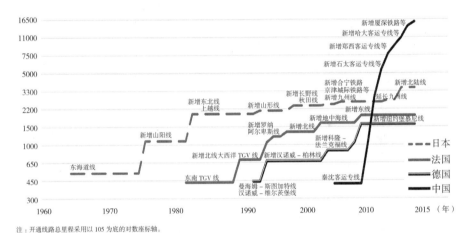

注：开通线路总里程采用以 105 为底的对数坐标轴。

图 2-1-1　主要国家的高速铁路开通线路总里程比较（单位：km）

资料来源：根据统计数据绘制

截至 2015 年底，全球投入运营的高速铁路已达到 3 万 km（图 2-1-1），分布在中国、瑞典、法国、德国、意大利、西班牙、比利时、荷兰、瑞典、日本（图 2-1-2）、韩国及中国台湾等国家和地区。

2.1.2　中国铁路运输发展历程

中国是一个地域辽阔的国家，陆地面积广阔，铁路运输具有举足轻重的作用，其发展阶段可分为以下几个时期：

（1）初步发展期

1949 年后，随着全国工业布局的调整，铁路网由东北和沿海一带向中西部地区扩展，铁路布局有所改善。在计划经济下，国家对铁路实行高度集中管理，

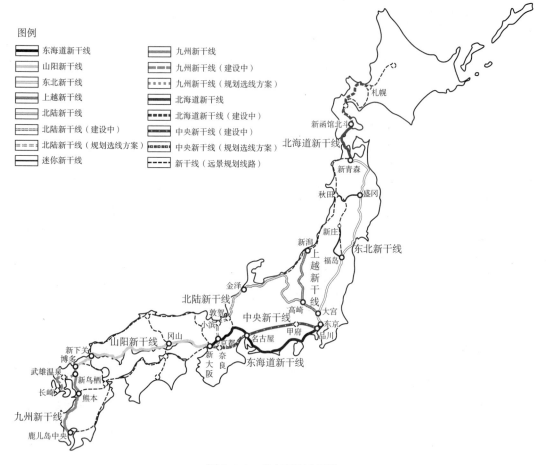

图例
东海道新干线
山阳新干线
东北新干线
上越新干线
北陆新干线
北陆新干线（建设中）
北陆新干线（规划选线方案）
迷你新干线
九州新干线
九州新干线（建设中）
九州新干线（规划选线方案）
北海道新干线
北海道新干线（建设中）
中央新干线（建设中）
中央新干线（规划选线方案）
新干线（远景规划线路）

图 2-1-2　日本高铁网络图

铁路长期在运输市场中位于首位。但是受"重生产、轻流通；重工业、轻交通"的影响，铁路投资占全国总投资的比重长期偏低，铁路建设严重滞后，造成铁路负荷强度大、供求十分紧张。20 世纪 90 年代以来，公路、航空快速崛起，交通运输开始形成"买方市场"，铁路的最高运营时速却徘徊在 80 ～ 100km，因缺乏竞争优势而出现了运量下滑、市场份额减少的情况。

（2）既有线提速期

1992 年，中共十四大把加快铁路发展摆在优先位置，并正式提出建设高速铁路的计划。"八五"期间，我国开展了以京九线为龙头的十大铁路重点工程建设，一批新线、复线、电气化铁路相继建成，运输能力明显增加。"九五"期间，铁路建设投资继续加大，强化了西南、南北、东北、西北及煤运五大通道，以支持国家西部大开发战略；同时相继实施了三次大面积提速，京广、京沪、京哈三大干线的旅客列车最高时速达到 160km，采用摆式列车的广深线最高时速达到 200km，陇海、兰新线的旅行时间也大大缩短（由北京西至乌鲁木齐的全程旅行时间不到 48h，缩短约 12h）。我国铁路还进行了"政企分开、网运分离"的改革，开发出了夕发朝至列车、特快列车、旅游列车、城际列车、行包专列、大宗货物直达列车等产品，在全路实施新的列车运行图，市场竞争力不断增强。

"十五"期间，我国实施了铁路跨越式发展思路，出台了我国铁路史上第一个《中长期铁路网规划》，修订了《铁路主要技术政策》[①]。重点建设和强化改造了"八横八纵"铁路主通道，路网规模不断扩大，铁路提速范围也覆盖了全国大部分省区。青藏铁路于2005年全线铺通，结束了西藏没有铁路的历史；主要煤运通道实施了重载扩能改造，在能源大动脉——大秦铁路上大量开行万吨级重载列车，大幅提高了铁路货运能力。

（3）高铁建设期

"十一五"期间，我国铁路基本建设投资完成1.98万亿元[②]，是"十五"投资的6.3倍，铁路营业里程达到9.1万km，跃居世界第二位。同时，在高速铁路、机车车辆装备、高原铁路、既有线提速、重载运输等领域取得重大技术的突破，初步形成了高速铁路技术标准体系。2007年启动第六次大提速，首次在各主要提速干线大规模开行时速高达200～250km的高速动车组列车（CRH），标志着中国铁路迈入高速时代。以2008年的京津城际高速铁路为开端，设计时速为350km和250km的多条新建高速铁路相继开通。2010年末，我国高速铁路运营里程达到8358km（含新建高速铁路和既有线提速线路），居世界第一位，并建成了北京南、天津南、上海虹桥、广州南、武汉等295座新型客站。

"十二五"期间是我国铁路固定资产投资完成和投产新线最多的五年，分别为3.58万亿元和3.05万km。2011年6月，全长1318km的京沪高铁[③]开通运营（图2-1-3）。2013年，"四纵四横"客运专线系统提前完成（表2-1-1），高速铁路运营总里程突破1万km。至2015年底，中国铁路营业里程达到12万km以上，其中高速铁路达1.9万km以上，国家快速铁路网（包括高速铁路、城际铁路、客货共线运行快速线路）基本建成，可基本覆盖50万以上人口城市。

---

① 在《铁路主要技术政策》中明确提出"运输紧张的繁忙干线实行客货分线运输，在大中城市间发展客运专线，在人口稠密地区发展城际铁路，加快形成快速客运网"。

② "十一五"期间，国家为应对"金融危机"，大幅增加了对交通基础设施的投资，铁路建设得到大规模加快推进。

③ 京沪高速铁路纵贯北京、天津、上海三大直辖市和河北、山东、安徽、江苏四省，连接环渤海和长三角两大经济圈，沿线人口占全国的1/4以上，是我国东部经济发达地区的交通要道。全线为新建双轨，与既有京沪铁路大体并行，列车最高时速可达380km，是世界上一次建成线路里程最长、标准最高的高速铁路。北京至上海直达列车的全程运行时间只有5h，与乘坐飞机的时间（含候机时间）相当。京沪高铁创新了我国高速铁路技术发展模式，形成了我国高速铁路设计、制造、施工、验收、运营的技术体系和标准体系，代表了中国高速铁路最高技术水平，获得2015年度国家科学技术进步奖特等奖。线路自2011年6月30日通车运营以来，创造了可观的经济社会效益，2014年开通第三年即实现盈利。截至2015年12月31日，京沪高铁累计开行高速动车组367556列、日均223列；累计运送旅客4.02亿人次，日均运送旅客24.4万人次。京沪高铁客运量逐年攀升，日均发送旅客从2011年的13.2万人次，上升到2012～2015年的17.8、23、29.4和33.5万人次。

四纵四横客运专线　　　　　　　　　表 2-1-1

类别	线路名称	连接地区
四纵	京沪：北京—上海	贯通京津至长江三角洲东部沿海经济发达地区
	京广：北京—武汉—广州—深圳	连接华北和华南地区
	京哈：北京—沈阳—哈尔滨（大连）	连接东北和关内地区
	沪甬深：上海—杭州—宁波—福州—深圳	连接长江、珠江三角洲和东南沿海地区
四横	徐兰：徐州—郑州—兰州	连接西北和华东地区
	杭长：杭州—南昌—长沙	连接华中和华东地区
	青太：青岛—石家庄—太原	连接华北和华东地区
	沪汉蓉：上海—南京—武汉—重庆—成都	连接西南和华东地区

　　经过三十年的赶超发展，我国加快了铁路现代化进程，在工程建造、高速列车、列车控制、客站建设、系统集成、运营管理等领域达到世界先进水平。铁路列车运行速度有了很大提高，客货运输能力得到明显提升，对交通运输体系优化和经济增长均有显著的作用。高速铁路带动了沿线地区旅游、商贸等服务业的快速发展，促进了产业优化升级和新型城镇化进程；西部铁路则改善了我国西部地区的基础设施条件，增强了地区自我发展能力，为区域协调发展提供了支撑。

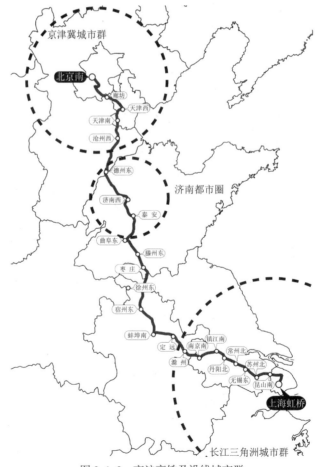

图 2-1-3　京沪高铁及沿线城市群

2.2　铁路运输的技术经济特点

铁路运输是利用机车、车辆等技术设备沿铺设轨道运行的运输方式。铁路具有以下主要的技术经济特点：

（1）载运量高，输送能力大

铁路是大宗、通用的运输方式，能够负担大量的客货运输任务。铁路运输能力取决于列车重量（旅客列车载运人数、货物列车载运吨数）和每昼夜线路通过的列车对数。目前高速铁路最小行车间隔时间可以达 3min，按照列车定员 1200 人计，高速铁路的单向运送能力可达到 2.4 万人，数倍于公路和航空方式 [①]。

（2）速度较快，中长距离有优势

铁路的速度虽低于航空，但高速铁路拥有"汽车速度两倍快、飞机速度一半快"的特点，具备了在城市间中长距离旅行方面与公路、航空运输的竞争力（图 2-2-1、图 2-2-2）。资料表明，汽车的优势距离在 200km 之内；在 1000km 之内，考虑到往返机场和候检时间，高速铁路比飞机消耗的总时间要少。例如，在伦敦和曼彻斯特之间乘坐高铁（296km，2h45min）比飞机或汽车更快，巴黎与里昂间的 TGV（427km，2h）以及与马赛间的 TGV（778km，4h15min）与飞机、汽车相比，都很有竞争力。

（3）受气候限制小，连续性强

铁路运输过程受天气等自然条件限制较小，能实现全天候运营。据日本新干线风速限制的规范，若装设挡风墙，即使在大风情况下，高速列车也只要减速行驶。机场和高速公路在浓雾、暴雨和冰雪等恶劣天气情况下，则必须关闭停运。

（4）安全舒适，准点率高

铁路有先进的列车运行控制系统，能有效防止列车冲突事故，提高铁路运

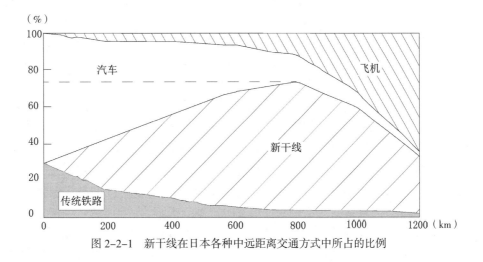

图 2-2-1　新干线在日本各种中远距离交通方式中所占的比例

---

① 高速公路 1 条车道的通行能力约为 1600pcu/h，相当于 0.4 万人 /h；而航空运输主要受机场容量限制，机场 1 条跑道的吞吐能力约为 0.6 万人 /h。

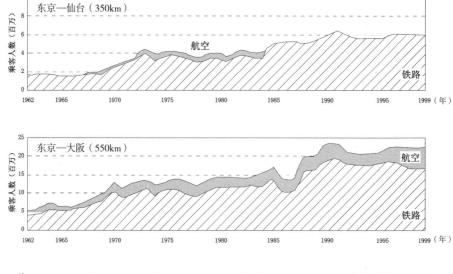

图 2-2-2　日本高铁与其他交通运输方式比例变化

输的安全性。高速铁路线路平顺，列车走行性能好，震动和摆动幅度很小，车内安静，舒适度高，其系统设备的可靠性也保证了极高的正点率。

（5）能源消耗低、占地省，环境影响小

以电力牵引的铁路列车，在能源消耗方面的优势突出。以"人千米"单位能耗进行比较，普通铁路为 1，高速铁路为 1.3，小汽车为 8.8，飞机为 9.8。从占地面积来看，双线高速铁路路基面宽 9.6～14m，而 4 车道的高速公路路基面宽 26m，约是高速铁路的 2 倍。

（6）运价较低，经济效益好

铁路的运输成本较低，市场需求大。尤其处于区域发展走廊上的高速铁路，经济效益可观。日本东海道新干线总投资为 3800 亿日元，至 20 世纪末，直接经济效益已是投资额的 13.5 倍；我国京沪高铁开通第 3 年实现了盈利。

总体上，与其他交通运输方式相比，铁路具有运能大、成本低、经济辐射范围广、占地少、节能环保、安全性好等多种优势。因此，铁路是中长距离运送大宗货物如煤炭、钢铁、矿石、建材等的最佳运输方式，也是适合承担区域及城乡大规模人员流动的绿色运输方式。我国幅员辽阔、内陆深广，资源分布与产业布局不均衡，决定了生产过程与市场消费需要长距离、大运量、低成本的运输方式来实现，这使铁路在我国综合交通运输体系中具有重要的作用。而且，我国铁路客流具有行程长、空间集中的特征，适宜发展高速铁路。

2.3 铁路线路的一般技术要求

2.3.1 铁路线路分级

铁路等级是根据铁路线在铁路网中的作用、性质、旅客列车设计行车速度和客货运量,对铁路划定的级别。铁路等级是铁路的基本标准。在设计铁路时,首先要确定铁路等级;铁路的技术标准和装备类型都要根据铁路等级去选定。

中国国家铁路网按照铁路的服务对象（运输性质）,分为客运专线铁路、客货共线铁路和货运专线铁路三类铁路。

（1）客运专线铁路是指专门或主要用于旅客运输的铁路,分为高速铁路和城际铁路。

按照我国《高速铁路设计规范》TB 10621—2014,高速铁路是指最高设计行车速度为 250km/h 及以上、仅运行动车组列车的客运专线,一般不开行货车和机车牵引的客车。设计速度分为 250、300、350km/h 三级。

世界各地对高速铁路的定义有所不同[1]。日本政府在 1970 年发布第 71 号法令,为制定全国新干线铁路发展的法律时提出:凡一条铁路的主要区段,列车的最高运行速度达到或超过 200km/h,可以称为高速铁路。欧盟理事会1996 年发布的跨欧洲高速铁路系统互通运营指导文件（96/0048/EC）对高速铁路有了更确切的定义:设计速度达到或超过 250km/h 的新建铁路;设计速度达到 200km/h 的既有线改造线路。

世界各国高速铁路的建设运营模式大致有四种类型:第一类是新建高速铁路双线,专门用于旅客客运运输,如日本新干线和法国高速铁路,均为客运专线;第二类是新建高速铁路双线,实行客货共线运行,如意大利罗马—佛罗伦萨高速铁路,客运速度为 250km/h,货运速度为 120km/h;第三类是部分新建高速线与部分既有线混合运行,如德国柏林—汉诺威高速铁路,承担着客运和货运任务;第四类是在既有线上使用摆式列车,这在欧洲国家多见。

按照我国《城际铁路设计规范》TB 10623—2014,城际铁路是专门为相邻城市间或城市群提供快速、便捷、高密度的客运服务,设计行车速度为200km/h 及以下、仅运行动车组列车,设计速度分为 200、160、120km/h 三档。城际铁路一般修建在经济发达、具有较大客运量的地区。

广义的城际铁路是指城市群内实现列车按公交化开行的铁路系统,可以按运行时间或运行区域来界定。一般认为,在两个城市之间,旅客列车速度在120km/h 以上、运行时间在 4h 之内的铁路（包括高速铁路）,都可定义为城际铁路。

（2）客货共线铁路是指同时用于旅客和货物运输的客、货列车共线运行的铁路,分为Ⅰ级、Ⅱ级、Ⅲ级和Ⅳ级四个等级（表 2-3-1）。

---

[1] 国际铁路联盟（UIC）认为高速铁路是由基础设施、机车车辆和运营条件三大要素组成的一个系统,各国可以根据自身情况确定本国"高速铁路"的概念。例如在一些铁路运输比较落后的国家,即使列车最高营运速度仅达到 160km/h,但同时提供了优质的服务,也可称为"高速铁路",因为这被视为成为真正"高速铁路"的起点。

客货共线铁路等级划分　　　　　　表 2-3-1

等级	（1）作用、性质	或（2）年客货运量
Ⅰ级铁路	在铁路网中起骨干作用的铁路	近期年客货运量 ≥ 20Mt
Ⅱ级铁路	铁路网中起联络、辅助作用的铁路	近期年客货运量 <20Mt 且 ≥ 10Mt
Ⅲ级铁路	为某一地区或企业服务的铁路	近期年客货运量 <10Mt 且 ≥ 5Mt
Ⅳ级铁路	为某一地区或企业服务的铁路	近期年客货运量 <5Mt

注：年客货运量为重车方向的货运量与由客车对数折算的货运量之和。每天 1 对旅客列车按 1.0Mt 年货运量折算。近期为交付运营后第 10 年，远期为交付运营后第 20 年。

Ⅰ、Ⅱ级铁路的旅客列车设计行车速度等于或小于 160km/h、货物列车设计行车速度等于或小于 120km/h。Ⅲ、Ⅳ级铁路（含货运专线）的旅客列车设计行车速度等于或小于 120km/h、货物列车设计行车速度应等于或小于 80km/h（表 2-3-2）。

客货共线铁路的旅客列车设计行车速度分级　　　　　表 2-3-2

等级	设计行车速度分级
Ⅰ级铁路	160km/h、140km/h、120km/h
Ⅱ级铁路	120km/h、100km/h、80km/h
Ⅲ级铁路	120km/h、100km/h、80km/h、60km/h
Ⅳ级铁路	100km/h、80km/h、60km/h、40km/h

（3）货运专线铁路是指专门或主要用于货物重载运输，轴重 25t 及以上，列车牵引质量 10000t 及以上、年输送能力 1 亿 t 及以上的铁路。

2.3.2　铁路线路分类

铁路线路按其用途可分为正线、站线、段管线、岔线、安全线和避难线等（图 2-3-1）。

（1）正线指连接车站并贯穿或直股伸入车站的线路。

（2）站线指到发线、调车线、牵出线、货物线及站内指定用途的其他线路。

（3）段管线指机务、车辆、工务、电务、供电等段专用并由其管理的线路。

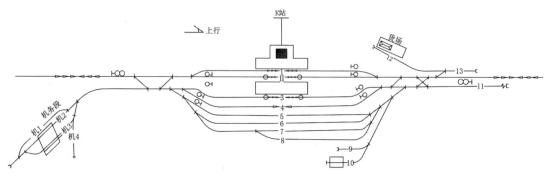

Ⅱ-正线；1、3、4-到发线；5、6、7、8-调车线；9、10-站修线；11、13-牵出线；
12-货物线；机1-机车走行线；机2、机3-整备线；机4-卸油线。

图 2-3-1　铁路线路分类示意

（4）岔线指在区间或车站内接轨，通向路内外单位的专用线路。

（5）安全线为防止列车或机车车辆从一进路进入另一列车或机车车辆占用的进路而发生冲突的一种安全隔开设备。

（6）避难线是在长大下坡道上能使失控列车安全进入的线路。

2.3.3　铁路线路的一般技术要求

各级铁路的功能定位和运输特点，决定了它们在运行速度、服务对象、服务范围、车站分布以及主要技术标准方面的不同。

各级铁路的主要技术标准包括正线数目、最小曲线半径、限制坡度、牵引种类、牵引质量、机车类型、机车交路、到发线有效长度、闭塞类型等。这些技术标准应根据远期运量或国家要求的年输送能力、客车对数和确定的铁路等级在设计中经综合比选确定。

2.3.3.1　线路

（1）正线数目

高速铁路应按双线电气化铁路设计，正线应按双方向行车设计。

城际铁路的列车开行方式要求高密度、安全、准时、快速，正线数目也为双线。

客货共线的新建铁路近期年客货运量分别大于或等于 35Mt 的平原、丘陵地区和大于或等于 30Mt 的山区，宜一次修建双线。远期年客货运量达到上述标准者，其正线数目宜按双线设计，分期实施。

（2）平曲线半径

铁路线路平面由直线与圆曲线及缓和曲线组成。正线平面曲线半径应因地制宜，合理选用，以使曲线半径既能适应地形、地质等条件，减少工程量，又有利于养护维修，满足行车要求（图 2-3-2）。高速铁路区间线路的最小半径应符合附表 2-3-1 的规定，Ⅰ、Ⅱ级铁路的曲线半径应优先选用附表 2-3-2

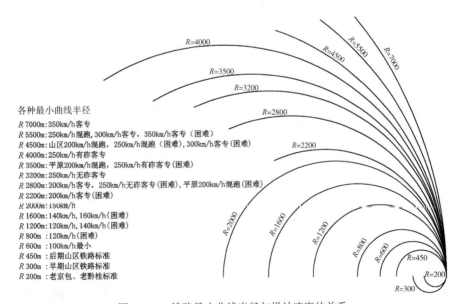

各种最小曲线半径
R 7000m：350km/h客专
R 5500m：250km/h混跑，300km/h客专，350km/h客专（困难）
R 4500m：山区200km/h混跑，250km/h混跑（困难），300km/h客专（困难）
R 4000m：250km/h有砟客专
R 3500m：平原200km/h混跑，250km/h有砟客专（困难）
R 3200m：250km/h无砟客专
R 2800m：200km/h客专，250km/h无砟客专（困难），平原200km/h混跑（困难）
R 2200m：200km/h客专（困难）
R 2000m：150km/h
R 1600m：140km/h，160km/h（困难）
R 1200m：120km/h，140km/h（困难）
R 800m：120km/h（困难）
R 600m：100km/h最小
R 450m：后期山区铁路标准
R 300m：早期山区铁路标准
R 200m：老京包、老黔桂标准

图 2-3-2　铁路最小曲线半径与设计速度的关系

规定范围内的序列值；困难情况下，可采用规定范围内10m的整倍数。

从有利于行车速度和平稳度来讲，一般应慎用最小曲线半径；但曲线半径过大，曲线过长，不利于养护维修。旅客列车设计行车速度为350km/h和200～250km/h的客运专线铁路，其常用曲线半径分别是8000～10000m和4500～8000m；速度为200km/h的客货共线铁路，常用曲线半径是4500～7000m。

高速铁路的始发站宜设在直线上，困难条件下设在曲线上时，曲线半径不应小于相应路段设计速度的最小曲线半径且不得小于600m；中间站、越行站以及咽喉区正线均应设在直线上。Ⅰ、Ⅱ级铁路的区段站应设在直线上，中间站、越行站、会让站宜设在直线上；困难条件下需设置在曲线上时，其曲线半径不应小于附表2-3-3规定的数值。

（3）线路纵断面

线路纵断面是由平道、坡道与连接两相邻坡道的竖曲线组成，其主要技术标准包括最大限制坡度、竖曲线半径等。

限制坡度应根据铁路等级、地形条件、牵引种类和运输要求比选确定，一般只有在地形条件受到限制时，才允许采用较大坡度。高速铁路区间正线的最大坡度不宜大于20‰，困难条件下不应大于30‰。Ⅰ、Ⅱ级铁路的限制坡度在一般情况下不得大于6‰；困难情况下，电力牵引的铁路不得大于15‰（Ⅰ级）和20‰（Ⅱ级）。

高速铁路的最大竖曲线半径不应大于30000m，最小竖曲线半径应满足表2-3-3的规定。

高速铁路竖曲线半径　　　　　　　　　　　　　　　　表2-3-3

设计速度（km/h）	350	300	250
最小竖曲线半径（m）	25000	25000	20000

（4）线间距

线间距是指两条铁路中心线之间的距离，一方面须满足建筑接近限界的要求，另一方面还需满足在两线间装设行车设备的需要。铁路区间正线的线间距应符合表2-3-4的规定（图2-3-3），高速铁路的曲线地段可不加宽，Ⅰ、Ⅱ级铁路则应进行加宽。

铁路区间线路最小线间距　　　　　　　　　　　　　　表2-3-4

线路类型	双线区间						三线及四线区间
	第一、二线间距						第二、三线间
路段旅客列车设计行车速度（km/h）	$v \leqslant 120$	$120 < v \leqslant 160$	$160 < v \leqslant 200$	$200 < v \leqslant 250$	$250 < v \leqslant 300$	$300 < v \leqslant 350$	—
最小线间距（m）	4.0	4.2	4.4	4.6	4.8	5.0	5.3

注：高速铁路正线与既有铁路并行地段线间距不应小于5.3m。两线不等高或线间设置其他设备时，最小线间距应根据相关技术要求计算确定。

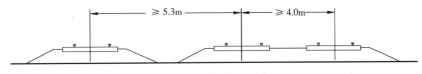

图 2-3-3 铁路线间距图（第一、二线间距≥ 4.0 ～ 5.0m）

站内线间距的具体距离须根据不同站线的性质而定，高速铁路和Ⅰ、Ⅱ级铁路站内线间距应符合附表 2-3-4 和附表 2-3-5 的规定。

（5）到发线有效长度和站坪长度

站坪长度指在正线上为满足车站配线布置所需的长度，由到发线有效长度[1]、两端咽喉区（图 2-3-4）长度等部分组成（图 2-3-5）。应根据远期车站的到发线长度、正线数目、车站种类、车站布置形式、站台宽度等布置要求确定。客运专线铁路的站坪长度参见表 2-3-5，Ⅰ、Ⅱ级铁路车站的站坪长度一般可采用不小于附表 2-3-6 规定的数值。

客运专线铁路站坪长度　　　　　　　　　　　　　表 2-3-5

车站类型	小型站	中型站	大型站	特大型站
车站规模	2 台 4 线 ~ 2 台 6 线	3 台 7 线 ~ 4 台 10 线	5 台 11 线 ~ 15 台 29 线	16 台 30 线 ~ 22 台 46 线
站坪长度（m）	1600 ~ 2200	2200 ~ 3000	3000 ~ 3650	3650 ~ 4500

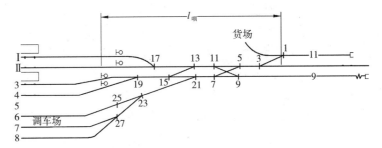

图 2-3-4 铁路站场咽喉区示意

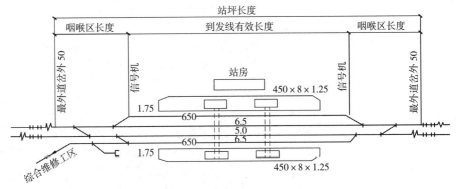

图 2-3-5 站坪和到发线有效长度示意（单位：m）

---

[1] 到发线有效长度指停留机车车辆而不妨碍邻线使用的长度，一般是出站信号机到警冲标的距离；咽喉区指车站（或车场）两端线路的出入口，道岔集中布置的地区。

高速铁路通过式车站的到发线有效长度应不小于650m，其中，最大编组要求时16辆列车编组所需的站台长度为450m，站台一端安全防护和警冲标至绝缘节的距离大于等于100m。尽端式车站到发线有效长度可按列车编组长度和列控系统要求计算确定。

2.3.3.2 轨道和路基

（1）轨道类型

新建和改建铁路的轨道，在要求的运营条件下，应具有足够的强度和稳定性。我国铁路正线轨道类型分为特重型、重型、次重型、中型和轻型。应根据设计线路的行车速度和年通过总质量等主要运营条件，本着"由轻到重、逐步增强"的原则，确定轨道类型。

（2）轨道结构

有砟轨道和无砟轨道是铁路轨道结构的两种基本形式。有砟轨道弹性条件好，造价相对较低，但线路状态保持能力较差，在列车动荷载作用下，有砟道床养护维修工作量较大。与之相比，无砟轨道结构初期建设成本较高，但具有结构高度低、自重轻、稳定性好、平顺性高、轨道状态可以长期保持、维修工作量大幅减少等优点，可以减少线路维修对运营的干扰，提高铁路运输效率。在保证路基、桥梁、隧道等线下基础稳定的条件下，设计时速300km及以上的线路可采用无砟轨道结构。但在活动断裂带、地面严重沉降区、冻结深度较大且地下水位较高的季节冻土区以及深厚层软土等区域变形不易控制的特殊地质条件地段，不应采用无砟轨道。

（3）轨距

轨距是指一条铁路两钢轨轨头内侧之间的距离。线路按轨距的大小不同分为标准轨、窄轨、宽轨三类。为了运行上的便利，一个国家的铁路系统应采用统一的轨距，我国基本上采用标准轨距，为1435mm。我国窄轨铁路的轨距有1067、1000、762、600mm几种，如云南的米轨。国外有采用宽轨的，轨距为1524mm。

（4）道岔

道岔用于线路的连接，使机车能够从一条线路顺利驶往另一条线路。道岔大都设在车站区。道岔可分单开道岔、对称道岔、交叉道岔等多种类型，其中单开道岔是我国铁路上的常用类型。道岔号码用辙叉角的余切值表示，是决定列车侧向通过速度的主要因素，道岔号码越大，侧向通过速度越高。道岔号码的选用要根据列车运行方式和路段旅客列车设计行车速度确定，要求占地短、过岔速度高、运行平稳。

（5）路基

路基是支承铁路线路上部建筑（钢轨、轨枕与道床）的基础。因线路与地面标高的差距，路基的横断面有路堤、路堑、半路堤和半路堑等类型（图2-3-6、图2-3-7）。路基面宽度为路基面两侧路肩外缘之间的距离，与铁路等级、断面类型、土质、水文、气候等因素有关。

高速铁路的路基面标准宽度应符合附表2-3-7的规定。对于Ⅰ、Ⅱ级铁路，一般岩石渗水土质的单线铁路路基面宽约6m，双线则需再增加4m。非渗水土质的路基面较渗水土质大约宽0.9～1.0m。

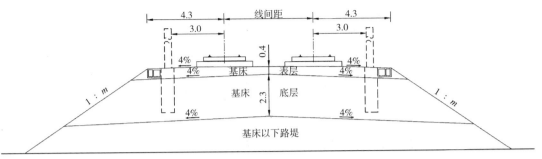

图 2-3-6 高速铁路无砟轨道双线路堤横断面图（单位：m）

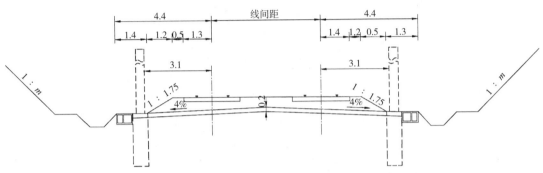

图 2-3-7 高速铁路有砟轨道双线路堑横断面图（单位：m）

2.3.3.3 限界

为了列车行车的安全，相关规范规定了机车车辆限界和建筑接近限界，以保证邻近线路的设备或建筑与机车、车辆间保持一定的距离。

（1）机车车辆限界是指能够通过机车车辆的、垂直于线路中心线平面上的横向最大轮廓线。机车车辆无论空、重状态，均不得超出该限界范围。我国高速铁路、城际铁路机车车辆限界与《标准轨距铁路机车车辆限界》GB 146.1—1983 规定的基本尺寸大致相同，仅局部修改，限界高度仍为 4800mm，宽度仍为 3400mm。

（2）建筑接近限界是指供机车车辆通过所用的、垂直于线路中心线平面上的横向极限轮廓线。一切建（构）筑物、设备，在任何情况下均不得侵入该限界范围（图 2-3-8）。不同等级的铁路应满足其相应的建筑限界规定。

设计速度大于 160km/h 的客货共线铁路基本建筑限界，如图 2-3-8 所示。在旅客站台上，站台边缘与站线中心线的距离为 1750mm，柱类建（构）筑物距站线中心线的距离不小于 2150mm；旅客站台分为低站台、高站台，低站台高度为 300、500mm，高站台高度为 1250mm，与客车车辆的地板高度相适应；货物站台的高度为

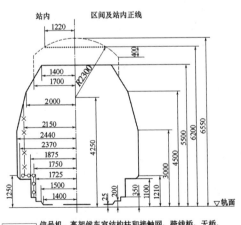

图 2-3-8 铁路建筑限界图（单位：mm）

900～1100mm。在非电气化区段的车站上，车辆调动频繁的站场内，天桥的高度不小于5800mm。

我国高速铁路、城际铁路建筑限界采用客运专线铁路建筑限界[①]，建筑限界的高度主要考虑接触网悬挂方式、导线高度、结构高度、带电体对地绝缘距离以及施工误差等因素。

2.4 铁路车站类型及其布置形式

2.4.1 车站类型

铁路车站既是铁路运输的一个主要生产车间，进行与列车运行相关的各项作业，同时也是铁路系统与沿线地区的转换节点，办理旅客和货物运输的各项作业，服务于人员旅行和生产流通活动。铁路车站因其技术作业特性，可分为会让站、越行站、中间站、区段站、编组站等；因其运输对象的不同，可分为客运站、货运站、客货运站。

各类车站的分布和布置形式与工程投资、市场需求、运输能力密切相关，是铁路规划设计的一项主要内容。

2.4.1.1 按技术作业分类

（1）会让站、越行站

会让站和越行站是为满足区间通行能力而设置的车站，使一个区段内能同时行驶多对列车，以保证线路有必要的通过能力。会让站为单线铁路上办理列车的通过、会让、越行业务的车站。越行站是在双线铁路上办理同方向列车越行、反方向列车转线业务的车站。

新建客货共线铁路的站间距离，单线不宜小于8km，双线不宜小于15km，困难情况下个别区间的站间距离可以略短。在铁路枢纽内的站间距离不得小于5km。

（2）中间站

中间站除了办理列车的通过、会让、越行外，也办理客货运作业、沿零摘挂列车的调车作业，有的还办理机车加水及部分检修作业。因此，中间站布置有站房、货场（仓库）、站内线路以及机车整备和给水等设备，运量大的中间站还设有存车线、调车线。

中间站设备规模较小，但数量多，遍布铁路沿线的中小城镇和乡村，在发展地方工农业生产、沟通城乡物资交流中起着很重要的作用。随着多种运输方式的合理分工，新建铁路办理客货运业务的站间距离一般不宜太短，但在公路、水运都不发达的山区，地方客货运输主要依靠铁路来完成，中间站的间距则不宜过长。因此，应根据线路所经地区的经济发展情况和其他交通运输方式的发展情况

---

① 对于客运专线铁路建筑限界，最大高度采用"5650+Y（mm）"表示，其中5650为接触导线最低高度、对地绝缘距离、施工误差之和，Y为接触网结构高度；建筑限界的宽度主要与机车车辆限界的宽度、列车运行中横向振动偏移量、轨道状态等因素有关。在旅客站台上，侧线站台、无列车通过或列车通过速度不大于80km/h的正线站台，其建筑限界为1750mm，列车通过速度大于80km/h的正线站台建筑限界为1800mm。柱类建（构）筑物的建筑限界与客货共线铁路相同，为2150mm（正线站台不适用）。站台采用高站台时，高度限界为1250mm。

采用不同的标准，一般，新建铁路中间站的经济距离在 20km 以上比较合适。

（3）区段站

区段站是在机车牵引区段（机车交路）的分界点设置的车站。其主要任务是为邻接的铁路区段供应及整备机车或更换机车乘务组，办理无改编中转货物列车的技术作业，以及一定数量的列车解编作业和客货运业务。区段站的改编作业量较编组站小，客货运作业量较中间站大。因此，区段站多设有机务段或折返段、调车场、到发场。尽管区段站的作业和设备在规模上不是最大的，但其种类较为齐全。

区段站的分布应根据其在路网中的位置和作用、与相邻编组站或区段站的分工及合理的车流组织等因素确定，主要有：

1）牵引区段的长度。牵引区段的长度是根据牵引类别、所采用的机车交路制度及机车乘务组合理的连续工作时间来确定的。电力和内燃机车的整备作业简单，走行距离长，并且运行速度快，乘务组和机车实行长交路轮乘制，牵引区段的长度有所延长，相邻两个区段站的距离一般为 200 ~ 400km，约是采用蒸汽机车牵引时的 2 倍。

2）车流组织和技术作业的要求。一般应把区段站设在有一定数量车流集散的地点，在几条铁路的交叉或汇合处，若需办理各方向的交换车流，则应设置区段站。

3）具有较大客货运量的城镇，且其位置基本上符合牵引区段长度的要求时，应设区段站，可以兼顾城镇生产建设与居民生活的要求。

（4）编组站

编组站是办理大量货物列车的解体、编组作业的专业技术站（图 2-4-1）。除办理通过列车外，主要办理大量改编车流，解体和编组各种直达、直通、区段、沿零摘挂以及小运转列车，以及其他货物装卸点的车辆取送。在铁路枢纽、工矿、企业集中的地区以及大城市和进出口港埠等地，一般都必须设置编组站。

编组站根据其在路网中的位置和作用可分为路网性编组站（担任路网中远程列车的解编任务，每昼夜解编 6000 辆及以上车辆，间距 1000km）、区域性编组站（担任一定区域内列车的解编任务，每昼夜解编 4000 辆及以上车辆，间距 600km）和地方性编组站（担任管内地方车流的解编作业，每昼夜解编 2000 辆及以上车辆，间距 300km）。一般路网性编组站可分为大、中型编组站，区域性编组站可分为中、小型编组站，而地方性编组站则为小型编组站。哈尔

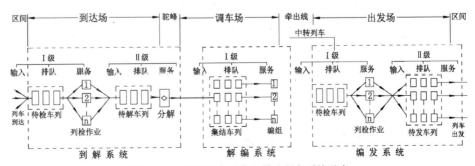

图 2-4-1　编组站车列作业排队服务系统示意

滨南、沈阳西、丰台西、济南西、郑州北、南京东、阜阳北、武汉北、株洲北、成都北、新丰镇和向塘西为我国路网性编组站。

2.4.1.2 按运输对象分类

（1）客运站

客运站主要办理客运业务、客运服务作业和旅客列车技术作业。其中，客运业务包括客票发售、行包承运和邮件装卸；客运服务作业包括旅客乘降、候车、问询、寄存及饮食、住宿、购物、卫生和文化等方面的服务；技术作业包括旅客列车接发、机车摘挂、列车技术检查、车底取送、个别客车甩挂、餐车整备，某些客运站还办理少量货物列车的到发和通过作业。

客运站的设置应根据沿线城镇的大小和重要性、地区和中转客流量的多少、既有客运设备的情况，并配合城市规划等因素确定。高速铁路、城际铁路的车站分布主要取决于市场需求，并要根据列车的开行方案、运输组织方式、铺划列车运行图对通过能力的要求和车站的技术作业需要等因素，经综合技术经济比选确定。

一般情况下，当站间距较小时，列车停站率较高，列车发挥不出其最高运行速度的优越性，则旅行速度较低，运输服务质量不高；若列车停站率较低，则车站的投资效益不高，且当车站分布距离较大时，需考虑较快列车的越行条件，对线路能力的影响较大。基于我国不同地区发展的差异性以及养护、维修、救援等因素，高速铁路车站的平均站间距宜为 30 ~ 60km，城际铁路的站间距宜为 5 ~ 20km。

（2）货运站

货运站是专门或主要办理货运业务和货物列车技术作业的车站，包括货物的承运、装卸，货物列车的接发、解体和编组，按货物装卸地点选分和取送车辆，中转和联运货物的换装，以及零摘列车的甩挂作业等。货运站的车场设备如调车线、到发线等比一般技术站要简单，但货运设备（装卸线、场库设备、装卸机械）比较齐全。

根据作业量、货物品类和作业性质，铁路货场分为综合性货场、专业性货场。综合性货场办理多种货种或品类的货运业务，一般设置在大城市、工业区或港口等大量货物装卸地点。按其设计规模分为大、中、小型三种，年货运量分别为 1.0Mt 及以上、0.3 ~ 1.0Mt（含 0.3Mt）和 0.3Mt 以下。专业性货场仅办理单一货种或品类的货运业务，如矿石、木材、煤、石油、粮食等，一般有危险货物货场、散堆装货物货场、液体货物货场等。

按照办理货物运输组织方式，货场又可分为整车货场、零担货场和集装箱货场等。根据地理位置，货场还可分为陆铁联运货场和水陆铁联运货场。

（3）客货运站

客货运站是同时办理客、货运业务的车站，根据业务量大小和相应的列车技术作业配置相关设备。

2.4.2 车站布置形式

车场是车站的主要组成部分，它将办理同一种作业的股道两端用梯线连接起来。按其用途可分为到发场、到达场、出发场及调车场等。根据车场的相互位置关系，车站布置的基本形式有横列式、纵列式及半纵列式三种。

2.4.2.1 中间站

中间站的到发线数量少，横列式具有占地少、走行距离短，无中部咽喉区、管理方便，到发线使用灵活等优点。与之相比，纵列式的列车交会方便，两方向机车停靠距离近，便于集中供水，但存在建设及运营费用较大、调车作业时车辆行走距离较长、到发线互换性较差等缺点。因此，中间站以横列式为主，纵列式、半纵列式仅在个别情况下采用（图2-4-2）。

中间站的货场位置选择应根据货源方向，设于主要货物集散方向的一侧，以尽量减少地方短途运输。为便利管理，客货设备布置在同侧更为有利；如货运作业量大，为避免互相干扰和制约，货场可以布置在对侧，但应有连通货场的便捷道路。通常，货场设在车站的Ⅰ、Ⅲ象限，必要时可设在Ⅱ、Ⅳ象限。

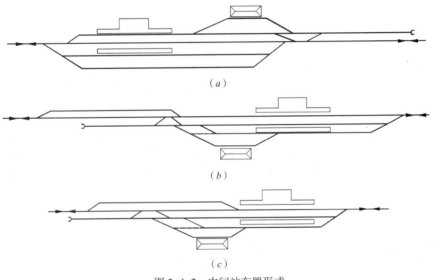

图2-4-2 中间站布置形式
（a）横列式；（b）纵列式；（c）半纵列式

2.4.2.2 区段站

区段站的布置形式基本上可归纳为横列式、纵列式和客货纵列式三种类型（图2-4-3），与干支线的数目、运输组织、车站作业特点、城镇规划和地形地质条件等因素有关。

从图形上来看，横列式是将上下行列车到发场及编组场平行布置；纵列式是将上下行列车到发场分设在正线两侧并逆着运行方向全部错开；客货纵列式是将旅客运转设备（主要指客车到发场）与货物运转设备（主要指货车到发场）进行纵向配列。比较而言，横列式布置紧凑、经济、易于管理，但通过能力较小；纵列式占地大、成本较高、管理不便，但通过能力较大（表2-4-1）。客货纵列式因客货两场分设，作业干扰较少，但需增加设备和定员，其优缺点基本上与纵列式相同。

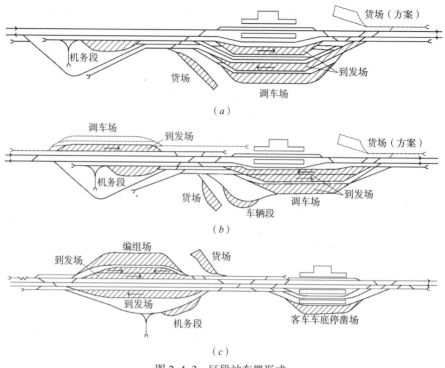

图 2-4-3　区段站布置形式
（a）横列式；（b）纵列式；（c）客货纵列式

横列式、纵列式区段站的比较　　　　　　　　表 2-4-1

	横列式	纵列式
用地	站坪短，占地少，对地形条件的适应性较强	站坪长，占地大
费用	建设和运营费用较低	建设工程费用和运营成本较高
管理	设备布置集中紧凑，便于管理	设备分散，管理不便
通过能力	一个方向的机车出入段走行距离长，对站房同侧货物取送车和正线有交叉干扰，通过能力较小	减少上下行客货列车到发进路交叉，且机车出入段走行距离较短，通过能力和编解能力较大；但一个方向货物列车的机车出入段与正线交叉

因此，单线铁路区段站应采用横列式；当有多方向线路引入时，可预留纵列式。双线铁路区段站在旅客列车对数不多且车站不是机车交路终点时，一般宜采用横列式；只有旅客列车对数较多并为客货机车交路终点，且地形条件适宜时可采用纵列式。客货纵列式往往是在改建时车站横向发展受限，将原有站场改为专办客运并修建与之纵列的货物运转场而形成的。客货列车数目较多、站房同侧有较多专用线接轨的双线（或干支线接轨方向较多的单线）区段站，在地形条件适宜时可采用这种布置形式。

在区段站主要设备的配置中，旅客站房的位置应与城市用地规划和车站布置相配合，设在车站的中部并靠近城市主要居民区一侧，以便组织客运业务。货场位置应结合货源和货流方向、地方运输能力、连通货场道路与铁路交叉的方式、货物品类以及装卸量等确定。

如果装卸量不大，货场靠近主要货源和居民区，有利于地方和企业，对铁路的影响也小。位于站房同侧的货场，当区间列车对数较多、货场装卸量较大时，宜设货场牵出线，以减少货场取送调车对正线行车的干扰。当货场规模较大时，货场位置往往与城市发展规划有矛盾，特别是以矿建材料、农药等容易污染环境卫生的货物为主的货场，不宜设在站房同侧，这时货场与城市之间应建设便捷的通路。

2.4.2.3 客运站

(1) 客运站

客运站由站房、站场客运设备、站前广场等部分组成。站房包括为旅客服务的各种用房（广厅、售票厅、候车厅、行包房等）、技术办公用房以及职工用房等。站场客运设备主要包括线路（到发线、折返线、机车走行线、车辆停留线、动车组走行线、动车组存车线等）、站台、雨篷、跨线设备等，主要根据业务性质、运量大小及技术作业的需要进行设置。站前广场包括旅客活动地带、停车场、旅客服务设施、绿化带等。

根据不同情况，客运站可以布置成通过式、尽端式和混合式三种类型（图2-4-4）。通过式客运站是指全部旅客列车到发线为贯通式，设有两个咽喉区；一般采用跨线式候车室，基本站台与中间站台采用地道相连。尽端式客运站是指全部旅客列车到发线为尽端式，站房设在到发线一端或一侧，中间站台用分配站台相连接。混合式客运站一部分线路为贯通式（接发长途旅客列车用），另一部分线路为尽端式（接发市郊旅客列车用）。三者各自的优缺点和采用条件见表2-4-2。

通过式、尽端式和混合式客运站的比较 表2-4-2

	通过式	尽端式	混合式
优点	①车站有两个咽喉区，通过能力大；②站线的使用机动灵活，特别对通过列车的接发车作业更为方便；③旅客进、出站走行距离较短	①占地少，与城市道路交叉干扰较少；②车站较容易伸入城市中心地区；③旅客上下车不需跨越线路，便利进、出站	①可节省投资和用地；②市郊旅客与长途旅客进、出站流线互不干扰
缺点	①站坪较长，占用城市用地多；②一般不容易伸入城市中心地区；③通过城区时会增加与城市道路的交叉，对城市干扰较大	①到发、接送客车车辆及机车出入等作业均集中在一个咽喉区，通过能力较小；②调车困难，对通过列车的换挂机车和变更运行方向等作业均不方便；③旅客进出站走行距离较长；④分配站台上人流和行包流互相交叉	①到发线互换性差，使用不灵活；②市郊与长途旅客列车进路交叉
采用条件	新建的大型客运站一般应采用通过式布置	仅在列车为始发、终到为主的客运站采用	有通过的长途列车和始发终到的短途列车

(2) 客车整备所

在终到列车多的客运站一般都应设置客车整备所，以供车辆的洗刷、清扫、消毒、技术检查、装备、列车改编及转向、餐车供应、备用车停留等使用。它与客运站的相互配列位置一般有纵列配置和横列配置两种形式（图2-4-5）。

客车整备所与客运站宜纵列布置。这种配置使客车车底取送与旅客列车到发交叉干扰少，通过能力大，只要两者之间的咽喉区适当留有余地，它们的发展可互不影响。客车整备所应位于到发列车较少一端的咽喉区外方正线的一侧

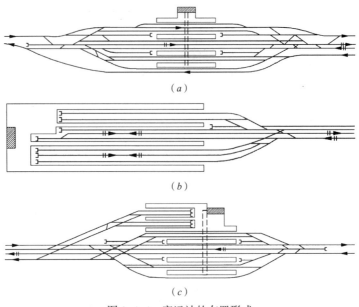

图 2-4-4　客运站的布置形式
（a）通过式；（b）尽端式；（c）混合式

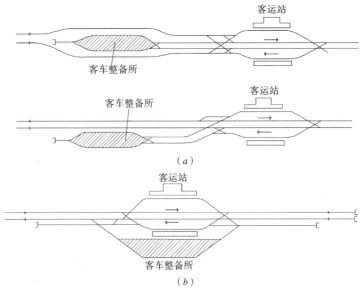

图 2-4-5　客车整备所与客运站的位置关系
（a）纵列配置；（b）横列配置

或双线铁路的两正线之间。

横列配置时，接送列车与正线的列车到发交叉，并有折返行程，对于客运量较大或正线行车量较大的客运站，应尽量不采用这种布置形式。

客车整备所是直接为客运站服务的，为缩短旅客列车车底的取送距离，最好设在靠近客站、比较方便的地方。但由于客车整备作业对城市安宁与环境卫生有一定的影响，且占地较大，其位置选定时应避免对城市的干扰。因此，在客运站深入城区的大城市，不宜采用客车整备所与客站合一布置的方式，应适当外移单独布置，或布置在比较接近客运站的城市分区的"死角"内。当客运站设于城区边缘时，因对城市的影响较小，为满足铁路运营便利，可采用合一布置方式，并尽量将客车整备所与客运站纵列配置。

2.4.2.4 货运站

货运站的组成主要有货场与车场两部分。车场主要进行货物列车接发与解体、编组，布置有到发线与调车线群。货场布置有货物线、存车线、站台、仓库、场地、道路以及车站用房。车场和货场的相互位置有横列和纵列两种基本形式（图2-4-6）。

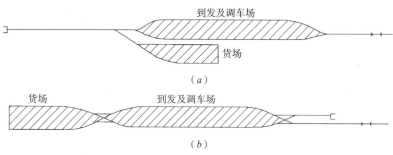

图 2-4-6 货场与车场的位置关系
（a）横列式；（b）纵列式

对于货场的布置形式，基本上可分为尽端式、通过式、混合式三种（图2-4-7），尽端式和通过式货场的比较见表2-4-3。

通过式和尽端式货场的比较　　　　　　　　　　表 2-4-3

	尽端式	通过式
占地面积	铺轨短、占地少、工程量小，易于扩建	占地大、铺轨长，工程量大，改建和扩建比较困难
搬运装卸	场内道路与装卸线交叉少，便于市内交通工具直接驶进站台装卸转运	货场道路与装卸线交叉多，取送作业与货场搬运作业互相干扰
取送作业	零星车取送方便；但转线、调车与取送作业都有折返行程，增加了车辆的走行距离。取送车作业均在货场一端进行，咽喉负担较重	装卸线较长，增加调车行程，对零星车流作业不便。取送车作业可在货场两端同时进行，互不干扰，作业能力较大；两个方向的列车作业都较方便
道路交叉	与城市道路交叉较少，易于与城市规划相配合	与城市道路的交叉较多，干扰较大
采用条件	大、中型综合性货场，以及运量较大并配有调车机车的货场	运量不大且利用本务机车进行调车及取送车作业的货场

由于尽端式货场在占地、投资、搬运装卸以及与城市交通配合等方面的优势，大中型货场一般采用尽端式；如无特殊要求和足够的根据时，不宜采用通过式。当只有1~2条货物线且利用本务机车进行调车和取送车作业的小型货场，可采用通过式布置。混合式货场具有尽端式与通过式相应的一些优缺点，必要时可在尽端式的基础上修建部分装卸线为通过式的混合式货场。

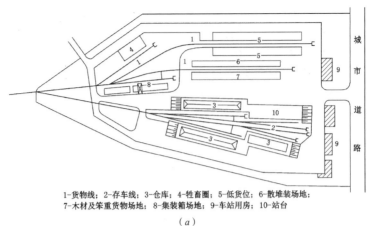

1-货物线；2-存车线；3-仓库；4-牲畜圈；5-低货位；6-散堆装场地；
7-木材及笨重货物场地；8-集装箱场地；9-车站用房；10-站台

（a）

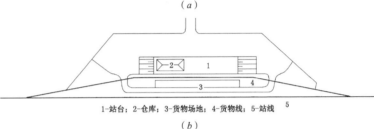

1-站台；2-仓库；3-货物场地；4-货物线；5-站线

（b）

图 2-4-7　货运站的布置形式
（a）尽端式；（b）通过式

2.4.2.5　编组站

编组站有货物运转、机务、车辆业务等设备，但以货物运转设备为主，包括到达场、出发场和调车设备（调车场、驼峰[①]和牵出线）等，而调车设备是编组站的核心设备（图 2-4-8）。

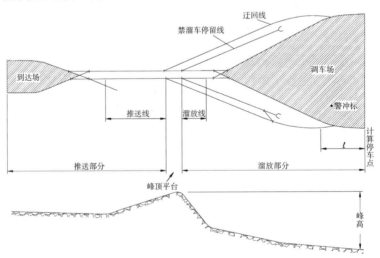

图 2-4-8　驼峰平面图和驼峰溜放部分纵断面示意

① 驼峰是指峰前到达场（不设峰前到达场时为牵出线）与调车场头部之间的部分线段，它包括推送部分、溜放部分和峰顶平台。驼峰是编组站的主要特征，它是地面上修筑的犹如骆驼峰背形状的小山丘，设计成适当的坡度，上面铺设铁路，利用车辆的重力和驼峰的坡度所产生的位能辅以机车推力来解体列车的一种调车设备，是编组站解体列车的一种主要方法。

（1）调车系统数量

编组站的布置形式根据作业量大小、作业性质以及地形条件等因素确定，主要有单向与双向两类。其中，上下行合用或分用一套调车系统的为单向编组站，上下行各有一套调车系统的为双向编组站。

单向编组站具有管理集中、节约工程投资和占地少等优点。现代化技术装备的发展进一步提高了单向编组站的作业能力，从而扩大了它的适应范围，我国新建编组站一般应设计为单向编组站。双向编组站有两个独立的调车系统，作业互不干扰，通过能力、解编能力都比单向编组站大，避免了单向编组站次要方向的折返运行。但由于车场布置分散，增加工程投资、用地和定员开支，在非单向编组站无法担负的情况下，一般不宜采用。

（2）车场配列方式

单向和双向两类编组站又可按车场配列的方式分为横列式、纵列式、混合式三种（图2-4-9）。将上下行到发场与调车场并列布置的为横列式；将到达场、调车场、出发场顺序布置的为纵列式；到达场和出发场有的与调车场纵列布置，有的与调车场横列布置，即为混合式。

一般地说，横列式的优点是占地少，设备集中，管理方便，调车设备的分工有较大的机动灵活性；但缺点是解体、编组都要牵出转线，折返运行多，交叉干扰多，影响效率。纵列式的优点主要是便于流水作业，减少了折返运行与交叉干扰，提高了效率；缺点是占地多，站坪长，工程费多。混合式则介于两者之间。因此，大中型编组站的发展趋势是采用混合式与纵列式的布置，而小型编组站采用横列式较多。

习惯上，把编组站图形称为"几级几场"布置图。"级"是指在车站中轴线上纵向排列的车场数，"场"是指全站主要车场的总数，例如单向横列式布置图可简称为"一级三场"，单向纵列式布置图为"三级三场"。

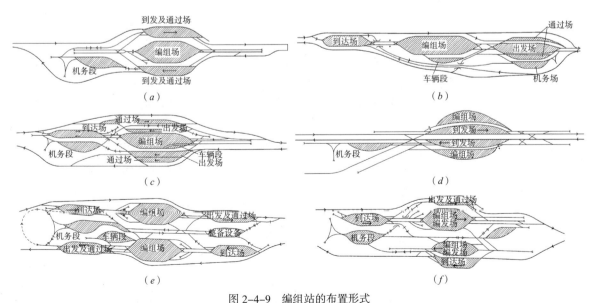

图2-4-9 编组站的布置形式

（a）单向横列；（b）单向纵列；（c）单向混合；（d）双向横列；（e）双向纵列；（f）双向混合

2.5 铁路用地指标

铁路用地是运输生产的重要基础，也是铁路部门的重要资产。铁路工程用地主要包括路基、桥隧、中间站、区段站、机务设备、车辆设备、基础设施（给水排水、通信、信号、电力、电气化）、房屋建筑、石碴场及苗圃等用地。我国铁路线网和场站的用地规模大，应依据铁路发展规划和国土空间规划，合理控制铁路工程用地，加强保护、节约用地。

铁路的技术标准、施工工艺、场站布局、维修体制等因素，均会影响铁路的用地规模。不同类型和等级的线路与站场，其用地标准各不相同，一般分为综合用地指标、区间正线用地指标和站场用地指标。

2.5.1 综合用地指标

新建铁路工程的每千米综合用地指标由区间、区段站、中间站等单项指标组成。

客货共线铁路工程的建设类别分为新建单线、双线铁路，地形区间分为Ⅰ、Ⅱ、Ⅲ、Ⅳ、Ⅴ级，车站分为平原、丘陵、山区三类[①]。新建客货共线铁路工程用地指标，如平原Ⅰ级电气化双线铁路为 $6.52hm^2/km$，山区内燃机牵引的Ⅲ级单线铁路为 $4.27hm^2/km$。风沙、雪害、地震等地区，应根据建设项目的具体位置、防护宽度、抗震措施等，另增用地数量。

2.5.2 区间正线用地指标

区间正线用地包括路基及其两侧的用地（图2-5-1）。这一用地必须留有足够的宽度，以保证路基稳定，满足维修检查通道、栅栏设置、绿色通道建设及防沙工程的要求。

2.5.2.1 区间用地宽度

客运专线的区间用地宽度，采用路堤时，若无排水沟，护道边缘外宜为 2～3m，或坡脚矮挡墙边缘外宜为 3～4m；若有排水沟，则排水沟边缘外宜为 3～4m，非耕地宜林地段宜为5m。采用路堑时，天沟外宜为 2～3m，或路堑堑顶边缘外宜为 5～7m（无天沟）。

客货共线区间铁路的用地宽度，路堑从堑顶边缘至用地界的距离，不应小于1m；路堤从天然护道外1m为用地界。

如有弃土堆、取土坑、天沟、排水沟时，从其最外边至用地界的距离，不应小于1m。风沙、雪害、冻土、抗震设防烈度8度及以上地区和严重不良地质地区的用地宽度按计算确定。

由于路堤高低、路堑深浅不一，且有桥梁和隧道，铁路地界的宽度不能一概而论。

---

① 每千米铁路综合用地指标的编制，按电力、内燃牵引时，其计算长度400km；蒸汽牵引时，其计算长度200km。中间站按三类地形，区段站按平原、丘陵两类地形，编组站按平原一类地形来考虑。

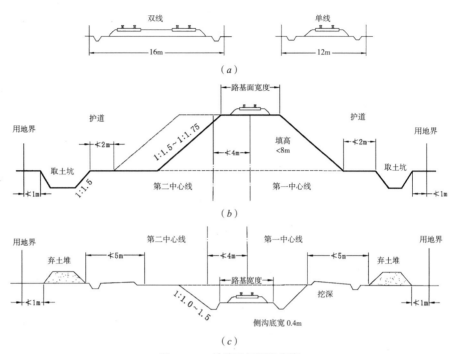

图 2-5-1 铁路区间用地宽度
（a）平地上用地宽度；（b）土质路堤标准断面图；（c）土质路堑标准断面图

2.5.2.2 区间用地指标

设计行车速度为 200 ~ 350km/h 的客运专线，其区间线路用地指标（扣除车站、桥梁、隧道长度）不应超过附表 2-5-1 的规定，具体为 5 ~ 13hm²/km，与线路等级、路基填挖高度和地形分区有关。城际铁路可参照这一标准。客货共线铁路不应超过附表 2-5-2 的规定。

2.5.3 站场用地指标

站场的用地规模与客货运量及站场布置方式有关，差异很大。尤其是大型和特大型车站，站址选择、站型选用对用地数量的影响十分显著。为了节约用地，车站设计应采用合理图形，紧凑布置平面，正确控制高程，提高场站用房的综合化利用，并适当预留发展用地。

站场用地的大小取决于站场长度和宽度，主要根据站线数量、有效长度以及站房、站台及其他设备的多少来确定。在国土空间规划中，应结合功能布局和建设用地条件，与铁路有关部门共同研究确定各类站场的用地规模。其规划用地应符合表 2-5-1 的规定。

铁路设施规划用地

表 2-5-1

项目	类型	用地规模（hm²）	用地长度（m）
客运站场	特大型	> 50	1500 ~ 2500
	大型	30 ~ 50	1500 ~ 2500
	中小型	8 ~ 30	1200 ~ 1800

续表

项目	类型	用地规模（hm²）	用地长度（m）
货运站场	大型	25～50	500～1000
	中小型	6～25	300～500
集装箱中心站	—	50～100	1500～2000
编组站	大型	150～350	5000～7000
	中小型	50～150	2000～4000
动车段	—	50～150	2500～5000
动车所	—	10～50	1800～2500

2.5.3.1 客运专线铁路站场用地

客运专线铁路的站场用地包括车站、动车段、动车运用所用地，由铁路车场及咽喉区、站房及客运设备、生产房屋及构筑物、综合维修设施等构成。按承担的作业量和设备布置规模，客运专线车站分为小型站、中型站、大型站和特大型站，其设施规模参见表2-5-2。

客运专线铁路的车站规模　　　　　　　　　　　表2-5-2

车站类型	小型站	中型站	大型站	特大型站
pH（人）	pH<1000	1000≤pH<5000	5000≤pH<10000	pH≥10000
站坪长度（m）	1600～2200	2200～3000	3000～3650	3650～4500
基本站台宽度（m）	8.0	8.0～15.0	15.0～20.0	20.0～25.0
岛式中间站台宽度（m）	10.0～12.0	10.5～12.0	11.5～12.0	11.5～12.0
侧式中间站台宽度（m）	7.0～9.0	7.5～9.0	8.5～9.0	8.5～9.0

注：按照《铁路旅客车站建筑设计规范（2011年版）》GB 50226—2007的车站等级划分标准，pH为高峰小时旅客发送量。基本站台和中间站台宽度采用的是《高速铁路设计规范》TB 10621—2014规定的高速铁路车站站台宽度值。

在不同地形条件和路基填挖高度的情况下，小型站的用地指标为17～55hm²，大型站的用地指标为32～168hm²不等，特大型站的用地指标达到120～155hm²。

2.5.3.2 客货共线铁路站场用地

客货共线铁路车站的用地指标，应根据车站设备规模、到发线有效长度及地形等级确定。

小型中间站用地指标一般控制在7～11hm²/km，大型中间站一般控制在20～31hm²/km。平原、丘陵、山区的中间站用地指标依次增大。

单线铁路小型区段站用地一般控制在50～57hm²/km，大型区段站用地控制在74～88hm²/km；双线铁路的小型区段站用地一般控制在68～79hm²/km，大型区段站用地控制在96～112hm²/km。

编组站的用地指标应根据站型、车站设备规模、到发线有效长度确定。对于一级三场、二级四场、三级三场、三级四场编组站，其总用地指标分别约为150、196、228、245hm²/km。

2.6　铁路设施布局规划

2.6.1　铁路设施布局原则

铁路工程设施布局既是铁路交通运输规划的重要内容，也是城市空间结构组织的基本要素，必须统筹考虑铁路交通运输与城市自身发展的要求，合理确定铁路设施的等级、规模和选址，并纳入国土空间规划之中。

（1）铁路工程设施布局应满足铁路发展规划，并与国土空间规划相适应

铁路是城市对外交通运输的重要方式，城市大量生产和生活活动依赖铁路运输，但由于铁路运输技术设备深入城市，又给城市带来了干扰。如何使铁路设施布局既能方便城市、吸引客流和货流，又能充分发挥运输效能，与城市互不干扰，是城市用地规划中一项复杂的工作。

从铁路与城市的关系来看，城市范围内的铁路设施基本上可归纳为两类。

一类是直接与城市生产和生活有密切关系的客、货运设备，如客运站、综合性货运站及货场等，应按照它们的性质分布在城区内部或接近城市中心，或设在城区外围而有城市干路相连接的地区。为工业、仓储区服务的工业站和地区站则应设在该有关地区附近，一般在城市外围。另一类是与城市生产与生活没有直接关系的技术设备，如编组站、客车整备场、动车段（所）、迂回线等，在满足铁路技术要求以及配合铁路枢纽总体布置的前提下，应尽可能布置在城市外围有相当距离的地方。

（2）合理确定铁路工程设施的用地规模，适当留有发展余地

铁路运量是随着国民经济的发展而逐渐增长的，铁路建筑物和设备的能力应与运量相适应。因而规划既要考虑分阶段加强的要求，以减少设施能力的富余量和节约投资；还要考虑铁路线下基础设施以及不易改、扩建的建筑物和设备，使之能够一次建成而适应远期的运输需求，避免频繁改造、增加废弃工程和对运营的干扰。

根据实践经验，铁路枢纽内的主要建筑物和设备在达到最终规模时，往往需要经历十几年到几十年的时间，只根据交付运营后第十年的客货运量及运输性质确定其配置及规模是不够的，必须协调近期、远期乃至远景规划的关系。枢纽总布置图作为枢纽发展规划的指导性文件，应能在较长的时间内起作用，要根据远景的发展需要预留用地。对于易改、扩建的建筑物和设备，宜按近期运量和运输性质设计，并预留远期发展条件。

（3）铁路设施布局和设计要与其他工程建设相协调，减少对城市的分割

铁路设施要与其他交通设施以及农田水利等工程建设相协调。铁路选线应尽量绕避各类不良地质体，并尽量利用既有基础设施走廊，减少与既有铁路、公路和市政设施产生"三角地""包心地"。尤其是引入城市地区时，更应优先选择并线规划，使铁路线路从城市边缘或者城市功能区之间穿过，减少对城市的分割。要结合地形地质条件，优化线路和站场设计，可通过采取"以桥代路""工程护坡""既有站场利用"等措施，最大限度地减少新增用地和拆迁工程量，并符合环境保护、水土保持、土地节约及文物保护的要求。

（4）依托铁路车站建设综合性交通枢纽，促进门户地区的功能开发

铁路客运站既是城市内外转换的交通枢纽，也是重要的门户空间和公共中心，往往成为城市的一个标志。客运站设计应体现综合枢纽的理念，加强与城市道路、公共交通以及汽车站、客运码头、机场等系统的有机衔接，实行公共交通优先，从而有效地整合和利用各种交通资源，为广大旅客提供方便快捷的交通集散和换乘条件。同时，客运站地区要充分体现城市的特色风貌，营造良好的城市空间环境，提升城市的繁荣和活力。

现代铁路客运站由于站型多样化以及多模式交通的引入等因素，改变了以往单一、简单的平面布局，在空间关系上形成立体交叠、融合。应根据国土空间规划的总体要求，对车站及其毗邻地区特定范围内的土地实施综合开发，加强客运站功能的多元化发展，优化站房、站前广场和站场设施等要素之间以及它们与周围建筑群的关系，达到车站与周边地区在功能、交通、景观上的协调统一。

2.6.2　铁路线路与城市各项规划的关系

随着运行速度的加快和安全保障要求的提高，铁路往往会对城市用地的扩展和交通的联系形成较大的障碍。为了避免铁路对城市的干扰和对城市交通的阻隔，铁路进入城市后，线路规划不仅要满足区域铁路网发展以及铁路枢纽内各个站场之间的联系需要，也要同时符合城市布局的要求。为此，应结合铁路沿线的城市建设现状、用地规划、环境要求等，合理选用线路的技术标准，确定线位走向及敷设形式，以妥善处理铁路线路与城市空间布局、道路交通和环境保护之间的关系。

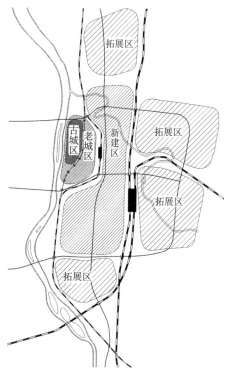

图 2-6-1　铁路与城市功能的配合

2.6.2.1　铁路线路与城市的配合

（1）与用地布局的协调

对于中小城市，铁路干线通常设置在城区边缘。对于大城市，应尽可能利用自然地形条件，配合城市用地功能分区，使铁路线在各分区之间通过；同时，要修建跨铁路的联系性干路，减轻铁路对城市的穿越分割（图 2-6-1）。在铁路两侧的功能地区，应配置相对独立完善的生产、生活设施，以减少跨越铁路的交通需求，还应该根据铁路线路的安全保护区划定要求，设置一定的铁路隔离防护地带。

在有多个客运站的大型铁路枢纽，有时需要修建对角方向两个车站之间的线路，以改变通过列车在站内折角运行的状况。为了避免对城市的干扰，这类直径线应采用地下线的形式。如北京站至北京西站的地下直径线长 9km，形成了两大客运站之间有效顺畅的径路，改变了北京枢纽西南部至东北部通过旅客列车在站内的折角运行。

（2）与道路布局的协调

为了减少铁路线路与城市道路的交叉，将主干

路沿铁路线平行布局成为常见的路网规划模式（图2-6-2）。但平行道路不宜过于靠近铁路，否则当需要与跨铁路的道路修建立体交叉时，会造成工程技术上的困难和不经济，也不利于站前广场的交通组织。

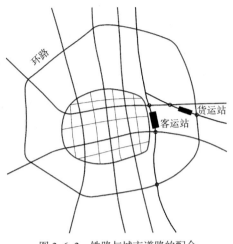

图2-6-2 铁路与城市道路的配合

在城镇连绵发展的地区，应根据区域和城市的骨干道路网规划，合理控制和预留跨越铁路的通道。必要时铁路可采用"以桥代路"方式，与多条相交道路形成连续化立体交叉，使铁路两侧地区的路网顺畅连通，保证城市发展的弹性。

2.6.2.2 铁路交叉形式

随着行车密度的加大和运行速度的提高，铁路在与城市道路和公路交叉时，应采用合理的线路交叉和跨线形式，优先考虑设置立体交叉；对于平交道口，要做好铁路相交道路的立交化改造和周边的道路网优化。立体交叉的形式应根据路段设计速度、铁路与道路的性质、等级、交通量、地形条件、安全要求等因素确定，并应符合建筑限界的有关规定。

（1）高速铁路应按照全封闭、全立交设计。与其他铁路、公路、道路交叉跨越时，宜采用高速铁路上跨的方式。困难条件下采用高速铁路下穿方式时，应采用可靠的安全防护措施。跨越高速铁路的立交桥下净空，直线地段正线不应小于7.25m，折返线及动车段（所、场）内的线路不应小于6.2m。

（2）铁路与高速公路、一级公路和城市快速路交叉，必须设置立体交叉。

（3）铁路与其他道路交叉，符合下列条件之一者应设置立体交叉：Ⅰ级铁路与其他道路交叉；铁路与二级公路交叉；铁路路段旅客列车设计行车速度大于或等于120km/h的地段；铁路与交通量大的道路交叉。

（4）铁路线路靠近城市或通过基本农田及经济作物区的高填路堤、编组站进站线路疏解等地段，应在技术经济比较的基础上，优先考虑以桥代路。

（5）乡村道路下穿铁路时，乡村道路的净空应根据通道种类和交叉条件不得小于表2-6-1规定的数值。

铁路立交桥下乡村道路净空（单位：m）　　　　　　　表2-6-1

通道种类	汽车及大型农机通道	机耕和畜力车通道	人力车和人行通道
净宽	5.0	4.0	2.0
净高	4.5	3.0	2.5

（6）铁路与城市道路采用立体交叉时，应合理设置步行和非机动车通道。

（7）铁路与道路平交道口间的距离不应小于2km，交叉口宜设计为正交，斜交时其交叉角应大于45°。铁路曲线地段不宜设置道口。在车站内，桥梁、隧道两端及进站信号机外方100m范围以内不应设置道口。

（8）道口宜设在瞭望视距不小于附表2-6-1规定数值的地点（图2-6-3）。

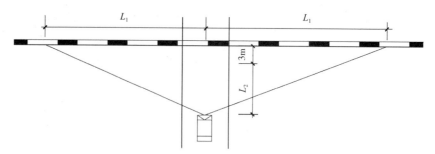

图 2-6-3 机动车驾驶员在道口前的瞭望视距示意

2.6.2.3 线路安全保护区和环境保护

（1）根据我国 2014 年颁布实施的《铁路安全管理条例》规定，铁路线路两侧应当设立铁路线路安全保护区。铁路线路安全保护区的范围，从铁路线路路堤坡脚、路堑坡顶或者铁路桥梁（含铁路、道路两用桥）外侧起向外的距离，应符合表 2-6-2 的规定。

铁路线路安全保护区的范围（单位：m）　　　　　表 2-6-2

铁路类型	城区	郊区居住区	村镇居住区	其他地区
高速铁路	10	12	15	20
其他铁路	8	10	12	15

铁路线路安全保护区要设置专用护栏或采用隔离措施，对于设计开行时速 120km 以上列车的铁路应当实行全封闭管理，铁路两侧应设置隔离栅栏。

（2）铁路工程选线、选址应绕避自然保护区、世界文化和自然遗产地、风景名胜区、饮用水源地、重点文物保护单位等法定特殊生态敏感区。经多方案比选后，确需经过上述敏感地区时，应采取适当的防护措施。

（3）铁路工程建设过程中的生态保护要以植被和生态恢复、重要野生动物栖息地和迁徙通道保护以及水土保持为重点。线路的两侧可采用"内灌外乔"的形式，形成立体复层的绿化带，以改善城市小气候与景观效果。

（4）为加强沿线环境保护，铁路线路两侧应设置隔离带。隔离带的控制宽度，在城镇建成区内应按照城市用地规划、环境等要求合理确定；在城镇建成区外，高速铁路的隔离带应从外侧轨道中心线向外不小于 50m；客货共线的铁路干线应不小于 20m；其他线路应不小于 15m。

（5）铁路声源对铁路两侧噪声敏感区（建筑物）的影响超过国家铁路噪声排放标准时，应设置声屏障或采取综合治理措施。常用的铁路噪声治理措施有控制声源源强、阻断传播途径、控制敏感目标等。

2.6.3　铁路车站与城市各项规划的关系

在城市铁路布局中，车站的数量和位置起着主导作用。铁路车站布局与城市的规模、空间结构和铁路运输的性质、流量、方向以及自然地形特点、工程与运营费用等诸多因素有关。铁路车站的设置既要满足列车运行的技术作业要求，保证必要的运输能力和效率，也要兼顾地方客货运输和城市发展的需要，与人口布局、企业分布以及其他运输方式密切结合，提高车站地区的土地资源开发效益。

在通常情况下，小城市的车站多是客货合一的中间站，须着重考虑其货场位置与城市布局的关系；在大、中城市的铁路枢纽，由于铁路运输业务比较复杂，须根据服务性质设置各种类型的专业车站，它们在城市的位置也应该按其性质特点来选择。

2.6.3.1　客货运站布局

客货共线铁路的中间站在铁路网中分布普遍，一般为客货综合站，设在小城市的边缘。为了避免客货干扰，比较理想的布置方式是将客站与货场均布置在城市一侧，并使货场接近于工业、仓库区，而客站靠近居住区。

由于多种原因当车站必须采取客货对侧布置，城市的交通将不可避免地要跨铁路两侧时，应保证城市用地布置以一侧为主，在功能布局上尽量减少跨越铁路的交通量；货场应与地方货源货流同侧，以充分发挥铁路运输效率。当货运量大而同侧受用地限制时，应将铁路运输量大、职工人数少的工业企业有组织地安排在货场同侧，而将城区主要部分仍布置在客站一边。同时要选择好跨越铁路的立交道口，以尽量减少铁路对城市交通的干扰。当工业企业货运量与职工人数都比较大时，也可将城区主要部分设在货场同侧，而将客站设在对侧。

通常，在中间站的车站、货场之间要适当留有余地，以适应今后的发展。

2.6.3.2　客运站布局

客运站的数量、分工和配置要与城市国土空间规划和铁路枢纽规划相协调，根据客运量、客流性质、引入线路数量、客车开行方案、既有设备情况以及当地建设条件和交通运输条件等因素确定。

（1）客运站的数量

一般情况下，中等城市应设置独立的客运站，有特殊要求的小城市也可设置独立的客运站。由于客运量不大，这些城市可以结合用地布局和铁路线网，设置1个为各个衔接方向共用的高普速列车共站作业的客运站。这样既有利于旅客乘车与中转，又便于管理与组织客流，同时还能节省工程费用和节约用地。

但是在大城市和特大城市，由于用地范围广、客运量大，只设1个客运站容易造成旅客过于集中，使车站作业复杂；而且造成部分旅客市内出行距离较长、乘车不便，车站集散压力大，不利于市内交通组织。此外，受自然地形影响而城市布局分散或呈狭长带形时，只设1个客运站也不便于整个城市的使用。因此，这些城市宜设置2个或多个客运站，其中客流量很大的特大城市，甚至在同一方向上可设置一主一辅2个客运站。北京铁路枢纽是全国最大的铁路枢纽，与全国各主要城市都有直通车，它现有"4主2辅"6个客运站，"4主"为北京站、北京西站、北京南站、北京北站，"2辅"为北京东站、丰台站。

在城市中有多个客运站的情况下，应根据列车径路顺畅、点线能力协调、旅客乘降方便等原则，按照引入方向、客车类别、客车开行方案等方式确定客运站的分工、等级与衔接要求。比如，一些城市的高速铁路车站因建设条件的限制而选址在中心城区外围，与既有的客运站分开设置，两站分别办理高速、普速旅客列车业务；当引入枢纽的线路很多时，可以将不同的车站用以办理部分衔接线路的始发、终到列车业务，有条件时宜相互办理通过本客运站的旅客列车；当市郊客流量较大时，考虑到市郊旅客运输与普通列车运输有不同的要求，可单独设置市郊客运站。

以上海铁路枢纽为例，该枢纽内现有虹桥站、上海站、上海南站、上海西站、南翔北站、安亭北站6个客运站，分工各不相同（图2-6-4）。虹桥站主要开行沪宁、京沪高速铁路的大部分高速动车组列车，沪汉渝蓉快速客运通道和沪杭甬、温福—福厦高速铁路的全部动车组列车，上海站主要开行部分沪宁高速列车和北方方向列车，上海南站主要开行南方方向列车。

（2）客运站的位置

客运站的服务对象是旅客，其位置选择应从方便旅客运输出发（图2-6-5）。根据我国既有客运站位置的设置情况，客运站设在距中心区2～4km的地方较为方便。这样不仅有利于旅客乘车，而且有利于与城市交通系统的结合，减少

图2-6-4　上海铁路枢纽

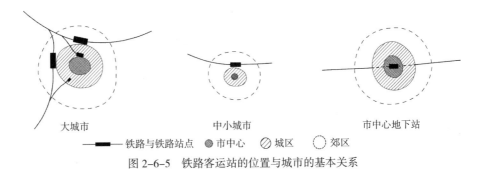

图 2-6-5 铁路客运站的位置与城市的基本关系

城市内部交通的压力。若客运站距中心区过远，虽然对城市的干扰较小，但将引起旅客乘车不便，增加城市交通的负担。因此，除满足铁路本身各项作业的需要外，大城市的客运站宜尽量深入中心区的边缘。而中小城市的客运站可以根据城市规划的发展方向，设置在城区的边缘，今后城市扩大后其位置仍将便于旅客乘车。

有的城市通过地下铁路把客运站深入市中心地下，既方便旅客使用，又避免对城市的干扰。但是地下火车站，尤其是高铁站的规模和投资大、施工困难大，为数不多。只是在经过其他建站方式充分比选后，确定不能利用地面和地上空间时，才有可能选择地下建站的方式。福田综合交通枢纽是国内第一个，也是目前亚洲最大的地下火车站，车站总面积 14.7 万 m^2，集高速铁路、城际铁路和城市轨道交通等多种交通于一体。

总体上，不同等级和类型的客运站，其位置选择的原则存在一定的差别。车站的等级越高，对地方集疏运条件的要求也越高。特大型、大型客运站由于服务于全市乃至周边区域，需要充分考虑客源分布，设置在交通快捷、易于疏散、方便旅客乘降的地点。

比较而言，高速铁路客运站的吸引范围和客流量较大，在大城市、特大城市，其站址应设在中心城区以内的合适地点，这样既有利于客流的便利集散、促进站区开发，也可以避免车站靠近中心区时线路严重分割城市和大半径曲线使拆迁量增加等问题。中小城市的高铁客运站则可以设在靠近中心城区的地点。我国有的地方将新建高铁车站设在距离中心城区 10km 以上的郊区，当缺乏快速交通时，车站的使用就会不方便，也会增加配套设施的建设。

城际铁路客运站的站点服务范围相对较小，其位置应根据铁路客运量、城镇布局和交通条件合理设置。在大城市和特大城市，城际铁路的始发站客流集中，应设在中心城区范围内，以满足客流快速疏散和方便旅客换乘城市交通工具的要求；中间站规模较小，可以靠近城市中心区，以方便车站的使用。当城际铁路引入中心区附近时，需充分利用既有铁路、既有车站，促进集约布局和节约用地。位于中小城市的城际铁路中间站，宜设在中心城区边缘的适当位置，为城市空间扩展留有余地。

（3）客运站与城市交通的关系

对铁路旅客来说，客运站仅是对外交通与市内交通的衔接点，最后到达目的地还必须由市内交通来完成。为了缩短旅客的旅程时间，需要提高客运站与市内交通的衔接效率,保证车站与城市主要活动节点之间有便利的联系。因此,必须有城市干路直接连通客运站与市中心和其他联运点,一些大型或特大型站有时需要快速路来集散,但要避免这些道路与站前广场的互相干扰。

铁路客运站还要与市郊铁路、地铁、轻轨、公共汽车等有机结合,形成能够便捷换乘的综合交通枢纽,为旅客提供多层次的公交服务。对于吸引范围较大的客运站,有必要设置快速的公交集散系统。当城市中有多个分离的铁路客运站且它们之间缺乏有效的铁路衔接时,这些车站之间的中转联系也需要由市内交通承担,要求组织快捷高效的转运系统。

2.6.3.3 货运站布局

铁路货运站与城市空间布局、产业发展、地方交通运输和铁路枢纽作业都有密切的关系。应正确选择货运站的位置,确定其合理分布与分工,使之既满足货物运输的经济合理性要求,即加快装卸速度,缩短运输距离;也能与城市规划密切配合,尽量减少对城市的干扰。

一般位于中、小城市的枢纽,可设置1~2个综合性货运站和货场。在大城市,通常要根据货运量、货物品类、作业性质、货源及货流方向以及用地布局(如工业、仓储分布)和交通条件等实际情况,分设若干综合性与专业性货运站(图2-6-6),数量往往有几个乃至十几个。

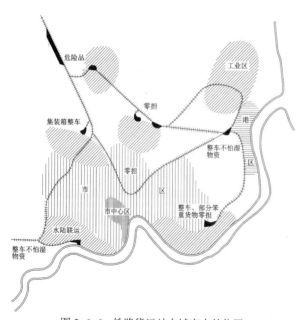

图2-6-6 铁路货运站在城市中的位置

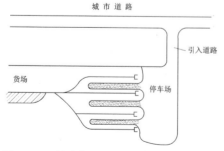

图2-6-7 铁路货运站引入线与城市干路平行

(1)货运站应按其性质分别设于其服务的地区内,并位于货流集散处。以到发为主的综合性货运站一般应深入城区,接近货源和消费地区;以某几种大宗货物为主的专业性货运站,应接近其供应的工业区、仓库区等大宗货物集散点;集装箱中心站应设置在城区外围,具有便捷的集疏运通道;水陆联运或为转运物资服务的货运站应设在郊区便于转运的地方;危险品(易爆、易燃、有毒)及有碍卫生(如牲畜货场)的货运站应设在郊区,并符合安全与卫生要求。危险货物比较集中的城市应设置专业性危险品货物货场,并有一定安全隔离地带;当危险货物较少时,可在综合性货场内设置危险货物专用仓库或货区。

(2)货运站应与城市道路系统紧密配合,设有城市货运干路与之直接联系,并在其附近布设相应的货运停车场(图2-6-7)。货运站的引入线应与城市干路平行,以避免与城市交通的互相干扰。货运站还应与其主要使用单位、贮存仓库在城市同一侧,以免造成穿越城区的主要交通。

（3）货运站与编组站之间应有便捷的联系，并尽可能接近编组站（有的将货场与编组站结合配置，以缩短地方车流的运行里程，加速车辆和货物周转，减少与城市的相互干扰。

（4）实行货运业务集中化，充分利用规模较大、设备完善、布局合理的货运站，封闭运量小的货运站。新建及改建铁路应优先发展集装箱货场，不宜修建专业性零担货场。

2.6.3.4 编组站布局

编组站是铁路枢纽的主要组成部分，应根据路网规划的要求结合地区自然条件与功能布局在城市外围合理地布置。一般应考虑如下几个方面：

（1）妥善处理与城市的关系，避免与城市相互干扰，兼顾城市与铁路的将来发展。大型编组站占地大，对城市交通组织是一个很大的障碍，昼夜不断作业对城市环境也有较大的污染，必须将其安排在郊区。同时，要防止编组站被大量专用线、大型货场甚至工业、仓库区所包围，影响铁路正线的正常运营与编组站作业。此外，还要为编组站人员的生活居住、公共设施、道路交通等作出安排。

（2）编组站位置应便利集纳车辆，并与铁路干线顺畅连接。为保证主要车流方向有便捷的经路，并使折角车流最小，编组站一般应设在铁路干线汇合处，且位于主要车流方向短顺的干线上。

（3）有的铁路枢纽城市不只有一个编组站，应根据其车流性质与编组站的类型具体选择其在城市中的位置。主要为干线运输服务的路网性编组站大部分为中转车流，与城市的关系不大，应远离城区，并设在主要干线车流顺直的地点；具有干线与地方运输双重任务的区域性编组站，要设在干线车流顺直且靠近城市车流产生的地点，如工业区、仓库区等；主要为地区服务的工业和港湾编组站，则应设在车辆集散的地点附近。

2.6.4 铁路枢纽与城市各项规划的关系

2.6.4.1 铁路枢纽类型及其布置形式

在几条铁路干线交叉或接轨的地方，往往有着大量的客货运业务和列车编解工作。单一的车站不能满足运输的需要，而需设置几个专业车站或联合车站，除办理列车运转和客货运业务外，还办理各干线车流的交换、货物的中转和旅客的换乘等作业。这种由几个协同作业的专业车站与线路组成的整体叫作铁路枢纽。

铁路枢纽一般位于几条干线的交汇点或路网的末端。北京、上海、广州、郑州、武汉、西安、成都、重庆等，是我国主要的铁路枢纽。由于枢纽内的车站作业量大、作业复杂，一般具有车站密、站型大、交叉大、疏解多等特点。

铁路枢纽是随着铁路网以及城市建设的发展而逐渐形成的，它与城市布局的关系十分复杂；由于城市布局与铁路网处在不断地发展变化中，一个铁路枢纽的形式不是固定不变的。在处理铁路枢纽与城市布局的关系时需要作具体分析，遵循"既充分考虑枢纽本身的作业需要与发展，又要力求避免对城市的干扰"的基本原则，综合考虑铁路运输的组织、城市布局的特点以及自然地理条件的限制等因素，合理确定铁路枢纽的布置形式（图2-6-8）。

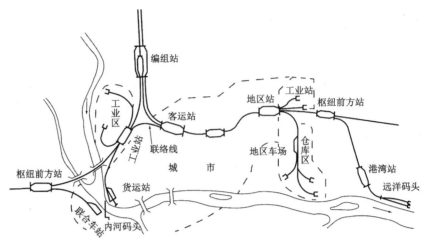

图 2-6-8　铁路枢纽与城市布局的关系示意

（1）一站枢纽

一般由 1 个综合性车站（兼办客货、改编作业）和 3～4 条引入线路组成，通常位于中、小城市。它与城市的关系比较简单，但是如不加以注意仍会产生铁路干线分割城市主要地区的问题。这种枢纽最好客、货均位于城市的同侧（图 2-6-9）；当货运量较大且客货分侧布置时，应将货运量大的工业企业布置在货场一侧，城市的主要部分仍布置在客站一侧。

（2）三角形枢纽

引入枢纽线路汇集于三点，并在三点间修建相应的联络线而形成，一般各衔接方向间都有较大的客、货运量交流。在三角形枢纽中，城市的主要部分最好布置在某一象限内，力求避免分割城市（图 2-6-10）。

（3）"十"字形枢纽

两条铁路线近似正交，在枢纽中心设有呈"十"字形的交叉疏解布置，车站设在各引入线上，相互交叉的衔接线路之间交换的客、货运量较少，而直线方向具有大量的直通客、货流（图 2-6-11）。

它与城市的位置关系与三角形枢纽类似，有三种可能：①城市基本上位于铁路枢纽的某一象限，这种布置互相干扰较小，也有发展余地；②城市跨铁路枢纽的两个象限发展，城市被分割为二，受到较大的干扰；③城市跨两个象限以上，城市被铁路干线所分隔，受到严重干扰。因此，规划中以第一种布置形式为宜，尽可能避免第三种布置形式。

（4）顺列式枢纽

在受地形限制、城市用地呈狭长带形发展时，其枢纽形式也往往沿城市纵向延伸布置。它的最大特点是与城市有较长的接触线，枢纽内的所有车站（客运站、货运站、编组站等）都顺序纵列布置在同一条伸长的通道上，有利于各专业站在城市中的分布和服务（图 2-6-12）。

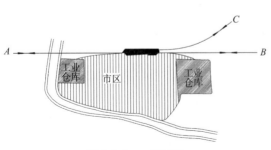

图 2-6-9　一站枢纽

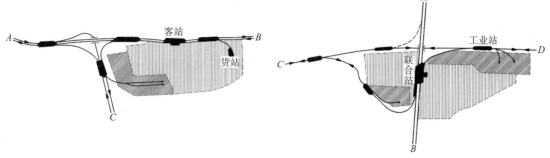

图 2-6-10 三角形枢纽 　　　　　　　　　图 2-6-11 "十"字形枢纽

由于各方面通过的车流以及地方产生的车流均集中在干线上，为了减少地方车流对干线的冲击，可建局部环线或平行线来调节。铁路干线应在城市边缘通过，以防止分割城市，带来严重干扰。

(5) 并列式枢纽

编组站与客运站平行布置，衔接铁路线先按线路方向引入枢纽，再按列车种类（客、货）分别引入编组站和客运站，适用于客、货运量都很大的枢纽。

在这种枢纽中，应将客运站布置在城区一侧，而将编组站布置在城区边缘，进站线路疏解区也应尽量避免设在城区内（图 2-6-13）。

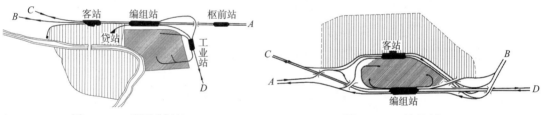

图 2-6-12 顺列式枢纽 　　　　　　　　　图 2-6-13 并列式枢纽

(6) 环形枢纽

当引入线路方向较多时，用环行线路将所有引入线路方向连接起来形成一个整体，各种专业车站布置在环线、半环线上或自环线引出伸入城市中心附近，利用联络线将车站与环线连接。环线能提高枢纽的通过能力，增加运营的灵活性，便于更好地为城市客、货运服务（图 2-6-14）。

通常，这种枢纽的城市都在铁路环线内发展。环线的位置既不宜布置于城区内而影响城市的进一步发展，也要防止将环线移出而离城市过远，不便于城市使用；另外，还要防止环线穿越市郊风景疗养区，以免产生干扰。

(7) 尽端式枢纽

一般位于铁路网的起点或终点，如海港、大型矿区或大工业区等有大宗货流产生及消失的地区。枢纽布置要服从港湾、工矿区的布局，将编组站设在铁路干线引入方向的出入口，以控制枢纽车流，再沿城区边缘枝状伸入城市各个功能分区，并设置若干专业车站为之服务（图 2-6-15）。滨海地区尽端枢纽的引入应尽量沿城市内陆的边缘，避免分割城市与海湾的联系。

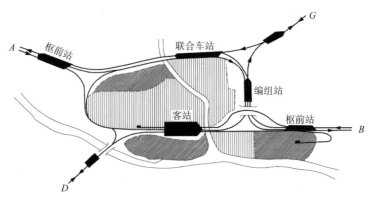

图 2-6-14　环形枢纽

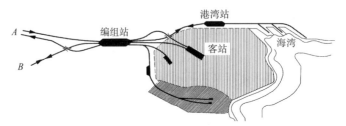

图 2-6-15　尽端式枢纽

2.6.4.2　铁路枢纽的规划与改造

（1）铁路枢纽总图规划

在铁路网大规模发展的时期，铁路枢纽的变化很大，而且直接影响城市的发展方向和空间结构。这就要求铁路枢纽总图布置需从全局出发，根据枢纽在路网中的作用、各引入线路的技术特征、既有设备状况等，配合城市用地布局和其他交通系统形成规划方案（图 2-6-16）：包括枢纽近远期的客货运总体布局、各方向线路引入方式及主要站场段所的配置等。无论枢纽内的车站、线路和主要设备，还是这些设施的新建与改造，都应该按照枢纽总体要求进行配置，以实现各站的合理分工和作业需要。而随着发展条件的变化，枢纽总图规划会做出必要的调整，由此保持良好的适应性。

1）当新的线路和站场引入铁路枢纽时，外围尽量共用通道，以减轻对城市的分割。

2）要考虑到主要铁路干线的旅客列车便捷地到发与通过，避免迂回与折角运行，以提高铁路运输效能。对于环形枢纽，应通过技术经济比较，确定是否设置连接客运站的直径线，以形成枢纽内的最短经路。如北京西站和北京站之间建有地下直径线；而伦敦由于当地政府不允许铁路穿过内伦敦，形成了多达 14 个主线终点站。

3）在江河分隔的城市，铁路枢纽的布置既要符合河流的自然条件，又要照顾到城市功能组织及枢纽布局的合理性。当两客运站分设在江、河两侧时，桥位选择要考虑到枢纽的布局能通过桥头引线，为江河两岸的城市地区分别提供设置客运、货运设备的条件，并有利于减轻大桥通过能力的负荷。

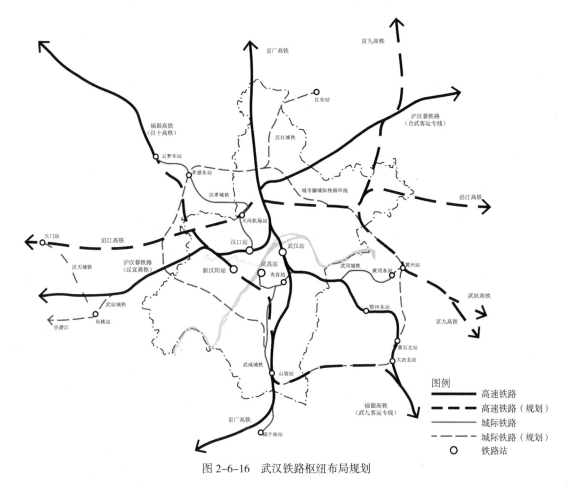

图 2-6-16 武汉铁路枢纽布局规划

4）在枢纽布局中，可根据需要设置迂回线和联络线。在枢纽外围修建通过货物列车绕越城市的迂回线；在枢纽内修建绕越某些车站的迂回线；消除折角车流多余走行的联络线等。

5）考虑到枢纽中有些车站、设备建成后再改扩建非常困难，应按照远期的运输要求一次性建成。比如高速铁路车站的旅客列车到发线数量，应满足高峰时段列车密集到发的需要。

6）枢纽内的铁路专用线担负着大量货运装卸任务，是枢纽不可分割的组成部分，应结合枢纽布置和工业区分布进行统一规划。各中小企业的铁路专用线可合并引入工业站，并组织重点装卸点的成组运输，以加速车辆周转。要严格控制在繁忙干线和时速 200km 及以上客货混跑干线上新建铁路专用线，尽量避免或减少对正线行车安全和运输能力的影响。

（2）铁路枢纽的改造

许多铁路枢纽是在原有枢纽改造的基础上发展的。在改造原有枢纽的工作中经常碰到现有设备的利用和穿越城市的线路改造两个问题。

1）现有设备利用的几种方法

①原站扩建，改变原有车站性质加以利用。这种方式需要原有设备不受周围条件限制、与城市干扰矛盾较少，且能符合使用要求时方可采用。

②不加改造、扩建，保留原有设备，办理枢纽内一部分作业。

③改建或部分改建原有车站，改变为各种不同性质的专业站加以利用。比如，利用原站深入城区的条件，将其货运作业迁出而改为客运站；使位于工业区、仓库区的原有车站改建为货运站和工业站；配合枢纽布局的要求，将老客运站或其他车站改建为客车整备所、货场等各种专用车场；原枢纽内的机务、车辆设备，也应根据具体情况尽量考虑利用。

日本东京经过长期建设，形成了以山手线为中心、高度发达的首都圈铁路系统。山手线长 34.5km，共设 29 个车站，从第一段线路开通到整个环线最终连通花费了 53 年的时间。现有多条铁路与山手线共用环状通道，成为世界上并行线路最多、列车运行密度最高、旅客流量最大的运输通道。依托山手线，东京形成了高效的铁路环状枢纽体系（图 2-6-17），多达 40 余条的干线铁路、区域铁路、市郊铁路和地铁与山手线换乘衔接，东京、上野、新宿车站的换乘线路分别为 15、11 和 10 条。利用这些车站的枢纽优势，东京形成了多中心的城市格局，促进了集约型空间形态的发展。

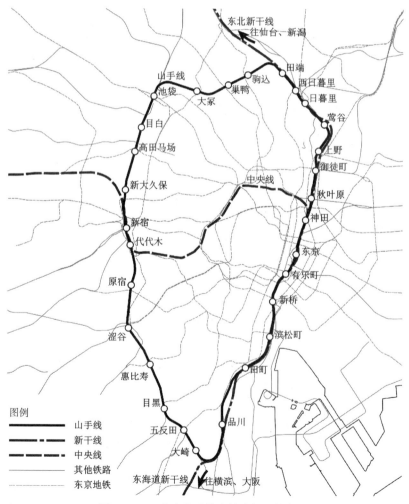

图 2-6-17 东京山手线和铁路枢纽的发展

2）线路改造的几种方法

随着城市用地范围的扩大和功能结构的调整，当既有铁路线路穿越城市而与城市发展产生严重的干扰时，需要对其进行改造。除了线路本身的技术改造以外，常采用的方法有下列几种（图2-6-18）。

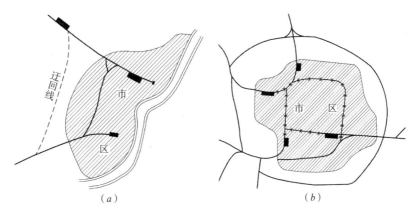

图 2-6-18 既有线路改造
（a）局部线路拆除；（b）修建迁回线

①视不同的情况，将既有线路予以拆除或外迁。一是截除穿越中心区的线路，以末端形式连接伸入城区的保留车站；二是结合工业仓储用地置换，相应拆除一些铁路专用线。外迁线路时，应配合城市功能分区或者周边城镇布局，并预留好跨线通道，避免产生新的切割。

②修建迁回线。当过境车流较多时，使与城市无关的通过货物列车由迁回线从城市外围绕越。

③改为地下线。结合地下车站的改造，将部分线路改为地下线。

④铁路通道再利用。利用原铁路通道，建设高架或地下的城市轨道线；或者将原铁路线改造为市域铁路。

参考文献

[1] Okada Hiroshi. Features and Economic and Social Effects of the Shinkansen[J]. Japan Railway and Transport Review，1994（3）：9-16.

[2] 徐循初. 城市道路与交通规划（下册）[M]. 北京：中国建筑工业出版社，2007.

[3] 朱利安·罗斯. 火车站——规划、设计和管理[M].铁道第四勘察设计院，译. 北京：中国建筑工业出版社，2007.

第3章 水路交通运输发展与规划

3.1 水路交通运输发展概况

3.1.1 海洋运输发展历程

3.1.1.1 世界海洋运输发展

海洋运输分为沿海、近洋和远洋运输，在国际贸易中占有极其重要的地位。在海运成本大幅降低和全球供应链兴起的背景下，海上贸易和运输日益成为国家经济增长的生命线，目前全球商品贸易货运量的90%以上是通过海运完成的。海运作为国际贸易的桥梁和纽带，又被誉为国际贸易发展变化的"晴雨表"[①]。

一个国家和地区的海运发展与其区位优势、装备工业的强弱和制造业在世界贸易中的地位等因素密切相关。15世纪新大陆的发现形成了真正意义上的世界市场，由海上贸易带来的经济扩张促进了世界范围内海运大国的形成和各国经济地位的更迭。与此同时，海运网络的节点——海港所引致的港口经济与港口城市的发展日益重要，各国竞相投资建设新港口，或改造扩建老港口，力

---

① 波罗的海干散货指数（*BDI*），被誉为国际干散货运输市场走势的"晴雨表"和全球贸易的风向标，它能反映全球贸易中原材料的供需状况，包括石油、粮食、铁矿石等。

争在世界经济格局中占据优势。从 17 世纪的阿姆斯特丹、安特卫普，18 世纪的伦敦、利物浦、汉堡，19 世纪的纽约、蒙特利尔，再到 20 世纪 70 年代后亚太地区港口的兴起，世界性大港的兴衰演替受到产业转移路径的根本影响，与制造业在全球范围内的扩散转移有着一致的步伐。

1970 年，排名前 20 强的集装箱港口中只有 1 个亚洲港口（横滨港），但是到 20 世纪 80 年代，日本及"亚洲四小龙"的港口成为世界上最繁忙的港口，随后其劳动密集型产业又逐步转移到中国沿海地区，日、韩等地的港口地位呈现下降；随着中国内地的制造业迅速发展和国际贸易量大增，香港港作为内地外贸运输的最主要港口，自 1987 ～ 2004 年（1998 年例外）占据了世界第一大港的地位。此后，内地相继建成了一大批沿海港口，集装箱吞吐量迅速增加（表 3-1-1），上海港于 2010 年首次超过新加坡港成为全球第一大集装箱港。

一些拥有航线稠密的集装箱枢纽港、深水航道、集疏运网路等硬件设施，并拥有为航运业服务的金融、贸易、信息等软件功能的港口城市，利用其区位、经济、技术、管理等优势，逐渐发展成为国际航运中心。伦敦、纽约、鹿特丹、新加坡市、香港、上海等，都是世界主要的国际航运中心城市。国际航运中心的建设不仅可以增强全球航运资源的配置能力，更能带动和促进先进制造业及现代服务业的发展，具有显著的乘数效应。

自 20 世纪 90 年代以来，顺应国际多式联运与综合物流服务的快速发展，以全球性或区域性国际航运中心的港口为主、以地区性枢纽港和支线港为辅的港口网络，已经或正在形成。美国洛杉矶和长滩的组合港、丹麦哥本哈根和瑞典马尔默的组合港，被看作通过不同港口的整合、联营而使港口发展进入一个新阶段的代表，即以整合性物流为生产特性的第四代港口。这类港口作为国际生产与流通网络的枢纽，正朝着全方位的增值服务方向发展，成为组织国际经贸活动的前方调度总站、产业集聚基地和综合服务平台。从未来趋势上看，随着对信息化、网络化、敏捷化要求的提高，港口发展更加注重港航的一体化和港口群的协同，并具有港城融合和海陆一体化的特点，要求以港口为核心，优

全球集装箱港口前 10 位的排名变动情况　　　　　　　　　　　表 3-1-1

2003 年排名（2002）	港口名称	集装箱吞吐量（万 TEU）	2008 年排名（2007）	港口名称	集装箱吞吐量（万 TEU）	2014 年排名（2013）	港口名称	集装箱吞吐量（万 TEU）
1（1）	香港	2010	1（1）	新加坡	2990	1（1）	上海	3528
2（2）	新加坡	1810	2（3）	上海	2798	2（2）	新加坡	3387
3（4）	上海	1128	3（2）	香港	2424	3（4）	深圳	2404
4（6）	深圳	1061	4（4）	深圳	2140	4（3）	香港	2223
5（3）	釜山	1037	5（5）	釜山	1342	5（6）	宁波—舟山	1945
6（5）	高雄	884	6（7）	迪拜	1200	6（5）	釜山	1865
7（8）	洛杉矶	718	7（15）	广州	1100	7（8）	青岛	1658
8（7）	鹿特丹	710	8（11）	宁波	1084	8（7）	广州	1639
9（9）	汉堡	614	9（6）	鹿特丹	1083	9（9）	迪拜	1525
10（10）	安特卫普	545	10（10）	青岛	1002	10（11）	天津	1406

化城市和区域产业布局，形成广阔、直接的陆向经济腹地。

3.1.1.2 中国海洋运输发展

中国经济的快速增长已经改变了几个世纪以来的世界海运格局，并在海运服务贸易方面越来越具有重要地位。我国海洋运输事业的发展阶段可以概括为缓慢发展期、地位形成期、强化发展期。

(1) 缓慢发展期 (1949～1978年)

在这一时期，我国海运事业发展的特点是港口逐步改造恢复、远洋运输有所增加，但基础薄弱，总体发展缓慢。在20世纪50年代～70年代初，我国交通运输主要依靠内河水运和铁路，港口数量偏少，压船、压货现象十分严重。为此，我国在1973～1975年实施了"三年大建港"方针，沿海泊位数增加至311个，初步改变了深水泊位过于集中的局限。1978年，我国担负内外贸易海运中转任务的港口有9个，平均2000km海岸线才有1个，万吨级泊位仅有133个。

(2) 地位形成期 (1979～2000年)

这一时期，尤其是在"八五""九五"期间，我国海洋运输经济得到了长足的发展。船队规模不断扩大，集装箱运输迅猛发展，沿海港口也逐步进入高速发展期。为适应国民经济和对外贸易的迅猛发展，在"三主一支持"[1]的交通发展方针指导下，我国于1993年出台了《全国港口主枢纽总体布局规划》。港口建设开始注重深水化、专业化、大型化，建成了我国海上主通道的枢纽港及煤炭、集装箱、客货滚装等三大运输系统的码头设施，基本形成了以大连、秦皇岛、天津、青岛、上海、深圳等20个主枢纽港为骨干的分层次布局体系，改变了过去港口布局不够合理、码头泊位明显不足的问题。

到2000年，沿海港口的生产用码头泊位达到3.3万个，其中万吨级及以上泊位784个；上海港突破2亿吨大关，成为货物吞吐量世界第四、集装箱吞吐量世界第八的港口。1990年、2000年，我国的集装箱远洋运量达到130万TEU和827万TEU，年均递增率达到20.3%，远远超过世界同期6%～8%的平均水平。

(3) 强化发展期 (2001年至今)

加入WTO以来，我国开放型经济快速发展。在制造业大发展和外贸出口的旺盛需求带动下，货物吞吐量特别是外贸、集装箱吞吐量持续快速增长，我国跨入海运大国行列。同时，港口建设呈现出规模化、集约化、现代化趋势，初步形成了围绕煤炭、石油、矿石和集装箱四大货类的专业化运输系统，对满足国家能源和原材料等大宗物资运输、支持国家外贸快速稳定发展、保障国家参与国际经济合作和竞争起到了重要作用。为了进一步引导港口协调发展，合理有序开发和利用有限的港口岸线资源，我国于2006年制定了《全国沿海港

---

[1] 针对20世纪80年代末期交通运输不适应国民经济迅猛发展的矛盾日益突出的情况，党的十三大 (1987年) 提出了"以综合运输体系为主轴"的交通运输业发展方针。据此，交通部提出：从"八五"开始，用几个五年计划的时间，在交通运输业总方针指导下，建设公路主骨架、水运主通道、港站主枢纽和交通支持系统的长远规划设想。即用30年左右的时间，在2020年前后努力完成"三主一支持"发展规划。

口布局规划》^①，要求根据不同地区的经济发展特点、港口间运输关系和主要货类运输的经济合理性，重点建设长江三角洲、珠江三角洲、环渤海湾、东南沿海、西南沿海五大区域的港口群，以加强港口资源重组，避免重复建设和资源浪费。这标志着沿海港口建设进入到了追求质量、效益提升的新的发展阶段。

2010年以后，中国相继成为世界第二大经济体、第一大贸易出口国，港口吞吐量和集装箱装卸量连续几年世界第一，在推动国际海运的发展中发挥着重要作用。我国确立了世界港口大国和第一船舶大国的地位，涌现了多个货物吞吐量超亿吨、集装箱吞吐量超千万TEU的大港口，纷纷跻身世界港口排名的前列。截至2013年，我国沿海港口万吨级及以上泊位达到1607个，其中5万～10万吨级和3万～5万吨级的泊位数量有明显增长。

随着我国沿海超级大港的持续扩张和一批新型大港的崛起，港口相互之间的竞争加剧，尤其在全球经济持续疲软、国际贸易增长乏力的大背景下，航运业发展的不确定因素增多，港口竞争开始从规模竞争走向综合竞争。我国港口建设将按照国家"一带一路"的要求，立足于国际航运中心全球网络节点的布局，加强与城市和区域的深度融合发展，面向腹地拓展港口延伸服务，提升港口的可持续发展能力。

3.1.2 内河运输发展历程

3.1.2.1 世界内河运输发展

比较而言，内河航运作为古老的运输方式在近100多年来开始衰退。进入21世纪后，由于它在环境、经济方面的独特作用和优势，被公认为最清洁、最节能的运输方式。各国逐渐意识到大量开发内陆水运的价值，越来越重视内河航运的战略地位，并采取了一系列政策措施扶持内河航运的发展，使水运获得了新的发展机遇。近年来，内河集装箱运输以及水水联运、公水联运、铁水联运等多式联运处于快速发展之中，内河航运已经成为连接沿海地区和内陆腹地的重要纽带，是综合运输体系和水资源综合利用的重要组成部分。

欧美发达国家长期重视对水路运输的投入。早在1928年，美国联邦政府就制定了全面整治密西西比河的"防洪法案"，从20世纪30年代18000km的运河开挖，到20世纪80～90年代田纳西河—汤比格比运河的竣工通航，不仅使洪水得到管理，也促进了航运等经济活动的发展。在欧洲，欧盟提出了将陆运货物运输转变为内河运输的一系列准则和实施方案，如马可波罗计划（2002年）、Smart River 21合作项目（2005年）、TEN-T走廊工作计划（2011年）等。在其后的多年间，欧洲内河水运逐步向多式联运转变，内河港口也成为多式联运的中心节点。

内河航运发达的国家普遍实施了船型、航道的标准化和系列化，强力建设内河航运设施。内河航道的尺度相对统一，船舶、新建或改建桥梁、船闸均以此为标准。美国密西西比河上游及其支流全部实现了渠化，建有多处航道梯级和船闸；下游重点疏浚航道，同时开挖运河连通各大河流，形成干支直达的水

---

① 《全国沿海港口布局规划》将全国沿海港口划分为环渤海、长江三角洲、东南沿海、珠江三角洲和西南沿海五个港口群体，强化群体内综合性、大型港口的主体作用，形成煤炭、石油、铁矿石、集装箱、粮食、商品汽车、陆岛滚装和旅客运输等八个运输系统的布局。

运网。美国现有4万km以上的高等级航道体系，以密西西比河和五大湖为主干、河湖海连通，农业和工业制品通过跨流域的水路网运往沿岸城市和港口，大大降低了运输成本。

在德国，内河运输被再度作为发展重点，以"航运优先开发"为原则，按照欧洲航道及船型的统一标准，建成了沟通邻国主要河流的水网，在德国境内形成了以莱茵河、美因河、多瑙河、易北河等为主的干支相通的航道网。在荷兰、比利时、德国和法国四国内河航道里，1000吨级以上航道占41.7%。结合航道整治，德国还通过船舶结构调整，推进了船舶大型化、专业化、标准化，对保持内河航运的竞争力起到了积极作用。1990年以来，德国每年的内河运输量一直保持在2亿吨以上，尤其是内河集装箱运量持续增长。

3.1.2.2 中国内河运输发展

我国内河航运的发展经历了几次转折：

（1）恢复—停滞期（1949～1978年）。中华人民共和国成立初期，由于铁路和公路里程少、状况差的面貌一时难以改变，内河航运得到了迅速恢复和发展。20世纪60年代初，通航里程达到历史高点17.2万km，内河客货运量占全社会客货运输总量的比例分别达到10.4%和18.4%，其市场份额是1949年后比较高的时期。而进入经济调整期后，国家对内河航运投资减少，造成大量物资弃水走陆，内河航运陷入停滞和萎缩。至20世纪70年代末，全国内河的通航里程缩短为10.8万km，其中常年能够通航1000吨级以上船舶的仅占4.1%。

（2）再创成长期（1979～2000年）。改革开放后，为了适应交通运输的快速增长，交通部门大力整治内河航运、提高航运能力，在通航里程、港口数量、船舶制造等方面有一定的提高。在20世纪80年代，完成了能通航2000吨级驳船的京杭大运河苏北段续建整治工程，建成了葛洲坝等一批大型通航设施，现代化分节驳顶推运输有了较快发展。在内河客运方面，开通了汉申线、汉渝线等快班客轮，大大改善了长江干线客运的条件。

但随着内外贸易的大幅增长，20世纪90年代初期内河运输的瓶颈十分突出。因此，交通部于1995年明确了"九五"期间"两横一纵两网"的建设重点，即长江干线、西江干线、京杭运河（济宁—杭州）水运主通道和长江、珠江两个三角洲地区航道网。截至2000年，我国航道里程达到了11.68万km，其中四级以上航道里程1.33万km；内河港口生产性码头泊位2.94万个，其中万吨级以上泊位113个。然而，这一时期的内河航运存在着航道等级低、港口设施落后、通用杂货泊位多、运输船舶标准化低等诸多问题。

（3）加速发展期（2001年以后）。"十五"期间，长江干线基础设施建设加快，重点实施了长江口深水航道治理一、二期工程，其通航水深由7m逐步提高到8.5～9m和10m，可通航3万吨级海轮，5万吨级第四代集装箱船可满载乘潮进港。长江航运持续快速发展，货运量、周转量及港口吞吐量保持两位数的年均增长率，成为世界上内河运输运量最大的通航河流。京杭运河实施扩能工程，成为我国"北煤南运"的水上运输大动脉和世界上运量最大的运河；西江航运干线也成为沟通西南与粤港澳地区的重要纽带。

"十一五"以来，国家把内河航运放在水路交通建设中最突出、最优先的地位。按照《全国内河航道与港口布局规划》^①（2007—2020 年）和《长江干线航道总体规划纲要》（2009—2020 年）的部署，内河航运在建设规模和发展速度上创历史新高，建设总投资达到 1000 亿元。在航道方面，继续加大长江干线等航道整治和航电枢纽建设，完成了长江口深水航道治理三期工程，使其通航水深达到 12.5m，可满足第四代集装箱船全天候进出长江口，第五、六代集装箱船和 10 万吨级散货船及油轮乘潮进出长江口，对于发挥上海的"龙头"作用、带动长江沿线的经济发展具有重要的战略意义。同时，重庆、武汉两大航运中心的建设步伐加快。重庆是长江上游唯一拥有 5000 吨级深水航道及码头的地区，"干支直达、江海直达"运输得到发展，逐步成为西部地区的"准沿海"城市。湖北则提出了畅通长江、渠化整治汉江、打通江汉运河的总体思路，全力打造以武汉新港为龙头的"四大港口集群"。

我国还积极推进内河集装箱、大宗散货等专业化运输。沿航运干线相继建成了一批规模化、专业化港区，港口集装箱通过能力增加；实施了主要航道的船型标准化，内河运输船舶大型化发展迅速，货运船舶平均吨位可达 480t；内河水运工程技术取得重大进展，加强了内河通航建筑物、大水位差码头建设，初步形成了山区河流航道整治成套技术；在平原河流的航道整治方面开发了新型固化和多种生态型护坡结构，建成了集运输、防洪、环保、生态、人文、景观于一体的浙江湖嘉申线湖州段航道工程。内河航运条件的改善为沿线地区承接产业转移提供了重要支撑，水运与沿江产业发展形成良性互动，有效带动了沿江产业布局和区域经济协调发展。

我国内河航道通航里程虽已位居世界第一，但千吨级航道的里程占通航里程的比例仅为 10%，远低于美国的 60% 和德国的 70%。为了进一步发挥水运优势和潜力，2011 年国务院发布了《关于加快长江等内河水运发展的意见》，首次把加快长江等内河水运发展上升到国家战略。按照这一战略，到 2020 年中国将建成畅通、高效、平安、绿色的现代化内河水运体系，使长江干线航道成为综合运输体系的骨干、对外开放的通道和优势产业集聚的依托。此后，国务院又相继印发了《关于依托黄金水道推动长江经济带发展的指导意见》（2014年）及《长江经济带综合立体交通走廊规划（2014—2020 年）》，以进一步强化长江航运的黄金水道功能及其带动作用（图 3-1-1）。

在国家政策推动下，"十二五"期间长江航道整治在项目数量和投入金额上创历史新高，实现了单滩整治到系统整治的历史性突破，通过整治浚深下游航道，有效缓解中上游瓶颈，改善支流通航条件，长江全线的航道水深已基本达到 2020 年规划建设目标^②。

---

① 《全国内河航道与港口布局规划》提出，在水资源较为丰富的长江水系、珠江水系、京杭运河与淮河水系、黑龙江和松辽水系及其他水系，形成长江干线、西江航运干线、京杭运河、长江三角洲高等级航道网、珠江三角洲高等级航道网、18 条主要干支流高等级航道（两横一纵两网十八线）和 28 个主要港口布局。规划内河高等级航道约 1.9 万 km（约占全国内河航道里程的 15%）。
② 长江上游，宜宾—重庆河段由 V 级提高到 Ⅲ 级，重庆—三峡大坝河段提高到 Ⅰ 级；长江中游，宜昌—城陵矶段航道维护尺度由 2.9m 提高至 3.5m，航道等级由 Ⅱ 级提高到 Ⅰ 级；城陵矶至武汉段、武汉至安庆段枯水期航道水深分别达到 3.7m 和 4.5m；长江下游 12.5m 深水航道已上延至南通。

经过二三十年的持续加速发展，我国内河航运的落后面貌得到了根本性的转变。今后内河航道的通航条件将继续全面提升，如长江南京以下 12.5m 深水航道将全线贯通，安庆至武汉航道水深将达到 6m，万吨级海轮可以常年直达武汉。伴随运力的增加、成本的下降和服务水平的提高，内河航运的综合优势将得到进一步显现，从而塑造新的交通运输格局和区域经济关系。

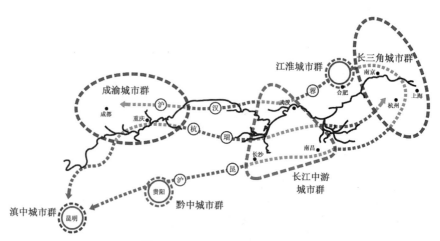

图 3-1-1　长江经济带布局示意

3.2　水路运输的技术经济特点

水路运输是指利用船舶和其他浮运工具，在海洋、江河、湖泊、水库以及人工水道运送旅客和货物的一种运输方式。水路运输具有运量大、运费低廉的突出特点，在综合交通运输体系中起着重要的作用。

3.2.1　水路运输的优点

（1）运载能力大

船舶是水运的载运工具，可供装运货物的舱位及载重量均比陆运和空运大。目前国际上最大的油轮可装运原油 50 万 t 以上，最大的集装箱船容量超过 1 万 TEU，内河最大顶推船队的运载能力可达到 5 万～6 万 t。水运航道的通过能力也相对较高，一条水道的年货运量一般要高于一条铁路的年货运量；而在运输条件良好的航道上，通过能力的限制更小。长江口底宽 350～400m 的 12.5m 双向深水航道，相当于 20 条沪宁铁路的货运能力。

（2）运费低廉

水路运输主要利用自然水道，码头、船舶等运输设备的建设投资和养护费用相对较低，如果结合水利水电项目投资会更省。加之载重量大，在同样的距离下单位重量货物的运输成本远低于其他运输方式。我国沿海运输成本大约只有铁路的 40%，在长距离运输中成本优势更为显著。

（3）净空限制小

水运尤其是海洋运输的船舶在水域上航行，净空限制小，可以装置体积巨大的重大装备等货物。而公路、铁路两侧有各种设备和建筑物，为保证安全，所运输的货物在长、宽、高方面都有一定的限制。

（4）续航能力大

一艘商船具有能够独立生活的各种设备，可使船舶携带足够多的粮食、食品、淡水和燃料，历时数十日之久，这是其他交通运输工具所不具备的。

（5）占地少、能耗低

船舶在水道航行，占地少、能源消耗低。提高水运比例有利于缓解土地资源压力、减少公路拥堵，从而减轻交通对环境的影响，促进交通与环境的协调发展，这在长三角、珠三角等土地资源稀缺地区尤为重要。

3.2.2　水路运输的缺点

（1）通达性较为局限

受河流通航条件以及海岸和港口条件的限制，水路运输的通达性低。许多内陆地方缺乏通航的江河水系，还有些水系互不连通；加之水流条件多变，河床组成复杂，洲滩演变剧烈，经常存在"卡脖子"河段影响整体通航里程。不少航道、港口水深不能满足大船停靠，需要转驳倒载，难以组织"门到门"运输。这些都会影响水运的连续性和灵活性。

（2）航行速度低

大型船舶体积大，水流的阻力随航速的增加而迅速增加，因此尽管船舶的航速较过去有所提高，但相比其他运输方式通常较低。目前，一般船舶的速度为 30km/h，冷藏船的速度为 40km/h，集装箱船的速度为 40 ～ 60km/h。

（3）受季节和气象条件影响大

内河水运受水量的影响较大，在季节性气候的作用下，枯水期、洪泛期或冰期的通航条件会有所下降，部分航段甚至出现临时断航，而大雾、雨雪会引起视距降低，极大地制约通航能力和航运服务。台风、热带飓风、雷暴、强浪等恶劣天气则会给船舶海上航行造成不可抗拒的自然灾害。

3.2.3　水路运输的适用范围

水路运输虽然受到自然条件的局限，但具有运量大、运费低、投资省、污染轻等优越性。水路运输主要承担长距离的大宗、散装货物运输，以及集装箱、重大装备和进出口货物的运输。与其他运输方式相比，水运的货值较低，时间要求不高。

从地域上，水路运输由远洋、近洋、沿海和内河几个部分相互衔接，并与公路、铁路、管道等运输方式联系在一起，共同促进了多式联运和一体化交通运输体系的发展。

（1）远洋和近洋运输主要承担国际贸易货物运输的任务。目前我国已开辟 90 多条通往亚、非、欧、美、大洋洲 150 多个国家和地区的 600 多个港口的远洋航线，大都以上海、大连、天津、秦皇岛、广州、湛江等港口为起点。

（2）沿海运输指邻近海区之间或本海区内的运输，以内贸运输为主，兼顾外贸运输。我国海岸线长约 18000km，沿海航线分为北方沿海航区和南方沿海航区。北方沿海航区以上海、大连为中心，有秦皇岛、天津、烟台、青岛、连云港、宁波—舟山等主要港口，担负着煤炭等能源的南下运输以及南北大宗货物的运输；南方沿海航区以广州、香港为中心，有厦门、汕头、深圳、湛江、海口等主要港口，在我国外贸中具有重要作用。

（3）内河运输主要承担流域大宗货物运输的任务，多为内贸运输，也有国际间的运输。我国依托长江、珠江等主要水系，为沿线地区提供了优越的内河运输条件。凭借通江达海的优势，内河运输成为连接国际、国内两个市场的运输纽带，在外贸运输和集装箱运输方面的地位也在不断增强。

（4）在旅客运输方面，由于受到公路、铁路、航空的激烈竞争，水上普通客运经历了"发展—辉煌—萎缩—衰落—退出和转向"的历程，开始向旅游化、高速化、舒适化方向发展。除了海峡、岛屿间的高速客轮和客滚运输，邮轮、游艇和水上旅游客运发展十分迅速。我国以及周边国家、地区的邮轮旅游资源丰富，现已成为亚洲地区最大的邮轮市场。根据《全国沿海邮轮港口布局规划方案(2015年)》，2030年前在全国沿海将形成以2～3个邮轮母港为引领、始发港为主体、访问港为补充的港口布局。

3.3 水运工程设施的组成和一般技术要求

水运工程设施主要由航道和港口的相关设施所组成。航道是指在河流和海洋中具有一定水深和宽度，可供船舶通行的水道。港口是指具有一定范围的水域、陆域和码头设施，供船舶进出、停泊、靠泊，货物装卸、驳运、储存和旅客上下等作业的场所。从空间位置上，水运工程设施分为水上设施和陆上设施两大类。

3.3.1 运输船舶的尺度

船舶是水路运输的主要工具，在确定码头、港口水域和进行港口平面布置时均要满足船舶的使用性能与外形尺度。船舶的性能包括容积性能、重量性能、航行性能等几个方面，船舶外形尺度包括全长、型宽、型深、全高、吃水等[①]，如图3-3-1所示。设计船型尺度是确定各种水运工程设施有关尺度以及装卸船设备选型的基本依据，我国于2013年编制了全国内河主要通航水域（"2-1-2-18高等级航道"，见附表3-3-1）运输船舶标准船型主尺度系列的工作。

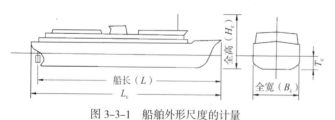

图3-3-1　船舶外形尺度的计量

伴随水运的现代化，运输船舶在外形尺度和使用性能上有三大变化：

---

① 全长（最大长度）——船体首端至尾端的最大水平距离；型宽——船长中点处，船体横剖面内两侧舷板间（不包括船外板厚度）的最大水平距离；型深——船长中点处，沿舷侧自龙骨上缘量至上甲板下缘的垂直距离；吃水深——船长中点处，处于水面以下的船体深度（船舶在满载时的吃水深称为满载吃水深）；全高——从船底基线到船舶最高点的垂直距离；桅高度——全高减去吃水深即为桅高度。

（1）船舶大型化。由于海上石油、矿石运量迅速增长及其运距增加，为了降低运输成本，油轮、散货轮和集装箱班轮的尺寸和载重量均有大幅度提高，世界上的船舶正向大型化方向发展（表3-3-1）。自1959年第一艘10万载重吨的油轮后，1967年出现了20万载重吨的超级油轮，1976年则出现了55万载重吨的巨型油轮（Batilus号）；大型散货船目前也已超过30万载重吨，如长332m、宽58m、吃水23m、32万载重吨的"天堂轮"；而集装箱船从第一代的数百TEU发展到超大型的2万TEU以上；最大的豪华邮轮也达到23万总吨级。

（2）船舶专业化和通用化。第二次世界大战后，海洋运输船沿着专用和多用途并举的方向发展。除了油船、散货船、集装箱船等专用船以外，滚装船(Roll-Roll)、冷藏船以及液化气船（LNG、LPG）等特种船舶迅速增多。由干货船和杂货船演变而来的多用途船也发展很快，船舶具有运输多种货物的能力，用途广泛，适应性强。内河运输船舶则视航道条件、货物种类和批量大小，发展分节驳顶推船队[2]和机动货船，在一些地区拖带船队仍继续使用。

（3）船舶高速化。近三十年来，30节[3]以上的小型高速气垫船、水翼船、水动力船、喷气推进船快速研制并大量投入使用。短途客运在高速化方面发展

集装箱船的发展及其外形尺度　　　　　　　　　　　　　　　表3-3-1

类型	标箱容量（TEU）	平均载重（t）	型长（m）	型宽（m）	吃水（m）	示意图（标箱数）
第一代 1956年-	700~1000	14000	180~200	27	9	6 4 8 4
第二代（蜂窝式）1970年-	1500~2000	30000	225~240	30	11.5	10 5 4
第三代 1980年-	2400~3000	45000	275~300	32	12.5	13 6 5
巴拿马极限型[1] 1985年-	4000~4500	57000	290~310	32.3	12.5	13 8 6
第四代（巴拿马型）1988年-	4300~5000	54000	270~300	38~40	12	15 9 5
第五代（超巴拿马型）2000年-	6000~9000	90000	310~350	43	14	17 9 6
第六代（3E/超大集装箱船）2006年-	14000~20000	180000	360~410	51~60	15.0~16.0	23 10 8

资料来源：J. P. Rodrigue，等，2009

---

① 巴拿马极限型船，是一种专门设计的适合巴拿马运河船闸的大型船只，其船舶尺度受到巴拿马运河船闸闸室的严格限制（主要满足总长不超过274.32m、型宽不超过32.30m的船舶满载通过）。拥有百年历史的巴拿马运河是世界海运最重要的交通枢纽之一，为了满足日益发展的国际海运的通航需求，2016年完成了运河扩建工程，全球船队的船型结构和世界航运格局也随之改变。

② 第二次世界大战以来，内河的运输方式发生了巨大的变化，传统的拖带运输已成为过去，代之兴起的是顶推运输。顶推比拖带运输成本低10%~34%，具有操纵性能好、航速高15%~20%、驳船上不配备或配备极少船员和劳动生产率高等优点。美国密西西比河下游常用的大型船队由6500马力以上的推轮和30~40艘驳船（每艘载重量约1500t）组成。这样一个船队的运输量可与大型海运船舶相媲美。

③ 1节为每小时航行1海里，1海里等于1.852千米。

较快，特别是在海岛、陆岛、岛岛之间，如我国航行于台湾海峡的"海峡号"为穿浪铝合金双体客滚船，最大航速近 40 节。在货运中，集装箱船速度可达 25 ～ 30 节，大约比过去的普通货船快一倍。

船舶吨位及船舶尺寸不断增加，相关的工程设施规模也随之增加，主要表现为航道及港池的宽度和水深、泊位长度以及仓库堆场面积相应加大，对港口后方的集疏运也有相应的要求。其中，水深是港口、航道的重要技术特征之一，是制约水运发展的重要因素，在很大程度上决定了港口最终的吞吐能力。确定港口、航道的水深前，先要确定来港最大船舶的吃水深度，以保证设计船型在满载情况下安全航行和停泊。

世界各大港口都在竞相建设深水码头。现代化港口的水深，一般要求在 12m 以上，有些停泊巨型油轮的港口水深要求达到 30m。一般情况下，不同吨位的船舶所要求的水深见表 3-3-2，但须根据具体的船型等因素而确定。

不同吨位船舶的水深要求　　　　　表 3-3-2

船舶吨位（万 t）	1	3	5	10	20	30	45
吃水深度（m）	9	11	13	16	19	22	25

3.3.2　航道

航道分为港外航道和驶进港口的进港航道。航道应在低水位时仍使船舶能够顺利通行，其中在低水位时无需疏浚就可满足船舶航行条件的航道为天然航道；需要开凿和疏浚的航道为人工航道。人工航道通常要求短、直、宽、深。

3.3.2.1　内河航道

（1）航道分级

内河航道包括河流、湖泊、水库内的航道以及运河和通航渠道。我国内河航道按可通航内河船舶的吨级划分为 7 级，其通航水位包括设计最低通航水位和设计最高通航水位，具体要求见表 3-3-3。

内河航道等级划分表　　　　　表 3-3-3

航道等级			I	II	III	IV	V	VI	VII
船舶吨级（t）			3000	2000	1000	500	300	100	50
设计最低通航水位	a	多年历时保证率（%）	≥ 98		98 ～ 95		95 ～ 90		
	b	年保证率（%）	99 ～ 98		98 ～ 95		95 ～ 90		
		重现期（年）	10 ～ 5		5 ～ 4		4 ～ 2		
设计最高通航水位	航道等级		I	II	III	IV	V	VI	VII
	洪水重现期（年）		20			10		5	

注：1. 船舶吨级按船舶设计载重吨确定。近年来货船在一些航道上已成为运输的主力船舶，所以航道等级同时按通航内河驳船和货船的载重吨级划分。

2. 通航 3000 吨级以上船舶的航道列入 I 级航道。

3. 潮汐影响明显的河段，设计最低通航水位一般采用低潮累积频率为 90% 的潮位，设计最高通航水位应采用年最高潮位频率为 5% 的潮位。

4. a、b 分别为计算设计最低通航水位的两种计算方法。

（2）航道尺度

航道尺度是设计最低通航水位时的最小水深、宽度和弯曲半径的总称（图3-3-2）。航道水深为船舶吃水、富裕水深之和；航道宽度为航迹带宽度、船舶或者船队外舷至航道边缘的安全富裕宽度之和；航道弯曲半径是指航道中心线的曲率半径。对于天然和渠化河流航道、限制性航道，其航道尺度的要求不同。

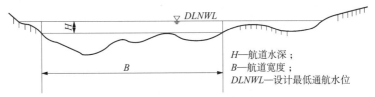

H—航道水深；
B—航道宽度；
DLNWL—设计最低通航水位

图 3-3-2　天然和渠化河流航道横断面图

我国多数地区天然和渠化河流的航道尺度应符合附表3-3-2的规定，以保证船舶有足够的操纵水域。依通航限制条件，除整治特别困难的局部河段可采用单线航道外，均应采用双线航道，即在同一时间内允许设计船舶对驶、并行或追越的航道；而在同一时间内，只能供设计船舶沿一个方向行驶，不得追越或会让的航道为单线航道，其航道宽度至少为2倍标准船舶宽度；当双线航道不能满足要求时，应采用三线或三线以上航道，其宽度应根据船舶通航要求研究确定。受河床地形、地物的天然限制，船舶往往是在较小的弯道中航行。我国内河航道弯曲半径一般要求为顶推船队长度的3倍、货船长度的4倍、拖带船队中最大单船长度的4倍中的大值。

限制性航道是指由于水面狭窄、断面系数小等原因，对船舶航行有明显的限制作用的航道，包括运河、通航渠道、狭窄的设闸航道、水网地区的狭窄航道，以及具有上述特征的滩险航道等。江南河网地区大多数航道为限制性航道，以拖驳船队和挂桨机船为主。限制性航道的航道宽度采用底宽，且断面系数[①]不应小于6，流速较大的航道不应小于7（图3-3-3）。

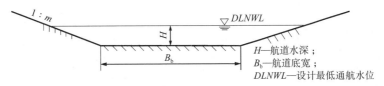

H—航道水深；
B_b—航道底宽；
DLNWL—设计最低通航水位

图 3-3-3　限制性航道横断面图

（3）通航净空尺度

通航净空尺度是水上过河建筑物（包括跨河桥梁、管道和缆线等）通航净高和净宽尺度的总称（图3-3-4）。桥梁通航净空高度，指代表船型的船舶或船队安全通过桥孔的最小高度，为代表船型空载水线以上至最高固定点（桥梁梁底）高度与富裕高度之和，起算面为设计最高通航水位。桥梁通航

---

① 断面系数指在设计低水位时，过水断面面积与设计通航船舶或船队设计吃水时的舯横剖面浸水面积之比值。

净空宽度，指远期规划航道设计底高程以上供代表船型的船舶或船队安全通过桥孔的最小净宽度。

天然和渠化河流、限制性航道的水上过河建筑物通航净空尺度不应小于表3-3-4和表3-3-5所规定的数值。当水上过河建筑物轴线的法向方向与水流流向的夹角大于5°，且横向流速大于0.3m/s时，通航净宽必须予以加大；当水流横向流速大于0.8m/s时，桥梁通航孔设置应采用一跨过河的方式或者在通航水域中不得设置墩柱。而在通航环境复杂、选址困难的河段建设过河建筑物，宜采用水下过河的方式。

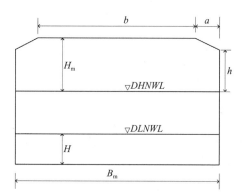

B_m—水上过河建筑物通航净宽；
H_m—水上过河建筑物通航净高；
H—航道水深；
b—上底宽；
a—斜边水平距离；
h—侧高；
DHNWL—设计最高通航水位；
DLNWL—设计最低通航水位

图3-3-4　内河通航净空示意

天然和渠化河流水上过河建筑物通航净空尺度　　　　　　　　　　表3-3-4

航道等级	代表船舶、船队	净高（m）	单向（双向）通航孔		
			净宽（m）	上底宽（m）	侧高（m）
I	4排4列	24.0	200（400）	150（350）	7.0
	3排3列	18.0	160（320）	120（280）	7.0
	2排2列		110（220）	82（192）	8.0
II	3排3列	18.0	145（290）	108（253）	6.0
	2排2列		105（210）	78（183）	8.0
	2排1列	10.0	75（150）	56（131）	6.0
III	3排2列	18.0ᵃ/10.0	100（200）	75（175）	6.0
	2排2列	10.0	75（150）	56（131）	
	2排1列		55（110）	41（96）	
IV	3排2列	8.0	75（150）	61（136）	4.0
	2排2列		60（120）	49（109）	4.0
	2排1列、货船		45（90）	36（81）	5.0
V	2排2列	8.0	55（110）	44（99）	4.5
	2排1列、货船	8.0或5.0ᵇ	40（80）	32（72）	5.5或3.5b
VI	1拖5	4.5	25（40）	18（33）	3.4
	货船	6.0			4.0

续表

航道等级	代表船舶、船队	净高（m）	单向（双向）通航孔		
			净宽（m）	上底宽（m）	侧高（m）
VII	1拖5	3.5	20（32）	15（27）	2.8
	货船	4.5			

注：1. 本表适用于水上过河建筑物轴线的法向方向与水流流向的方向不大于5°时的情况。
2. a—仅适用于长江；b—仅适用于通航拖带船队的河流。
3.（）内为双向通航孔的净空尺度要求。

限制性航道水上过河建筑物通航净空尺度　　　　　　　表3-3-5

航道等级	代表船舶、船队	净高（m）	双向通航孔		
			净宽（m）	上底宽（m）	侧高（m）
II	2排1列	10.0	70	52	6.0
III	2排1列	10.0	60	45	6.0
IV	2排1列、货船	8.0	55	45	4.0
V	1拖6	5.0	45	36	3.5
	2排1列、货船	8.0			5.0
VI	1拖11	4.5	22	16	3.4
	货船	6.0	30	22	3.6
VII	1拖11	3.5	18	13	2.8
	货船	4.5	25	18	2.8

注：1. 三线及三线以上的航道，通航净宽应根据船舶通航要求研究确定。
2. 在平原河网地区航道上建桥遇特殊困难时，经充分论证通航净空可适当减小。

我国内河沿线地区的城市化发展非常快，跨河桥梁的建设日益增多，包括城市道路桥、公路桥、铁路桥等。过去修建的很多桥梁，因高度和跨度远远低于通航要求，大型船舶无法通过，制约了水运的规模经济优势。例如，京杭运河江南段在改造前，受沿河段桥梁高度的限制，只能投入300吨级／约20TEU的小型船舶。为使航道提高到1000吨级，改建了大量桥梁，仅40km的苏州市区段就改建桥梁15座。而京杭运河浙江段的航道整治除了改建道路桥梁，还需要实施沪杭铁路改造（含铁路桥1座）。

（4）船闸布置

船闸是用以保证船舶顺利通过航道上集中水位落差的通航建筑物，是影响航道通过能力的重要因素。船闸的建设与航道的发展要相互适应，以免因一些航段的船闸通过能力低，而使船舶运输效率显著下降。对新建水利水电枢纽等基础设施，必须评估水电站建设与航道航运发展的关系，充分考虑内河水运的发展要求。

按照通航的设计最大船舶吨级，船闸等级划分为7级（表3-3-6）。船闸有效尺度必须满足设计最大船舶安全进出船闸和停泊的条件，并能满足设计船队一次过闸的要求。

船闸级别划分　　　　　　　　表 3-3-6

船闸级别	I	II	III	IV	V	VI	VII
设计最大船舶吨级（t）	3000	2000	1000	500	300	100	50

注：1. 船舶吨级按船舶设计载重吨确定。
　　2. 通航 3000 吨级以上船舶的船闸列入 I 级船闸。

船闸的通过能力应适应设计水平年航道的客货运量发展。当采用单线船闸通过能力不足、繁忙的连续多级船闸、不允许因船闸检修而断航的重要航道、客运和旅游船舶多而需要快速过闸的，应设置双线或多线船闸。京杭运河二通道与钱塘江交汇处的八堡船闸，为 1000 吨级双线船闸，闸室尺度为 310m×23m×4m（长×宽×门槛水深），设计年单向货物通过能力 4200 万 t。

3.3.2.2 通航海轮航道

随着江海联运的发展，内河航道中有一部分河段同时通航海轮。由于海轮的尺度和技术性能与内河船舶不同，需要的航道尺度、通航净空尺度和船闸有效尺度也不同。

（1）航道尺度

通航海轮航道尺度包括航道通航水深、航道通航宽度、航道转弯半径、设计水深、挖槽宽度和设计边坡等。

通航海轮或者 3000 吨级以上内河船舶的河段，航道尺度要同时符合现行《内河通航标准》GB 50139—2014 和《海港总体设计规范》JTS 165—2013 的有关规定，按通航内河船舶和海轮的要求分别计算，取其最大值。

进港航道应根据船舶航行密度、进出港船型比例等因素，确定选择单向或双向航道。航道有效宽度 W 由航迹带宽度 A、航迹带宽度间的富裕宽度 b 和航迹带宽度与航道有效宽度边缘间的富裕宽度 c 组成（图 3-3-5）。对液化天然气船舶通行的航道，通航宽度尚应满足不小于 5 倍设计船宽的要求。根据经验，单向航道宽度 W 大于 $0.5L$；双向航道宽度 W 为 $1～1.5L$，其中 L 为设计船长。

进港航道的通航水深，除了设计船型满载吃水 T 外，还要加上船舶在波浪中航行时的船体下沉量（Z_0）、防止船舶触底的龙骨下最小富裕深度（Z_1）、波浪富裕深度（Z_2）、船舶装载纵倾富裕深度（Z_3）等，这些富裕深度与船舶的类型、吨位、航速及波高有关。而航道的设计水深为通航水深与备淤富裕深

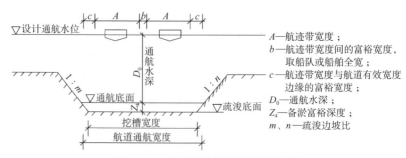

图 3-3-5　海港进港航道设计基本尺度

度（Z_4）之和；对于不淤港口，可不计备淤深度。

海港进出港航道的设计通航水位应根据各类船舶对通航保证率的要求、港口所在地区的潮汐特征和疏浚工程量等因素分析确定。通常情况下可取设计低水位或乘潮累积频率90%以上的乘潮水位。对于通航液化天然气船舶等的航道，通航水位可取理论最低潮面。

（2）桥梁净空尺度

跨越通航海轮航道的桥梁大多建在港口附近的航道上，而航道沿线地区的经济发展使通航海轮航道的桥梁数量不断增多，如果桥梁的位置选择不好或者通航净空不能满足要求，势必会对航行造成影响，甚至产生船舶碰撞桥梁而出现海事。

桥梁与航道的通航尺度要相互适应，形成桥下净空尺度的标准化、通用化，满足水、陆交通发展的需要。通航海轮航道上新建、改建和扩建的桥梁，以及目前通航内河船舶但规划通航海轮航道的桥梁，其通航净空尺度除了应符合《内河通航标准》GB 50139—2014 和《海港总体设计规范》JTS 165—2013，尚应符合《海轮航道通航标准》JTS 180—3—2018 的有关规定。

对于跨海桥梁的通航净空高度，感潮河段的设计最高通航水位采用当地历史最高潮位（在平原地区经论证可采用年最高潮位频率分析5%的水位），非感潮河段采用年最高洪水位频率分析5%的水位，以控制桥梁不要建得过低或过高。富裕高度在内河水域（如长江、黄浦江）或有掩护作用的海域（如虎门、虎跳门、崖门、镇海湾、汕头）一般取2m，在波浪较大的开敞海域且建在重要航道上的桥梁宜取4m（如珠江口、杭州湾）。桥梁通航净空宽度一般为航道有效宽度的1.5～1.8倍；如果航道上同时通行海轮和顶推船队时，航道有效宽度取由代表船舶或船队总长、全宽计算结果值的最大值。

通航海轮航道上的桥梁一般规模大，使用期长，属于永久性工程，一旦建成很难改建或扩建。这些桥梁如不能满足远期通航需要，会限制航运的发展。南京—九江段的长江大桥按照5000吨级船舶标准，净高只有24m，万吨级海轮和3万吨级江海轮（通航标准为32m）不能常年通行，现已成为长江下游航道上的"卡脖子"桥，很大程度上制约了桥区及其上游的航运发展。为使桥梁的建设不致限制腹地未来经济和航运发展，在确定桥下代表船型时，要结合远景规划船型和当前通航的船型综合考虑，还要满足工程船、军事船等非运输船舶及其他水上浮体的通航要求。规划船型的水平年一般应采用桥梁建成后30年，运输量大、船舶密度高的重要航道可采用50年。我国长江口深水航道的新建大桥都提高了通航标准，如苏通大桥主桥通航净空高62m、宽891m，可满足5万吨级集装箱货轮和4.8万吨船队的通航需要，江阴大桥、润扬大桥的通航净高也达到50m。

3.3.3　港口分类

港口作为水路、公路、铁路、管道等各种水陆运输方式的汇集点，是各种运输工具装换的地方，是整个交通运输体系中的水陆运输枢纽。港口的分类很多，主要有以下几种。

（1）按运输对象分

综合港（普通港）：装卸各种件杂货（五金、机械等）、干散货（煤、矿石、粮食等）、液体货等的港口。

专业港：装卸某种单一货物的港口，如矿石港（八所）、煤港（秦皇岛）、油港（大连新港）等。

客运港：专门停泊客轮和转运快件货物的港口。

（2）按用途分

商港：供商船客货运输的港口，通常为兼运各种货物的综合港，如主要的世界大港，也有以某种货物为主的专业港。

渔港：供渔船停泊、卸鱼、冷藏、加工、转运和渔具修理等的港口，如浙江沈家门等。

工业港（业主码头）：供大型企业输入原材料和输出制成品而设置的港口，通常为沿海沿江的大型企业所设。如宁波北仑港区、大连甘井子大化码头等。

军港：专供舰艇停泊、取得补给和修理、制造以及用于沿岸防守等军事需要的港口。在港址选择、港口布局、陆域设施等方面与其他港口有较大的差别。

避风港：供船舶在航行途中或海上作业过程中躲避突然遇到的风浪和取得少量补给、进行小修等用途的港口。一般是为小型船、渔船和各种海上作业船而设置。

旅游港：为游艇停泊和上岸保管而设置的港口，在很多海滨城市设有游艇基地。

（3）按修建地点分类

根据所在的地理位置，港口分为河港和海港两大类。

1）河港是指建设在具有河流水文特征的水体沿岸的港口，是内河运输的集散地，包括以下几种。

天然河港：沿河修建的港口，如武汉港、南京港等。

运河港：沿人工开挖的河流修建的港口，如京杭运河上的苏州港、常州港等。

湖港（水库港）：沿湖边或水库边修建的港口，如岳阳港、丹江港等。

2）海港是指在自然地理条件和水文气象方面具有海洋性质的港口，又分为海岸型、离岸型和河口型。

海岸型是沿海岸修建的为各种海船服务的港口，根据其掩护状况一般有三种情形（图3-3-6）。第一种是利用天然海湾，如东京港、悉尼港、香港港等大型海港，以及大连港大窑湾港区、福州港罗源湾港区、青岛港前湾港区等中小型海湾；或在海岸前有岛屿沙礁掩护的天然港口，如厦门港海沧港区、宁波港北仑港区。在这种地点建港不需要建造价值昂贵的外堤，是最经济的。第二种是天然掩护不够，需加筑外堤的，如烟台港、连云港港。第三种是位于一般平直海岸上，要筑外堤来掩护，造成人工停泊区。

离岸型是离开海岸、利用深水海面上的天然岛屿或人工岛屿建设的港口，如上海洋山港区，能很好地适应深水岸线和土地资源日益紧张的问题，符合海港向外海发展的趋势。对于陆向集疏运要求较高的码头，选择天然岛屿港址的首要条件是解决岛屿与大陆的交通联系问题。而利用人工岛建港，成本可能较高。

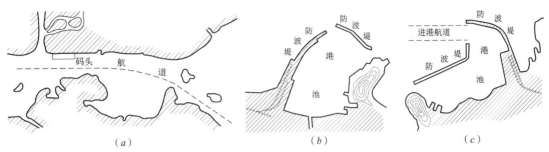

图 3-3-6 不同掩护物特征下的海岸港
(a) 有天然岛屿掩护；(b) 加筑外堤；(c) 修筑外堤形成人工停泊区

河口港一般位于通航河道的入海口或受潮汐影响的近海河段（如上海港外高桥港区）。这类海港可兼为内河船舶服务，与腹地联系方便，天然的掩护也往往比较好，常发展成为大港。如长江口的上海港、莱茵河三角洲的鹿特丹港、哈德逊河口的纽约港、易北河口的汉堡港和涅瓦河口的圣彼得堡港等。

（4）按潮汐的影响分

开敞港：港内水位潮汐变化与港外相同的港口，是一种最普遍的形式。

闭合港：在港口入口处设闸，将港内水域与外海隔开，使港内水位不随潮汐变化而升降，保证在低潮时港内仍有足够水深的港口。如英国的伦敦港。其优点是港池内的水面保持在一个比较稳定的高水位上，港池、泊位水深不受潮位变动影响，有利于改善货物装卸作业条件，缺点是船舶进出港口或港池要过闸，耗时较长，且要增加运营管理费用。

混合港：兼有开敞港池和闭合港池的港口。如比利时的安特卫普港。

（5）按经济特征分

港口还可按经济特征分为国际性港、国家性港和地区性港。

3.3.4 港口一般技术要求

港口由水域和陆域两部分组成（图 3-3-7）。水域是船舶航行、运转、锚泊和停泊装卸等水上作业的场所，设置有航道、锚地、港池、助航设施等水上

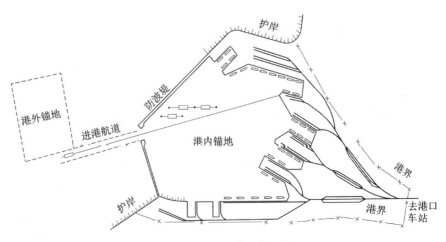

图 3-3-7 港口的组成

设施，要求有合适的深度和面积。陆域是供货物装卸、堆存、转载和旅客上下船等客货作业的陆地，用来布置码头、库场、港内交通设施、客运站以及其他辅助性和服务性建筑，要求有一定数量的岸线和纵深。当前，伴随造船技术的提高、机电设备和装卸机械的逐步改进，港口向深水化、现代化、环保化的方向发展，港口平面布置形式、码头及陆域尺度、船舶系泊方式等诸多方面也发生了变化，对港口规划与建设提出了新的要求。

3.3.4.1 港内水域布置

港内水域主要包括码头前停泊水域、港池、回旋水域（转头水域）、连接水域、制动水域以及港内航道、锚地等，其平面布置和尺度应满足船舶安全方便航行、制动、回旋、靠离泊和锚泊等要求。根据地形、风、浪、流、泥沙等自然环境因素和到港船舶性能等具体情况，将这些水域尽量组合设置，必要时可单独设置。

港口设计水位包括设计低水位、设计高水位、极端低水位和极端高水位。有乘潮要求的，应根据具体需要确定乘潮水位。

（1）码头前沿水域和港池

码头前沿供船舶停泊、作业、驶离和转头操作的水面，应有一定的范围（图3-3-8），通常为顺岸码头前的水域以及挖入式、筑填式码头间的水域（港池），要求风浪小、水流稳定。港池设计一般以不妨碍船只航行和水流通畅为原则，其大小按船舶尺度、船舶数量、靠离码头方式、船舶进出和调转、水流和强风、岸线利用等因素加以确定。

码头前沿设计水深是按设计低水位时保证设计船型在满载吃水情况下安全停靠的水深，由船舶设计满载吃水和龙骨下总富裕水深（不含船舶航行时的船体下沉量）构成。码头前沿停泊区以外的港池水域设计水深宜与航道的设计水深一致。国内外大型挖入式港池水深一般在12～20m。在水深不足的海港，为使较大的船舶乘潮进港后能够进行码头作业，通常在新建码头前将停泊水域（一般为2倍船宽）适当挖深，使其能够达到水深要求 [①]。

1）河港

河港通常采用顺岸式码头，其码头前沿停泊水域的宽度在水流平缓河段取2.0倍设计船型宽度（图3-3-9），在水流较急河段取2.5倍设计船型宽度，但不应占用主航道。当装卸采用水上作业船舶时，码头前沿停泊水域应另加装卸作业船舶的宽度。当船舶停靠码头采用丁靠方式时，此宽度为设计船型长度加设计船宽。

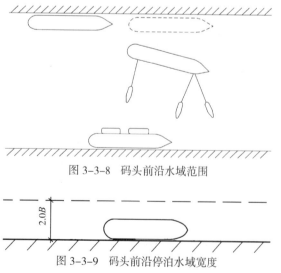

图3-3-8 码头前沿水域范围

图3-3-9 码头前沿停泊水域宽度

---

① 对通航水深保证要求更高的液化天然气码头和工作船码头，码头前沿设计水深应从当地理论最低潮面起算。

挖入式港池的宽度由港池两侧船舶靠泊宽度、回旋水域宽度、航行水域宽度及富裕宽度组成（图3-3-10），其尺度参照表3-3-7确定。在港池端部顺港池宽度方向布置泊位时，港池的宽度应满足泊位长度的布置要求。

河港的港池宽度 表3-3-7

	在港池同一侧布置的泊位数	是否在港池内转头	港池宽度计算公式
情况1	1个泊位时	不在港池内转头	$B_c = nB + b$
情况2	2~3个泊位时	在港池内转头	$B_c = (n-1)B + B_h$
情况3	大于3个泊位时	在港池内转头、航行	$B_c = (n-1)B + B_x + B_h$

注：B_c—挖入式港池宽度（m）；n—在同一断面内港池两侧停靠的船舶艘数；B—设计船舶宽度（m）；b—船舶之间或船舶与对侧岸壁间富裕宽度（m），可取2~4m。B_x—船舶在港池内转头的回旋水域宽度（m），可取1.2~1.5倍设计船型长度；B_h—船舶航行水域宽度（m），可取2.0倍设计船型宽度。

2）海港

在海港中，顺岸式码头前沿停泊水域宜取码头前2.0倍设计船宽的水域范围。对于回淤严重的港口，根据维护挖泥的需要，此宽度可适当增加。码头前沿停泊水域长度应与泊位长度一致，当有移泊作业时，根据需要决定；对于大型开敞式码头，不宜小于1.2倍设计船长。

顺岸式码头前方水域宽度（前沿港池）应结合是否考虑船舶转头功能以及码头轴线与航道的夹角综合确定。对多泊位顺岸码头前方水域，考虑船舶转头要求时，其宽度不宜小于1.5倍船长加1.0倍设计船宽；不考虑船舶转头时，其宽度不应小于0.8倍设计船长（图3-3-11）。

海港的港池宽度根据港池两侧泊位布置、船舶是否在港池内转头以及拖轮的使用情况等因素确定。港池两侧布置有2个以上泊位且有船舶转头作业时，水域宽度不宜小于2.0倍设计船长；船舶不在港池转头时，水域宽度可取0.8~1.0倍设计船长（图3-3-12）。港池两侧为单个泊位时，可适当缩窄港池宽度；对有水上过驳作业的港池，应按过驳作业的要求相应加宽。对位于淤泥质海岸回淤较严重的港口，应尽量缩小港池水域。

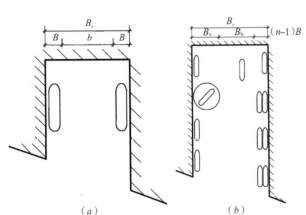

图3-3-10 河港挖入式港池宽度示意
（a）船舶不在港池内转头；（b）船舶在港池内转头和航行

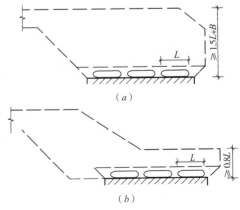

图3-3-11 多泊位顺岸码头前方水域
（a）考虑船舶转头时；（b）不考虑船舶转头时

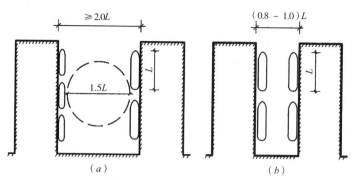

图 3-3-12　海港的港池尺度
（a）有转头作业；（b）无转头作业

（2）回旋水域

船舶回旋水域宜设置方便船舶进出港和靠离码头的地点，可以与航行水域共用并有相同的水深。回旋水域面积因当地的风、浪、水流等条件和船舶长度、港作拖轮的配备因素而异。

河港的回旋水域通常布置在码头前沿水域上下游端，单船和顶推船的回旋水域长度、宽度，见附表 3-3-3。

当海港中采用"一"字形连续布置泊位时，回旋水域宜连片布置，其尺度可按附表 3-3-4 确定。船舶自行操作调头时，回旋水域的直径约需 3.0 倍船长；借助拖轮时可减小至 2.0 倍船长；允许借助码头转头的水域时，约为 1.5 倍船长。有些集装箱船所需的回旋水域直径可达 6.0 ~ 8.0 倍船长。

河口港一般具有较好的水路集疏运条件，到港船型呈大、中、小并举的特点，中小船舶比例相对较高。这类港口可以采取大船集中设置回旋水域进行调头作业、其他中小型船舶在码头调头的方式以减少开挖水域面积。

（3）连接水域和制动水域

港池与航道间的连接水域应满足船舶进出港池的操作要求，其尺度可根据港池与航道间的夹角、船舶转弯半径确定（图 3-3-13）。船舶转弯半径在

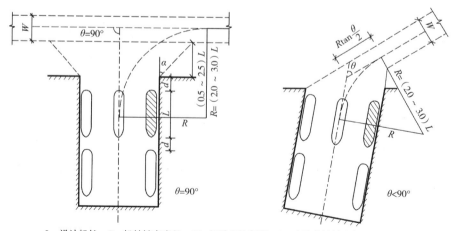

L—设计船长；R—船舶转弯半径；W—航道有效宽度；θ—连接水域转向角；d—船舶富裕长度

图 3-3-13　连接水域形状和尺度

自航时不小于3.0倍设计船长，拖轮协助作业时不小于2.0倍设计船长。当船舶不能在港池内转头时，连接水域尚应满足船舶转头的要求。连接水域的水深与航道设计水深一致。

船舶制动水域宜设置在进港方向的直线上，宽度宜逐步扩大。布置有困难时，可设在半径不小于3.0～4.0倍设计船长的曲线上。船舶制动距离压载状态可取3.0～4.0倍设计船长，满载状态可取4.0～5.0倍设计船长。对于超大型散货船以及航行条件复杂的港口，具备条件时其制动距离可适当加大。

（4）进港航道

船舶进出港区水域并与主航道连接的通道，称为进港航道。进港航道要有适当的方位、平缓的曲线以及足够的水深和宽度，一般设在天然水深良好、泥沙回淤量小，尽可能避免横风、横流和受冰凌等干扰的水域。航道轴线宜顺直，应减小强风、强浪和水流主流向与航道轴线的夹角，并避免多次转向。

受潮汐影响的河口航道，宜利用天然深槽；当穿越河口浅滩时，应着重分析河流、海洋动力和泥沙对航道的影响，以采取适当的工程设施。在水深不足的情况下，可利用一定的高潮位以增加航道深度，使大型船舶通过航道的局部浅段。利用乘潮水位开挖航道，其优点是可以节省工程量，缺点是船舶不能随时通航，航行时间有一定的限制。进港航道尺度的具体要求参见3.3.2.2。

（5）锚地

锚地是供船舶或船队在水上停泊和进行各种作业的水域，分为港内锚地和港外锚地。港内锚地通常供船舶待泊或水上装卸使用，采用锚泊或者设置系船浮筒、系船簇桩等设施；港外锚地通常供船舶候潮、待泊、检验、检疫及避风使用，有时也进行水上装卸作业，一般采用锚泊。

选择和布置锚地必须保证船舶停泊稳妥、调度和交通供应方便，尽量减少与主航道及其他水上设施的干扰。锚地一般设在水流缓、风浪小、有适宜水深、易于着锚、靠近作业点的开阔水域或在独立的港池内，但不应占主航道。在码头前沿布置锚地时，应与码头有一定距离，以保证船舶调度及装卸作业。油轮和危险品船舶应单独设置，并设在港区码头的下游，且保持一定距离。

（6）防波堤、口门和导流堤

在海港中，防波堤和口门的布置应使港内有足够的水域、良好的掩护条件、减少泥沙淤积并减少冰凌的影响。防波堤的布置有单堤、双堤、多堤三种基本形式（图3-3-14）。防波堤的轴线位置应尽量选在地质条件好、水深较浅的地方，有条件时可利用礁石、浅滩及岛屿，其接岸点应尽量利用湾口岬角或海

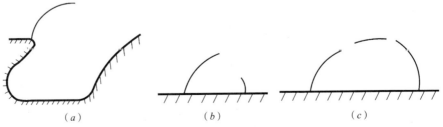

图3-3-14　防波堤布置的基本形式
（a）单堤；（b）双堤；（c）多堤

岸的突出部位，以减少防波堤的长度。

口门是两个外堤堤头或堤头与岸边之间的航路，是船舶出入港口的必经之处。为方便船舶出入，口门应有明显的位置和恰当的方向，尽量设在天然水深较深的位置，且方向与进港航道相协调。航道轴线与强浪方向之间的夹角宜为30°～35°，以使出入口门的船舶免受横风横浪作用。

口门的数量应根据船舶通航密度、自然条件和总体布置要求等因素确定，一般为一个口门，但在满足稳泊的条件下，可采用两个或两个以上的口门，以增加进出港口运行的灵活性。口门的有效宽度一般为1.0～1.5倍设计船长，以保证航行安全和港内水面平稳。

对受径流影响较小的河口港、泻湖内港口以及挖入式港口，当其在出海口附近海岸，波浪和海流等动力作用较强、沿岸输沙量较大或入海径流及潮流不足以维持拦门沙段的航道尺度时，经技术经济论证后可设置防沙、导流堤。

3.3.4.2 码头、泊位平面型式

码头是供船舶停靠、装卸货物、上下旅客的水工建筑物和场所。码头岸线是水域和陆域交接的地域，是港口生产活动的中心。码头型式和高程的选择与确定是港口作业区布置的一个重要内容，与港口的货物特性、装卸工艺要求，以及地形、水文、地质、施工条件有关，可利用河道、海岸、岛屿等岸线条件选择适合的布置型式。

依据岸线自然条件（地形、水文、地质）以及装卸、存储、集疏运作业的要求，可将码头在平面上布置成顺岸式、挖入式、突堤式、引桥式以及单点、多点系泊（开敞式）等型式（图3-3-15）。

港口（港区）一般由若干个码头组成，码头的平面布置型式较为复杂，有

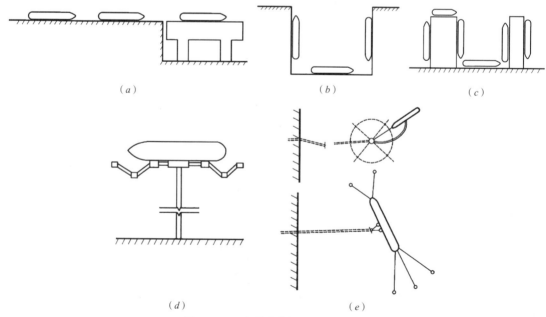

图 3-3-15　各类码头的平面布置型式
(a) 顺岸式；(b) 挖入式；(c) 突堤式；(d) 引桥式；(e) 系泊式

时可以采用几种型式的组合。如顺岸中有突堤、突堤中有顺岸，并列多个长栈桥式码头也呈顺岸式布置等。

（1）顺岸式码头

顺岸式码头，是指码头前沿线与自然岸线大致一致的布置形式，分为常规的满堂式和特殊的栈桥式。前者的码头与陆岸场地沿着码头全长连为一体，其前沿与后方的联系方便，装卸能力较大，是一种常见的形式；后者则是用栈桥将码头前方作业平台与陆域相连（短栈桥式码头一般为顺岸建设，归入顺岸式）。

这种码头形式简单，具有挖填量少、建设成本低；码头前沿水域一般比较宽敞、船舶进出港区和靠离码头方便；占用陆域面积较大、便于库场的布置；铁路与道路交叉少、与后方道路联系密切等优点。这种码头适用于岸线资源充足、水深条件适宜的情况，在内河港、河口港中较为常用，在海港中当有天然防护的水域内有足够的岸线长度时，也可采用这种布置形式。

顺岸式码头占用自然岸线较长，在有限的岸线长度下泊位数较少，而且作业区较为分散，易受风浪侵袭。在利用自然地形修建顺岸式码头时，应重点关注码头轴线的方位、顺岸岸线的长度等因素，以有利于岸线的充分利用和码头的稳泊。

（2）挖入式码头

挖入式码头，是指在向岸的陆地侧开挖码头和港池的布置形式，能够人为地增加岸线长度，以便在有限的可利用岸线范围内建设较多的码头泊位。挖入式码头具有占用自然岸线少、港区布置紧凑；港池水域掩护条件较好，可免遭风浪侵袭；对岸滩变化影响小、可干地施工；不影响河道船舶航行、不降低河道的泄洪能力等特点。这种码头在河口、泻湖地区较为常见，如鹿特丹港在15km长的自然河段上建成了38.4km长的码头岸线，安特卫普港在12km长的自然河段上建成了98km长的码头岸线。

在潮差较大的地段，可以采用船坞式布置（封闭式港池），即在港池入口处建设闸门，隔断港池内外的水体，使港池内形成单独的水域，以稳定地获得较高的水位和较大的水深，减小潮汐对港区日常运营的影响，降低港口的基建投资，在西欧采用较多。船坞式码头的缺点是船闸影响船舶进出的通过能力，尤其是快速运输船舶（集装箱船、滚装船）不便，占地较多，初期投资较高。

目前，国内外大型挖入式港池的宽度在400～1100m，国外多在700m以内，挖入式码头的开挖工程量大，还存在着港池及其连接水域常受淤积威胁、港池出入口处船舶进出比较不便、港池内易积存污水有碍港区环境卫生等问题。在水位变化小、淤积少的河岸可利用天然河汊或开挖人工运河修建挖入式码头，而随着疏浚技术的提高，在冲积平原海岸建港时也可采用。因此，挖入式码头适用于陆域充足、基岩埋深较深、淤积不严重的地区，挖入式布置应重点研究各部分水域尺度和布置、口门的朝向、减淤措施等。

（3）突堤式码头

突堤式码头（直码头），是指码头部分岸线突出于自然岸线并与之成较大角度或垂直，利用两突堤之间的水面构成较大的港池。突堤两侧和端部都可系靠船舶，能在有限的岸线长度内布置较多的泊位。突堤式码头又分窄突堤和宽突堤，前者是一个整体结构；后者两侧为码头结构，当中用填土构成码头地面。

突堤式具有占用岸线较少、可减少所需设置的防波堤长度、与后方联系通道相对集中、港口布置紧凑、建设成本高的特点，适用于自然岸线资源不足或需要利用码头建筑物改善稳泊条件的情况，广泛应用于海港中。但由于突出的突堤会破坏原有的水流流态，易引起淤积，且过多地占用河道宽度而影响通航，因而突堤式码头不适用于河口港和内河港。还值得注意的是，大范围的近岸填筑对岸滩和海域环境的影响较大，要对环境和生态做好相关的研究。

突堤式码头的布置应重点关注突堤与水域尺度、船舶进出靠泊的方便性以及突堤与陆域的交通联系等因素。过去某些狭长的突堤码头宽度仅 30m（如纽约港），尽管可提供较多的泊位，但随着装卸工艺的改进，因陆域太小而不能满足作业和堆放货物的需要。因此，除了用管道输送的油码头等用窄突堤，现代大型件杂货码头多采用宽突堤，要求有足够的宽度以布置码头前沿作业地带、一线库场和集疏运通道，一般可按不小于两倍船长考虑，即平均宽度约为300m，宽的可达 400m 以上。为了减少调车作业的相互干扰，突堤式码头长度不宜超过 700m。

（4）引桥式码头

引桥式码头主要是指码头布置在离岸较远的深水区，并与陆岸之间通过较长的引桥或"引堤＋引桥"连接的形式（一般只在近岸段采用引堤，其他大部分为引桥），具有对流场及岸滩影响小、码头运营成本高的特点，适用于岸滩较宽浅或不适宜开挖的情况。引桥式码头的前沿装卸平台上建有用于生产的各种机械、管道、泵房等，引桥上铺设管道或带式输送机用以输送货物，不设轨道式装卸机械。

引桥式码头是现代大型油码头和散货码头的一种主要形式，在装卸石油、粮食、煤和矿石等的离岸开敞式码头中使用居多。由于无防波堤或其他天然屏障的掩护，这类码头的布置应重点关注码头的方位（尽量与风、浪、水流的主导方向一致）、陆域位置、引桥和引堤分界点以及交通的方便性等因素。江苏大丰港、吕四港等江苏北部沿海港口也多采用引桥式，以减少水工建筑物对海流及泥沙运移的影响。

（5）系泊式码头

系泊式码头，是指在天然深水海域设置的一个点（单点）或多个点（多点）供船舶锚泊、进行装卸作业的锚系设施，一般通过海底管线连接船舶和陆域。单点、多点系泊式码头具有工程量小、建设成本低、施工工期短、作业条件较差等特点，适用于船舶吃水大且在近岸水深条件严重不足，又不适宜开挖航道建设大型油品码头的情况，主要用于巨型油轮或散货码头，如茂名港 25 万吨原油码头为单点系泊型式。由于作业条件差、人员交通不便，这种形式在我国采用较少，单点、多点系泊式码头的布置应有水深足够的开阔水域，因无防浪建筑物的掩护，重点考虑海底底质、水流、波浪以及与海底管线的协调等因素以及对码头营运的影响，保证每年有足够的工作天数。

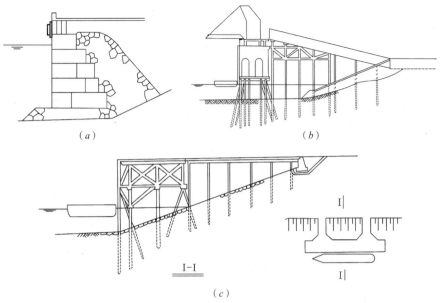

图 3-3-16 直立式码头
（a）重力式直立码头；（b）墩式码头；（c）框架码头

此外，还有一种岛式码头。即在外海深水内建造的不设引桥的独立墩台，与陆岸不相连接，一般供大型油船停靠，通过海底管道装卸石油。

3.3.4.3 码头断面型式

按码头断面轮廓，可分为直立式、斜坡式、混合式三种型式。应根据货种、船型、水位变化幅度、装卸工艺、岸坡情况（地质、地形）及施工条件等因素综合分析而确定，以直立式和斜坡式最为常见。

（1）直立式

直立式是指码头前沿靠船面为直立或近于直立的型式（图 3-3-16）。直立式码头工程投资较高，但便于船舶的停靠，且起重装卸机械和运输机械可直接驶往码头前沿，减少作业环节，提高装卸和运输效率。为了加速车船周转，减轻工人劳动强度及降低装卸成本，码头面至设计低水位的高差在 12m 以下、河床稳定、岸坡较陡、有条件使用起重机械的货运，宜采用直立式码头。

直立式码头主要用于海岸港和河口港，随着河港机械化以及河道渠化程度的提高，在河流水位差可能的条件下，直立式码头逐渐成为河港码头的主要形式。

（2）斜坡式

斜坡式是指在天然河岸的坡度上建筑的码头（图 3-3-17）。码头面至设计低水位的高差大于 15m 或小于 15m 而岸坡平缓的货运码头，以及码头面至设计低水位的高差大于 5m 的客运码头或以客运为主的客货码头，宜采用斜坡式。

按其结构形式，斜坡式常有斜坡码头和浮码头两种。斜坡码头设有固定斜坡道和囤船（趸船），囤船随水位变化沿斜坡道方向移动；或只设固定斜坡道不设囤船。浮码头设有活动引桥和囤船，囤船随水位变化作垂直升降，桥的倾斜度不应大于 1：6。

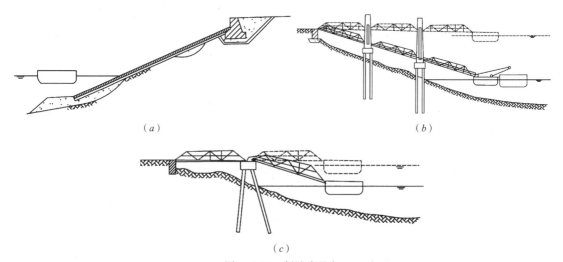

图 3-3-17　斜坡式码头

（a）实体斜坡码头；（b）浮码头——可升降栈桥；（c）浮码头——活动引桥

(3) 混合式

在高水位持续时间长、低水位持续时间短的情况下，可采用下部为斜坡、上部为直立式的半直立式。当码头面至设计低水位的高差在 12～15m 之间，陆域高程较高、洪水涨落快、水位历时 70%～90% 是中枯水期的码头，宜采用下部为直立式、上部为斜坡的半斜坡式。

3.3.4.4　码头岸线长度和前沿设计高程

(1) 码头岸线长度

码头岸线长度由码头所需的泊位数和泊位长度决定。泊位的数量和大小是衡量码头规模的重要标志，它与通过港口的货物种类及其吞吐量、专业性质（如进、出口；散货、件杂货；专用、综合；联运、中转；客货班轮等）、船舶的类型及其吨位、货物装卸的速率、泊位的利用率等有关。

泊位长度是指一艘船舶停靠码头时所必需的码头岸线长度，应满足船舶安全靠离作业和系缆的要求，取决于设计标准船长 L 及相邻两船间的泊位富裕长度 d（图 3-3-18）。d 值的大小随船舶的大小而变化，河港普通泊位一般为船长的 10%～15%，万吨级泊位的安全间隔为 15～20m。

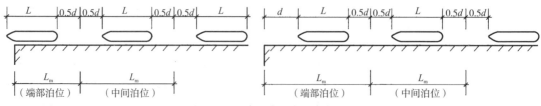

图 3-3-18　直立式码头的泊位长度

泊位长度与码头形式和装卸工艺等因素有关。对于内河驳、江海轮的直立式顺岸码头，当采用同一码头线的单个泊位和连续多个泊位布置时，其泊位长度应符合表 3-3-8 的相应规定。

直立式顺岸码头泊位相应的码头长度　　　　表 3-3-8

泊位		码头岸线长度	
		内河驳	江海轮
单个泊位		≥ 0.65L	L+2d
连续布置多个泊位	端部	≥ 0.65L+0.5d	L+1.5d
	中间泊位	L+d	L+d

注：1. L 为设计船型长度（m）；d 为泊位富裕长度（m），两相邻泊位船型不同时，d 值应按较大船型选取。

2. 有特殊使用要求时，单个泊位或端部泊位的码头长度可适当加长。

3. 移船作业的码头长度应根据装卸作业要求确定。

4. 有收尾系缆墩的直立式码头的长度为收尾系缆墩外侧之间的长度。

斜坡码头和浮码头的泊位长度，在有移档作业（即船舶装卸到一定程度，需要松动缆绳让船舶下溜移动一个位置继续装卸）时，为 (1.5 ~ 1.6) L + 2d（图 3-3-19）。

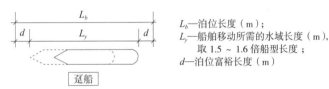

L_b—泊位长度（m）；
L_y—船舶移动所需的水域长度（m），取 1.5 ~ 1.6 倍船型长度；
d—泊位富裕长度（m）

图 3-3-19　斜坡式码头船舶移档作业的泊位长度

对于石油等危险品码头，船舶间距应适当加大。石油化工码头与其上游客运码头的船舶间距不应小于 300m，与其下游客运码头的船舶间距不应小于 3000m。

（2）码头前沿设计高程

码头前沿高程关系到港口的建设投资和运营，是港口总平面布置中首先要确定的问题。码头高程的影响因素较多，一般要求在高水位时码头不被淹没，在低水位时装卸作业方便，并便于作业和码头前后方高程的衔接。

河港的码头设计高水位应根据河流水文特性、淹没影响、水利枢纽综合利用和渠化梯级运行调度等情况综合确定。平原河流、河网地区和山区河流码头可根据港口所属等级，分别采用一定频率的高水位作为设计高水位标准，按附表 3-3-5 确定。然后加上 0.1 ~ 0.5m 的超高值，作为码头前沿设计高程，以防风浪和船舶航行等引起的水面波动沾湿码头顶面。

海港码头前沿顶高程应满足大潮时码头面不被淹没，需根据当地潮汐、波浪、泊位性质、船型、装卸工艺、船舶系缆、陆域高程、防汛等要求确定，并按照波浪和潮位组合的基本标准（设计高水位）和复合标准（极端高水位）分别计算其高程值，见附表 3-3-6。

3.3.4.5　陆域布置

港口陆域规模是保证港口具有一定通过能力的重要条件之一。港口陆域即由码头岸线边缘至后方交通线之间的范围，有货物装卸、储存和疏运三大系统。海港各类码头的陆域用地指标参考表 3-3-9。

港口陆域按生产区和辅助生产区进行分区，生产建筑物及必要辅助生产建筑物（包括装卸机械、库场及其集散通道）宜布置在陆域前方的生产区内，所有港区货物的装卸及运输均在此区内进行；其他配合港口生产作业的各种辅助生产建筑物和设备（机具修理、消防、管理、环保、生活文化福利设施等）宜布置在陆域后方的辅助生产区内，以免与作业区互相干扰。

海港码头陆域用地参考指标 表 3-3-9

集装箱码头		通用泊位码头		干散货码头	
码头类别	平均陆域纵深（m）	单泊位陆域面积（万 m²/泊位）	泊位吨级范围（t）	平均陆域纵深（m）	码头类别	单泊位陆域面积（万 m²/泊位）
干线码头	800 ~ 1200	20 ~ 45	35000 ~ 70000/45000 ~ 85000	300 ~ 600	矿石卸船	20 ~ 60
支线码头	600 ~ 1000	12 ~ 30	10000 ~ 35000/7500 ~ 45000	200 ~ 400	煤炭装船	10 ~ 20
喂给码头	500 ~ 800	8 ~ 18	1000 ~ 5000/1000 ~ 7500	100 ~ 300	—	—

注：通用泊位码头中，件杂货、散杂货泊位宜取小值；多用途泊位宜用大值。

陆域纵深大小直接关系到港区的利用，前方作业地带、一线库场及二线库场应根据工艺要求和地形条件自码头前沿依次向陆域后方布置，具有一定的陆域纵深（图 3-3-20）。我国一些旧港陆域纵深较小，原来的库场和港口后方用地不能满足需要，又无发展余地，降低了码头的通过能力。随着港口向大型化、专业化和环保化发展，吞吐量越来越大，管理越来越复杂，应增加一些适应现代化要求的生产辅助设施，如计算机管理中心、自控中心、污水处理设施等。因此，不论旧港的改扩建或新港的建设，在规划设计时都要按照实际需要和港区条件留有足够的陆域纵深，以达到满足生产、方便生活、便于管理的要求。当适于建港的地方无陆地可利用时，应积极创造条件，提前吹填造地，或采取其他措施，尽早形成陆域以供使用。

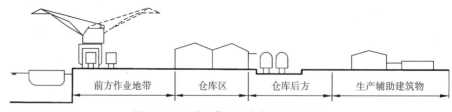

前方作业地带　仓库区　仓库后方　生产辅助建筑物

图 3-3-20　港口作业区宽度和陆域纵深

（1）前方作业地带

前方作业地带是由直立式码头前沿线（斜坡式码头坡顶）至前方仓库前墙或堆场前沿的场地，供码头前方装卸机械进行操作、临时堆放货物和前沿运输通道用。合理安排前方作业地带宽度，有助于加快前方货物的集散和周转。

各类码头的前方作业地带应根据码头布置方式及装卸工艺的要求来确定。比如直立式件杂货码头，采用船机或流动机械作业时，其宽度一般为

20 ~ 25m，但不宜大于30m；在采用轨道式起重机作业时，其宽度一般为25 ~ 40m，不宜大于50m。

集装箱码头前方作业地带的宽度一般为45 ~ 80m，以保证前方装卸作业时具有足够的水平运输车辆作业通道和辅助作业场地，同时留有舱盖板的堆放场地和泊位间的联系道路。对于栈桥式码头，码头平台宽度可适当降低以减少投资，但不宜小于40m。

多用途码头的装卸工艺具有较强的通用性，可采用多种起重设备联合作业的装卸船方式，以满足集装箱和件杂货的装卸要求，并留有今后改造为集装箱码头的可能性，其前方作业地带宽度不宜小于40m。

（2）仓库与堆场

由于船舶和车辆两种运载工具的容量相差很大，必须在前方作业地带和陆路集散运输之间设置仓库和堆场，以储存等待转运的到发货物。堆场主要用来存放不怕雨淋、日晒和气温变化影响的货物，如煤、矿石、建筑材料等。仓库用来保管不能露天放置的货物，按货种不同分件货仓库、散货仓库和液体仓库；有的仓库还需设有保温、通风设备。

一线库场是直接用于船舶—库场作业的仓库和堆场，用于货物分类、整理、检验和短暂存放。一线库场货物周转频繁，为便于货物装卸、降低成本，一般平行于码头布置，常采用单层大跨度建筑，高门且门槛与地面齐平，便于车辆出入。在受陆域条件限制或洪峰影响的地区，亦可采用两层或多层仓库。在货物集散慢、批量多而杂的情况下，为了提高港口的吞吐能力，还需在港口后方或港外设置二线库场，以便储存停放时期较长或停放过期而未取走的货物。二线库场一般面积较大，为了节约用地和运输方便，常采用多层结构。

足够的库场容量对保证船舶和车辆的快速周转具有十分重要的作用，否则就会限制码头的通过能力。库场总面积与码头的吞吐量、入库场货物的比例、货物的平均堆存期、单位面积的堆积量等因素有关。在综合性港口，应按不同货种及其数量相应布置仓库、堆场，并与前方泊位相对应。

前方库场的面积须与码头的设计标准船舶相适应，一个泊位上一线库场的最小容量应能保证不间断地进行一艘船舶（或一队驳船）所载货物的装卸作业，通常一个万吨级泊位的库场面积为3万 m² 左右，不宜小于1万 m²；中级泊位的库场面积不宜小于0.5万 m²。

（3）陆域交通系统

集疏运条件是港口发展的重要因素。港口从陆上与铁路网、公路网相连接，又从水上与海洋、内河相沟通，有铁路、公路、水路、管道等多种集疏运方式，担负着港口与其广阔腹地间的运输任务（图3-3-21）。港口铁路和道路属于陆域集疏运系统，包括港内交通以及港口与外部交通网络相衔接的集疏运设施，承担着港外货物的

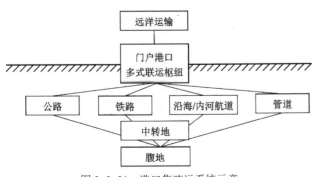

图3-3-21 港口集疏运系统示意

水陆中转和港区内的货物搬运。一些具备内河航运条件的海港，应充分利用内河航道的集疏运优势，发展江海联运。

合理布置陆域交通设施，直接关系到港口货物的流通和吞吐能力，是港区规划的一个重要环节。确定铁路、公路之间的疏运比例是港区陆域交通组织的重要依据，应根据不同货种的流量和流向、进线条件、送达速度、运输组织情况等因素来选用不同的运输工具。铁路主要担负远距离、大宗货物的运输任务；公路适于短途运输。

为了迅速而经济地完成货物转运，保证港口的连续作业，港口铁路和道路的布置应符合装卸工艺及港口总体布置的要求，合理组织港区货流和人流，并与港口发展相适应，力求达到技术先进、便利疏运、节省投资、经济效益高的要求。港口铁路、道路与路网铁路、公路和城市道路的接轨点、接线点应尽量靠近港区，线路布置应避免货物的迂回和折返运输，并尽量减少铁路、道路的相互干扰。

1）铁路布置要求

港口铁路由下列全部或部分设施组成：码头装卸线、港口站（港湾站）[①]、分区车场、港口铁路区间正线、联络线、连接线等。水路运输到达的货物装卸到码头装卸线上的货车，经港内连接线、联络线到港口站再到港外线；从陆路通过水运出口的货物，则由出港外线进入港口站，通过联络线、连接线到码头装卸线直接装卸，或经库场线把货物卸在库场内聚集成批、等待装船。

港口铁路应根据港口铁路远期或最大设计能力所承担重车方向的货运量划分等级（表3-3-10），其规划设计应符合国家《Ⅲ级、Ⅳ级铁路设计规范》GB 50012—2012以及海港、河港总体设计规范的有关规定。

港口铁路等级 　　　　　　　　　　　　　　表3-3-10

铁路等级	重车方向年货运量 Q（10^6t）
Ⅲ	$5.0 \leqslant Q < 10.0$
Ⅳ	$Q < 5.0$

码头装卸线为港口最基本的铁路设备，专供码头的货物车辆装卸作业用；但是集装箱和散货码头的前方作业地带不宜布置铁路装卸线。一般码头前沿铁路装卸线最多不超过2条，另外还有1条调车线，以备取送调车之用，保证港口各泊位能不间断地作业。

港区铁路装卸线布置有平行、垂直和斜交进线三种形式（图3-3-22）。铁路平行进线时，货物平均运距较短，陆域布置紧凑，车船直接作业方便。斜交或垂直进线，流动机械与铁路装卸作业互不干扰，但前后方分界不明显，铁路装卸作业线较长，库场面积也较大。斜交进线时，如线路较多，咽喉部位调车作业一般比较繁忙。

---

① 铁水交接方式采用车辆交接时，设港口站和港口联络线；采用货物交接时，不设港口站，港口铁路由连接线和装卸线组成。大型综合性港口一般都设有港口站。

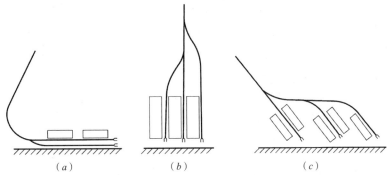

图 3-3-22 港区铁路布置形式
（a）水平进线；（b）垂直进线；（c）斜交进线

2）道路布置要求

港口道路有疏港道路和港内道路。疏港道路为港口与公路、城市道路相衔接的对外道路，根据港区性质、规模分为进港高速路、一级疏港路、二级疏港路、三级疏港路四个等级；港内道路为港区内部道路，根据交通运输繁忙程度及道路使用性质，分为主、次、支三级（表 3-3-11）。港内道路的主要技术指标见附表 3-3-7。

港口道路分级   表 3-3-11

疏港道路			港内道路	
等级	功能	车道数	等级	功能
进港高速路	大型集装箱港区的主要对外道路	6条	主干路	港区内交通繁忙的主要道路，一般为港内连接主要出入口的全港性道路
一级疏港路	大型综合性港区的主要对外道路	4或6条	次干路	港区内码头、库场、流动机械库等之间相互连接的交通运输道路，或连接港区次要出入口的道路，交通运输较繁忙
二级疏港路	中型港区的主要对外道路	2或4条		
三级疏港路	小型港区的主要对外道路	2条	支路	消防道路及港区内车辆、行人均较少的道路

注：1. 二级、三级疏港道路，城市混行交通量大时，可适当增加车道数。
2. 当疏港道路的长度较短时，可按港内主干路和次干路的有关技术指标设计。

疏港道路应顺畅便捷地连接至外部的高快速路网。当集疏运量大时，宜避免与城市道路混用，尤其是大型集装箱港区的疏港道路宜采用高速直达、专用封闭的方式。位于城市道路网或公路网规划范围内的疏港道路设计，应符合城市道路和公路现行规范和标准的规定。港内道路布置应与港口货物装卸工艺流程和港口总平面中各部分相适应，要满足港口疏运高峰时的交通运输要求。

①一个港区宜设置两个或两个以上的出入口。出入口的选择既要有利于港内交通组织，又要与城市道路有较好的配合。当条件受限制或汽车运输量不大时，可只设一个出入口。

②港内道路要形成环路，由干路连接各作业区，以减少行车干扰并利于消防。尽头式道路应具备回车条件。港口主干路应避免与运输繁忙的铁路线平面交叉。

③港口道路的车道宽度应根据装卸要求、车辆和流动机械运行情况而定。

在港区主要出入口内外路段或混合交通量较大路段，可适当加宽车道、分设非机动车道和人行道。

④港区道路应路基稳固、路面平整、排水通畅，为车辆及流动机械提供良好的行车条件。码头前方作业地带和库场区的道路，不宜设置高出路面的路缘石，以利于车辆运行和会让。

⑤应按港区车辆及流动机械的数量设置停车场，避免车辆沿途停放、阻塞交通。

⑥港口客运站通向码头的客、货流通道宜分开设置。集装箱码头入口外应设置一定长度和容量的车辆排队等候区。

（4）陆域竖向设计

港区陆域高程应与码头面高程相适应，并与相邻区域的市政交通设施相协调，以在设定的防护标准水位时港区陆域不被洪水、潮水及内涝水淹没。同时，要合理利用地形，尽量减少土石方工程量。陆域竖向设计宜采用平坡式，并满足港区自流排水要求；山区河流港区受地形条件限制时，可采用阶梯式。海港陆域高程通常要求不低于极端高水位以上 0.3～0.5m，当难以满足时，可采取设置泵站或提高护岸阻水能力等工程，降低港区陆域高程。

3.4 港口作业区

3.4.1 港口作业区划分及其布置原则

3.4.1.1 港口作业区划分

港口作业区是港区货物装卸和客货运输的场所，布置有港口装卸机械、前方库场、前方铁路和道路、后方库场、后方铁路和道路等各种生产设备。随着水上货物运输量的急剧增加和运距的增长，各类货物的运输向专业化方向发展，件杂货成组运输和集装箱运输以及大容量散货运输形式被越来越多地采用。很多综合性港口内有若干不同类型的作业区，以适应不同的船型和货种。

港口实行专业化分工，有利于合理地布置港区平面和选择库场位置，充分利用码头的有效面积；便于货物集散，有利于车船直接作业，减少相互干扰；有利于合理选择装卸工艺，配置适应货种的装卸机械，保证货运质量；还可减轻劳动强度，提高港口管理水平。一般来说，稳定的大宗货物应尽可能设置专业化作业区，以便提高运行效率和综合效益，这是现代化港口的一个特点。

为确保港口综合能力的形成和发挥，应根据港口的总吞吐量和客运量、货种、流向、船舶类型、港内装卸工艺、集疏运条件、自然条件、安全和环境保护等因素，合理划分不同的港口作业区（图3-4-1）。要因地制宜地发展高效率专业化泊位和通用泊位，并逐步改建原有的港口、作业区，当货源稳定、运量较大时，宜建专业化码头；当货源不稳定、运量较小时，以发展通用泊位为宜。

3.4.1.2 港口作业区布置原则

港口作业区的布置应以港口发展规划为基础，同时要与国土空间规划建设取得密切配合。各作业区应以满足生产服务为前提，合理利用自然条件、远近结合、统筹兼顾、合理分区，力求各组成部分之间协调配合，符合港口总体布局的要求。

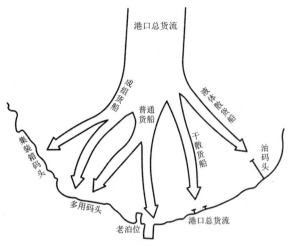

图 3-4-1　港口作业区划分的概念图

（1）各类作业区的布置既应避免相互干扰，也应相对集中紧凑建设，以便于综合利用港口设施和疏运系统，提高港口设备的利用效率，改善港口经营管理，减少工程建设量，从而节省港口建设总投资，提高港口综合效能。

（2）深入分析自然条件，充分利用港口的岸线与水陆域资源。结合装卸工艺流程优化布置各种仓储和集疏运设施，使水域、码头、库场、集疏运等系统能力相互匹配，保证货流畅通，提高港口综合通过能力。

（3）在作业区布置时，仓库、堆场应与前方泊位相对应，并要加强环境保护，防止污染，注意对其他作业区以及城市居住区、工业区的安全防护。应考虑风向和水流流向的影响，煤炭、矿粉、水泥等有粉尘或有异味货物的库场，应布置在港区年最大风频率的下风向（或最小风频率的上风向），且远离城市生活居住区。石油化工泊位应布置在港区的下游岸段，液化天然气（LNG）等危险品的库场应单独设置，其安全距离一般通过安全评估确定。邮轮码头应布置在危险品、干散货码头全年主导风向的上风向。

（4）新建港区布置应统筹考虑码头、综合物流、临港工业等方面的发展要求，并与城市布局规划和建港的外部条件相协调。改扩建港区的布置应与原有港区相整合，充分合理地利用原有设施，加强公用设施的相互配合使用，避免重复建设和相互间的干扰。

（5）客运码头应接近城市中心地区，要有足够的陆域在沿江或沿海道路的同一侧布置客运站、站前广场和陆上交通设施。一、二级客运站宜与港口货运作业区分开设置，三、四级客运站可根据港口具体情况确定，但旅客进站线路不应穿越货物装卸作业区。在建设国际旅游客运码头时，要妥善处理与国内客运码头的关系。

（6）国际贸易港口具有重要的国际交流功能，在陆域后方需要布置有一定用地规模和建筑体量的生产服务和生活服务设施，应在港口建设时进行统一规划，以形成具有特色的现代化港口风貌。

（7）作业区布置中要积极慎重地采用新技术、新结构、新工艺、新材料、新设备，使港口建设经济合理，技术先进。在满足技术要求的前提下，作业区布置应以近期为主，并留有发展余地。力求节约用地、少占或不占良田，并注意结合疏浚等工程措施吹填造地。

3.4.2　各类专用码头布置和特点

3.4.2.1　港口装卸工艺

港口装卸作业的内容包括码头作业、船舱作业、车辆（火车、汽车）装卸作业和库场作业。码头作业包括车—船、船—船之间的直接转载，或船—岸之间的转载及前方场地（码头与库场之间）作业。港口装卸工艺，是指对在港的货物进行装卸和搬运的操作方式，对于扩大港口通过能力、加速车船周转、降低装卸成本、保证货运安全、减轻劳动强度起着重要的作用。港口装卸工艺的配置与港口总平面布置以及码头型式有密切的关系。

现代港口的货物装卸作业主要是采用各种运输机械来完成的。起重机械是周期性间歇动作的机械，主要有桥式起重机、门座起重机、轮胎起重机、浮式起重机（起重船）等。连续输送机械是沿着一定的输送路线连续地搬运货物的机械，一般适用于同一类型且单件重量不太大的货物，常见的有带式输送机、斗式提升机、气力输送机、螺旋输送机和油气管道等。装卸搬运机械是一些可用于水平搬运和堆码货物的机械，主要有叉式装卸车、单斗车、牵引车和平板车等。目前，运输量大的直立式码头多采用桥式和门座式起重机；斜坡式码头常用起重船装卸，再通过设置在斜坡上的机械输送到岸上。

港口装卸工艺采用何种形式，受货运量、货种、流向及不平衡性、自然条件、码头建筑、运输工具和车船运输组织、经济条件等多种因素的影响。其中，货物因素决定了装卸工艺的基本特征，各类专业码头装卸工艺主要依据货物类型来区分。对于货类单一、流向稳定、运量具有一定规模的情况，宜按专业化码头设计并采用相应的装卸工艺流程，主要有集装箱、件杂货、干散货、液体货等类型。

3.4.2.2 集装箱码头

集装箱是由统一标准的轻质材料制成、能反复使用并规格化的集装货物的箱子，分为装小型件货物的综合型集装箱和装液体或冷藏物资的专用集装箱。集装箱便于装卸，能提高装卸效率、加快车船周转、提高港口吞吐能力，还具有减少货损货差、节省大量劳动力、降低运营成本的优点。一般来说，集装箱码头的通过能力可达常规件杂货码头的 3 ～ 5 倍，一个万吨级杂货泊位年运输量 20 万～ 30 万 t，而同吨级的集装箱泊位则可达 70 万～ 100 万 t/ 年。集装箱运输使港口面貌发生了巨大的改变，对城市干路、公路和桥梁的载重能力也相应提出了新的要求。

为了适应集装箱运输的发展，国外各主要港口都以较大的规模来建造集装箱码头。集装箱的尺寸和吨位已国际标准化，集装箱码头接纳的主要是 20 英尺箱和 40 英尺箱，其中 20 英尺箱为国际标准箱（TEU）。标准船用集装箱参数见表 3-4-1。

标准船用集装箱参数　　　　　　　　　　　　　　　　　　表 3-4-1

类型	额定重量（长吨）	外部尺寸（mm）			备注
		长	宽	高	
IA	20	6058	2438	2438	20 英尺
IC	30	12192	2438	2438	40 英尺

注：1 长吨 =1.016 吨。

现代化的集装箱专用码头普遍采用岸边集装箱起重机（轨距 16 ～ 25m，有的达 30m 以上）来进行船舶作业，集装箱堆场主要使用跨运车、底盘车、

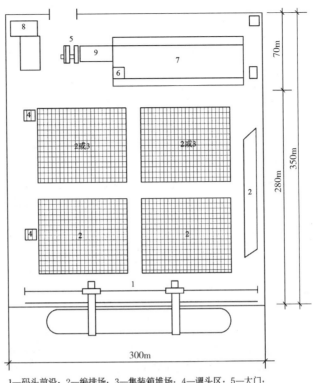

1—码头前沿；2—编排场；3—集装箱堆场；4—调头区；5—大门；
6—控制塔；7—拆、拼箱库；8—维修车间；9—办公楼

图 3-4-2　集装箱码头布置示意

叉式装卸车及有轨或无轨龙门起重机等机械。集装箱码头布置的特点如下
（图 3-4-2）：

码头平面型式以顺岸式为最好，泊位长度大多为 300m，吃水 12m 以上，
以适应新一代集装箱船的尺度。码头岸壁必须坚固，能承受集装箱起重机和各
种流动机械的轮压。比较而言，集装箱码头的初期投资费用大，场地占地较多。

集装箱运输要求增大码头前方作业区的面积。由于集装箱可以露天堆存，
码头前沿不需要前方仓库，但是需要宽敞的堆场和通道，使集装箱便于集中
和快速周转。集装箱码头前方作业地带的宽度一般为 45 ～ 80m（栈桥式码头
平台宽度可适当降低，但不宜小于 40m），加上堆场后的纵深一般要求不小于
350m，大型集装箱码头在 1000m 以上。集装箱堆场应根据箱类、箱型等要求，
平行或垂直于码头岸线方向布置。外贸箱堆场应分隔专用，并应设置必要的封
闭设施。20 英尺和 40 英尺冷藏箱宜分别独立堆放。

集装箱港区道路宜单向环形布置，减少车流平面交叉。集装箱港区出入口
的集装箱通道应与其他通道分开设置，并在出入口外侧布置适当的集装箱拖挂
车缓冲停车区。集装箱堆场内垂直码头前沿线的主干路宽度不宜小于 25m。

集装箱码头需设置拆装箱库时，需根据铁路和公路的比例设置相应的铁
路、公路拆装箱库，承担出口货物的集港装箱和进口货物的拆箱发放业务。我
国一些新建的大型集装箱码头把拆装箱库就近设置在码头范围以外的独立区
域，如洋山港区的芦潮集装箱物流中心，提供集装箱货物的拆装、储存、加工

等，并设有现场海关服务。对不具备建设物流中心或转运站的港口，拆装箱库应在港区最后方，并形成独立的作业区域。

此外，集装箱的空箱堆场、维修车间、控制船舶装卸和集装箱堆放的控制塔也设在堆场后方。而为了避免引起大量的空箱回流，开展集装箱运输的航线要求来去的货流量比较平衡。

3.4.2.3 件杂货码头

件杂货是成件运输和保管的货物，包装形式和规格不一，有袋装、捆装、桶装、箱装以及无包装的成捆钢材、钢板以及汽车、拖拉机等大型件货。由于件杂货种类多、批量小，必须积聚足够的货批，大部分件杂货需采取间接换装的方式，要经过仓库和堆场的短期保管，所以要设置足够的仓库和堆场。传统的件杂货装卸效率较低，近年来向货盘成组及集装箱等成组运输发展。

件杂货码头装卸作业具有双向性，其装卸工艺受到码头型式的很大影响（图3-4-3）。由于门座起重机具有幅度大、机动灵活、装卸效率高的优点，在大港中通常采用直立式码头的"起重机—流动装卸机械"工艺流程；而内河小港码头多采用轮胎式起重机等流动起重机作为驳船装卸作业的设备。水位差较大、坡度陡于1∶5时的斜坡码头，适宜采用"浮吊—缆车及流动装卸机械"工艺流程，即船与斜坡码头之间用缆车进行搬运作业。我国长江港口广泛采用这种流程进行件杂货装卸作业；当坡度缓于1∶9时，宜采用汽车运输。

件杂货码头前方作业地带需要铺设前沿道路及起重机、货物接卸操作场（有时包括临时堆场），一般不铺设铁路装卸线，总宽约40～50m，可根据装卸机械轨距、码头布置和作业方式做适当调整。一般在不设引桥的情况下，采用轨道式起重机作业时，宽度不宜大于50m；采用船机或流动机械作业时，宽度不宜大于30m。在件杂货种结构多变的情况下，新建的件杂货码头多采用多用途码头的形式，并配有大型通用性强的机械，以便在货种变化时码头可作应变的处理（图3-4-4）。

件杂货码头有三种布置方式：①前沿仓库式，即临近前沿布置仓库，适用于货物入库比重较大泊位；②前沿堆场式，即临近前沿为堆场，其后为仓库；③半库半场式，即前沿同时有仓库和堆场，是一种灵活布置，对货种的适应性较好。

件杂货码头仓库的跨度和净空高度应按库内作业的机械类型和货物的堆高决定。单层仓库的跨度不应小于18m。近年来，件杂货码头仓库多为轻钢结构，仓库跨度多在40m以上，有的甚至达到60m。

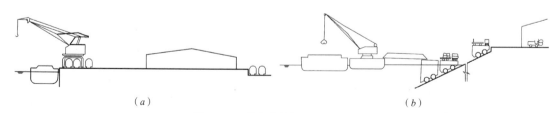

（a）   （b）

图3-4-3 件杂货装卸工艺流程示意
（a）"起重机—流动装卸机械"工艺流程；（b）"浮吊—缆车及流动装卸机械"工艺流程

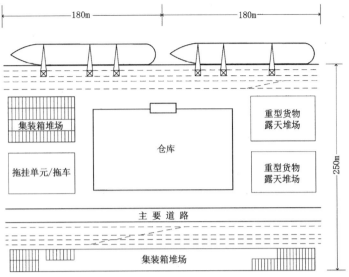

图 3-4-4 多用途码头布置示意

3.4.2.4 干散货码头

干散货是不能以件计数的散堆的粉末状、粒状和块状的货物，如煤炭、矿石、砂石、化肥以及散粮等，是水上运输和港口装卸的大宗货类，所占的运量极大。大宗散货专用船的吃水、船长都超过杂货船，散货码头的规模和装卸设备也不同于件杂货码头。散货的流动性是其主要的运输和装卸特点，可以利用货物的自流进行连续性作业，使装卸过程高度自动化。

由于散货的运输流向比较固定，许多散货码头泊位是单向的，或是装船码头或是卸船码头，两者工艺不同（图3-4-5）。专业化装船码头宜采用效率高、台数少的装船工艺；专业化卸船码头可选用连续式卸船机或抓斗起重机，在特定条件下可考虑采用造价较高的自卸船工艺方案。中间运输一般采用带式输送机。

（1）散货出口工艺流程：螺旋卸车机→堆料机→坑道皮带机→装煤机。车辆货物卸下后，经堆料机将货物投入坑道堆放，再输送至装船机装船。这类工艺流程适用于吞吐量较大的专业化散货出口码头。

（2）散货进口工艺流程：浮吊→皮带车→桥吊（装卸桥）。货物经卸船机械卸落到皮带输送机上，然后运至堆场，在堆场上设置桥吊装车。这类工艺流程适用于水位变化幅度较大的散货码头。

散货码头有靠岸式和离岸式两类。靠岸式场库布置在靠近码头的陆域，辅助生产区临近生产作业区，布置紧凑；离岸式则通过长栈桥与陆上相连，用于装卸大吨级船舶。煤炭、矿石和砂石料码头以地面堆场为主，并要在堆场周边设置防尘措施。大型散粮码头宜采用筒仓建筑，散装水泥储存也宜采用筒仓。

散货码头的船舶装卸速度与贮存吨位之间应保持适当的比例，使堆料能力与卸船、卸车能力相匹配，取料能力与装船、装车能力相匹配。如船舶装卸速度过高，船只往来频繁，贮料被迅速运走或库场面积紧张，容易造成空船待料或压船现象，导致港口堵塞。一般认为，散货堆场容积可达年吞吐量的10%。

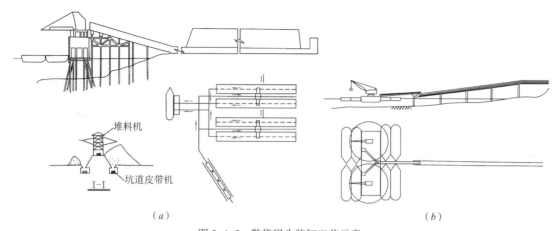

（a）   （b）

图3-4-5 散货码头装卸工艺示意
（a）螺旋卸车机—装煤机出口工艺流程；（b）浮吊—桥吊进口工艺流程

3.4.2.5 液体散货码头

（1）总体特点

液体散货码头是指原油、成品油、液体化工品、LPG和LNG介质等用管道装卸和输送的专业码头。我国对油气及化工品需求不断增加，促进了液体散货运输的发展和相应的港口码头的建设。目前我国沿海进口原油码头均以30万DWT（载重吨）油船作为设计船型，部分深水港口按兼顾40万～50万DWT油船设计，提高了码头的适用性和经济性。远洋LPG船多为半冷半压式或全冷式船舶，已达到20万m³舱容和15万GT（总重）吨级。

液体散货码头作业的特点是连续、密闭、运量大、效率高，具有码头吨级大型化和专业化、装卸货种多样化、装卸工艺流程自动化、安全及环保要求高的发展趋势。码头装卸不同液体介质的工艺系统宜分别设计，介质相近或相似时，可考虑共用。与输油、输气管道工程配套的液体散货码头，其库区宜与管道首站、末站统筹建设。

液体散货码头应具有防火、防爆、防雷、防静电、防泄漏和防止事故扩散的安全措施。其陆域由码头、存储区及辅建区三部分组成，需加以封闭并与周边进行隔离，存储区与辅建区也可分离布置。甲、乙类石油化工码头前沿线与陆上储罐之间的防火间距不应小于50m。

（2）油品码头

在油品码头，对油船的装卸作业包括卸船装罐作业、装船作业以及船—船直取和车—船直取作业，采用输油管道、输油软管及装卸臂（输油臂）等设备。目前，陆域最普遍的储油方法是储罐，码头卸船工艺是利用船泵能力接卸，将所载油品直接送入港区储罐，接罐区一般设置在距码头3～5km的范围内。卸船效率取决于船泵与陆上接收设施的能力。码头装船工艺是设置装船泵，将储罐内油品泵送至船舱；当码头和陆域储罐之间有地形高差可供利用时，宜设置高位储罐，采用自流装船方式。

油码头的具体布置有多种。第一种是油船靠岸壁式码头直接装卸，即油线管及其他装卸设备都安装在码头上，适用于为港区所在城市附近的炼油厂运送一定数量的原油或进口各类精制的石油产品。这类码头应与港口其他码头或作业区保持一定的距离。第二种是将油码头离岸布置，大吨位油船靠泊在开敞式码头处，利用引桥或水下的管线与岸上的管线相接进行油船装卸和压舱水的输送。此外，为适应巨型油轮对水深和装卸能力的要求，油码头开始朝外海发展，单点系泊、多点系泊或岛式码头随之得到大量应用，在大型原油输出港中尤为普遍。

（3）LPG 和 LNG 码头

LPG 和 LNG 属于危险品，极易挥发和引起爆炸，因而需设专用码头，布置在城市年常风向的下风侧，且应与其他码头保持足够的安全距离。LPG 码头一般采用液相、气相合一的装卸臂，LNG 码头因卸船效率高、装载臂尺寸大，液相、气相装卸臂分开设置。

LPG、LNG 码头与油码头类似，可采用陆上布置或离岸布置，从安全和土地利用的角度考虑，最好采用离岸方式。

3.4.2.6 滚装码头

滚装运输是继集装箱运输之后发展的一种水陆联运方式，即把货物装在卡车、挂车、铁路车厢或其他陆地运输工具里，由滚装船将车和货一起运往目的地，到达后载货的车辆从船上开下，直接把货送到工厂、企业。滚装运输的特点是不依赖码头装卸设备；装卸速度快，船舶运行周期短，一般比集装箱船快30%；灵活机动性大，适于装卸混杂货物；装卸费用较低；有利于组织"门到门"运输，减少运输装卸过程中的货损货差。

滚装码头布置型式有顺岸式、突堤式。跳板是滚装码头的主要接卸设施，有直跳板、斜跳板和舯跳板三类。按装卸货物的种类不同，滚装码头可分为客货滚装、货物滚装和汽车滚装码头，并形成一定的陆域功能分区。货物滚装码头应设置汽车待渡场、货物堆场、生产和辅助生产设施等；而客货滚装码头需增加站前广场、候船建筑物，并尽量将旅客和车辆的登船设施分开设置，当无条件时需采取人车分时作业。汽车滚装码头陆域主要有汽车停放场、汽车接收检查区、汽车卸货检查区等分区，待渡场和停放场应与前方泊位相对应，布置在陆域前方，并按车型大小分区和分组布置（图3-4-6）。

滚装运输的装卸工艺由运量、船型、车型、水位差和码头型式等因素确定。对于供车辆上下船用的跳板（斜坡道）净宽，普通客货车辆双车道不小于7m，单车道净宽不小于4.5m；小汽车双车道净宽不小于6.5m，单车道净宽不小

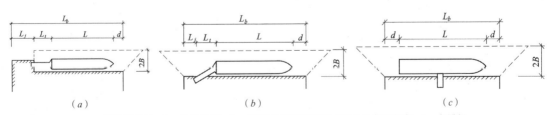

L—滚装船总长，L_b—泊位长度，L_j—接岸设施在顺岸码头方向上的投影长度，L_t—船跳板在顺岸码头方向上的投影长度，d—富裕长度，B—滚装船型宽

图3-4-6 滚装码头的平面布置型式

（a）直跳板；（b）斜跳板；（c）舯跳板

于4.0m。其坡度应小于1∶10，小型车辆的坡度可适当加大，必要时可设置牵引设备。

3.4.2.7 客运码头

（1）分类分级

港口客运站主要办理旅客上下，行李、包裹收发和邮件的装卸，分为专用客运站、客货兼用客运站。专用客运站旅客进出站方便、安全，货运干扰较小，可缩短客船泊港时间，但码头的利用率相对较低。目前只在航程较短或旅游业很发达的港口之间才航行专用客船，如珠海香洲港—深圳蛇口港的双体客船。客货兼用客运站以客运业务为主，兼办货运业务，多采用客货轮即滚装客船运输，有利于提高泊位利用率，但客货流尽可能立体分离，减少干扰。

根据年平均日旅客发送量，港口客运站的站级划分为四级（表3-4-2），并按旅客最高聚集人数确定客运站建筑规模。一、二级客运站宜与货运作业区分开，三、四级可根据港口具体情况确定。

港口客运站分级 表3-4-2

分级	一级	二级	三级	四级
年平均日旅客发送量（人次／日）	≥ 3000	2000 ~ 2999	1000 ~ 1999	≤ 999

注：1. 国际航线港口客运站、重要的港口客运站站级分级，可按实际需要确定，并报主管部门审批。
2. 旅客最高集聚人数：交通客运站设计年度中旅客发送量偏高期间内，每天最大同时在站人数的平均值。

（2）平面布置

港口客运站的陆域平面由站房、站前广场、客运码头及其他附属设施组成。站房设有旅客和运营管理用房，通常有候船、售票、行包、站务用房和上下船廊道等。国际客运站尚应符合联检的有关要求。站前广场应安排道路、停车场、旅客活动用地和绿化用地，与城市交通妥善衔接。

客运码头、站房、站前广场应布置在沿江或沿海城市道路的同一侧；而且站房应靠近客运码头，使旅客可直接由候船大厅经廊道或栈桥上下船舶。但由于防洪筑堤的需要，长江沿岸很多客运站房远离客运码头，可在码头入口处设置带有雨篷的廊道供旅客临时休息之用。

3.4.2.8 邮轮和游艇码头

（1）邮轮码头

邮轮码头是可供邮轮停泊及上下旅客、装卸行李和货物的一种码头，分为访问港、始发港和母港[①]。通常经济发达、旅游资源丰富的沿海城市拥有较

---

① 邮轮访问港是以服务挂靠邮轮为主的港口，具备邮轮停泊、游客和船员上下船等基本功能，通常分布在旅游资源丰富的沿海城市或岛屿。作为航线的途经点，主要服务游客上岸观光，行李不需要上岸，码头设施相对简单，邮轮在港停时较短。邮轮始发港是以服务始发邮轮为主、兼顾挂靠邮轮的港口，除了邮轮停泊和乘客上下船的功能，还具备邮轮补给、游客通关、行李托运、船员服务、垃圾污水处理等功能，通常分布在腹地人口稠密、经济发展水平较高、交通便捷的港口城市。邮轮母港是邮轮公司的运营基地，除具备始发港的基本功能外，还应具备邮轮维修保养、邮轮公司运营管理等功能。

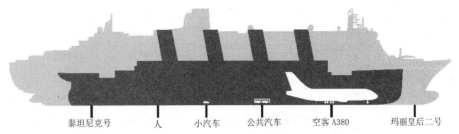

泰坦尼克号　　　人　　小汽车　　公共汽车　　空客A380　　玛丽皇后二号

图 3-4-7　邮轮尺度示意

资料来源：网络

为充裕的客源储备，具备发展邮轮经济、建设邮轮码头的条件。邮轮码头要求港址的水陆域条件和周边配套条件好，所在地城市的集疏运系统能够与邮轮码头方便衔接，为邮轮和游客提供安全、便捷、舒适的服务。

目前，现代超级邮轮的船长已达 455m、总吨位 22 万 t、吃水 13m。随着邮轮的大型化（图 3-4-7），邮轮码头泊位的长度和水深更大，以便可以停泊不同类型的邮轮，满足不同邮轮公司的需要。为此，国际邮轮码头的深水泊位数量、岸线长度、陆域作业空间等方面均需具备良好的条件，每个泊位推荐长度为 320m，最佳长度为 400m，泊位推荐水深为 10m，最佳水深为 10.7m。

邮轮码头的布置型式多以顺岸式和突堤式为主（图 3-4-8）。采用顺岸式布置时，客运中心应靠近邮轮泊位布置；采用突堤式布置时，其客运中心宜布置在突堤上，直接对应突堤两侧的泊位。在近岸水深不足而采用引桥式布置时，应结合引桥长度、泊位后侧建设水工平台条件和陆域条件等，综合论证客运中心布置。由于邮轮在港时间长，受旅游和航线季节性影响，码头泊位需求多、占用岸线长，突堤式布置有利于节省岸线资源，提高码头设施利用率。香港启德邮轮码头为突堤式布置，设有 2 个泊位，码头总长 700m，后方平台宽100m；三亚凤凰岛邮轮码头一期采用"大作业平台 + 系缆墩"的顺岸式布置，大作业平台约为设计船长的 50%；上海吴淞口邮轮码头一期采用引桥式布置。

除了客运码头的一般布置要求外，邮轮码头前沿区域可配套休闲功能较强的公共活动设施，接送旅客的旅游巴士停车场也应布置在靠近码头前沿区域（表 3-4-3）。其陆域设施规模要考虑旺季旅客峰值的需要，根据邮轮码头的接待能力建设相应规模的客运站、候船厅、行李处理区、上下船设施、口岸联

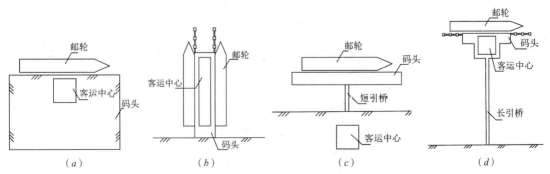

图 3-4-8　邮轮泊位布置形式
（a）顺岸式布置；（b）突堤式布置；（c）短引桥式布置；（d）长引桥式布置

检区域、旅客服务设施、交通集散设施等（图 3-4-9），有条件时可设立邮轮港内的保税区。

在码头陆域和周边地区，还应发展与邮轮服务相关的设施，包括酒店商场、商务办公、供水供油、物流作业区、垃圾废物和污水处理设施等，为邮轮提供补给与维修、油料添加、生活必需品采购、淡水添置等，促进邮轮产业的发展。邮轮母港尤其需要完善的集疏运系统以及加强与旅游交通的衔接，以形成广阔的陆域腹地和稳定的客源市场。

代表性邮轮码头陆域功能区布局与规模 表 3-4-3

邮轮码头	功能区布局	客运中心规模	城市商业配套建筑面积	停车场规模	绿化
吴淞口邮轮码头一期	布置于水上，码头与客运中心紧密联系，与后方商业区适当分离	约 2.2 万 m²	规划 18 万 m²，已建 3.6 万 m²	前方 30 个大客车 /30 个小客车车位；后方 100 个小客车车位	较少
上海国际客运中心	布置于陆上，码头与客运中心紧密	约 1 万 m²（地下）	约 8 万 m²	620 个小客车车位	地面绿化为主
香港启德邮轮码头	布置于陆上，码头与客运中心紧密	约 4 万 m²	约 12 万 m²	40 个大客车 /100 个小客车车位	室内绿化为主
新加坡滨海湾邮轮码头	布置于陆上，码头与客运中心紧密	约 4 万 m²	约 5 万 m²	30 个大客车 /250 个小客车车位	室内绿化为主

（2）游艇码头

游艇是供非营业性游览观光、休闲娱乐等活动的机动艇和帆船，船型尺度为从船长 3～6m 的小型艇到 30～60m 的豪华游艇。游艇码头水域主要有进港航道、内航道、内支航道、系泊水域和锚泊水域等，港池水深多为 3～5m，可根据船型大小分成若干不同水深的区域（图 3-4-10）。

游艇泊位按其系泊方式分为离岸式和岸式泊位，其中离岸式布置于掩护较好的开阔水域，可采用单点系泊和两点系泊；岸式泊位分为浮桥式、系泊桩式、趸船式和固定式等布置形式。其中，对于靠泊游艇长度大于 50m 的码头宜采用固定式或趸船式结构。除了游艇泊位，还可根据需要布置游艇上下岸泊位、燃料补给泊位、污水收集泊位和工作船泊位。游艇上下岸工艺可选择斜坡道工艺或垂直升降工艺，斜坡道的坡度可取 12%～15%。

港池护岸结构形式的选择要考虑水域面积、波浪与景观的要求，对于潮差较大、波浪较大的水域，多选择斜坡式或半直立式护岸。浮桥的宽度根据其服务的水域长度确定，主浮桥最小宽度为 2～4m；支浮桥最小宽度为 1～2m，支浮桥长度一般为 1 倍设计船长。

游艇码头陆域包括管理中心、游艇停放场、露天艇架、艇库、燃料补给设施、维修和维护设施、停车场等。游艇停放场应根据游艇种类进行分区，大型游艇区域应靠近上下岸设施，小型游艇宜采用露天多层艇架，艇架层数不宜超过 5 层。停车场的车位数量可按每个游艇泊位 0.5～1.2 个配置，小型游艇泊位比例高时取低值。

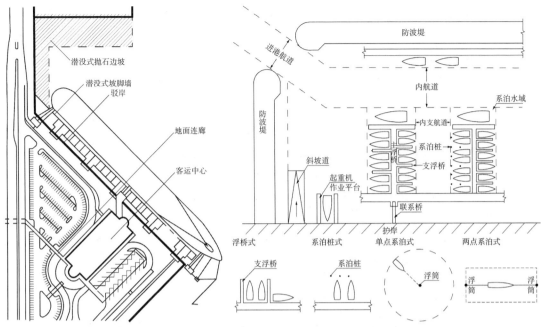

图 3-4-9　某邮轮码头布置示意

资料来源：H.Ligteringen，H.Velsink，2012

图 3-4-10　游艇码头水域布置图和主要系泊形式

3.5　港口在城市中的布置

港址是一个港口合理发展的基础，港址选择是港口建设的首要环节，直接影响港口各发展阶段的建设投资、安全运行、营运效益乃至城市发展，是港口城市乃至区域规划的一项重要内容。应根据港口的生产需要（规模、性质和船型）、自然和地理条件、水域陆域条件、交通衔接要求以及城市依托情况，从技术、营运、政治、经济和环境等方面全面比较后，慎重确定港口位置（图 3-5-1）。

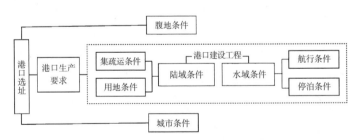

图 3-5-1　港口选址的主要影响因素

3.5.1　港口位置选择的基本要求

港址选择是一项重要而复杂的工作，既要满足港口在技术上的要求，也应适应全国港口合理布局的要求、符合沿江沿海地区和城市发展的需要，总体上应做到技术可行、资源利用科学、综合效益良好。

在具体的港址选择中，应按照内河流域或沿海航运区的规划，基于船舶航行靠泊、港口生产经营、城市空间发展、港口工程建设等四大方面的要求，对

109

自然条件、腹地经济、港城关系、国家运输体系建设等加以综合考虑，并兼顾远景发展需要。近年来，随着筑港技术的进步，经济影响、综合运输发展等因素更被重视，而自然条件等因素的制约有所减弱，我国洋山港区、黄骅港、京唐港区以及苏北诸港的选址都说明了这一趋势。

（1）船舶航行靠泊要求

①船舶能安全和方便地进出港口，在港内水域及航道中安全运转航行。②进港航道有足够的水深，且能保持稳定，并尽量不受泥沙回淤的影响。③港口水域要有防护，使不受波浪、水流或淤泥的影响。④有方便的船舶停泊锚地和水上装卸作业锚地。⑤尽量避开水上贮木场、桥梁、闸坝及其他重要的水上构筑物或贮存危险品的建筑物。

（2）港口生产经营要求

①有足够的陆域面积或具有回填陆域的可能性，以便于港口作业区规划。②有方便的公、铁、水疏运条件，与生产和消费地点的运输线路短捷，降低经营管理费用。③有适合远景发展需要的水域和陆域面积。

（3）城市空间发展要求

①所选港址应与城市用地布局相配合，合理利用岸线资源，尽量避免港区用地全部占用滨水地区，避免货运作业区与城市功能区的发展相冲突。②港区位置不影响城市交通干路的连通。③港区位置不危害城市的卫生与安全。④港口职工的居住生活设施应与城市有较好的配合。

（4）港口工程建设要求

选址的自然条件，应在保证完成运输任务的条件下，使港区建筑工程量最小（包括航道和港池的修筑和整治、陆域的土建费用等），尽量使建港方便，减少建港总投资和投产后的日常疏浚维修费用。

3.5.2　河港港址选择要求

3.5.2.1　一般原则

河港选址的一般技术要求包括水域和陆域两个方面，其中水域条件在港址选择中通常具有决定性的意义。

（1）航行与停泊要求

港址应选在地质条件较好、岸坡稳定，河势、河床稳定少变，以及水流平顺、水深适当、水域面积足够，具备船舶安全营运和锚泊条件的河段，而不宜选在天然矶头或河岸凸嘴附近容易发生冲淤的地方，宜避开掩埋的软土层较厚的古河道及冲沟口。

港址应充分考虑现有及规划的水库、闸坝、桥梁和其他建筑物对河床冲淤和港区作业条件产生不利影响，尽量避开水上贮木场及其他贮存危险品的建筑物。

港址选择应充分考虑港口对防洪、航行安全和河道治理等的影响，根据不同的河流类型进行河床演变分析或论证。

码头、锚地和趸船锚位不应布置在水下管线限制范围以内，码头与生活用水取水口的距离应符合现行国家标准《生活饮用水卫生标准》GB 5749—2006 的规定。

（2）岸线及陆域要求

港口陆域应有足够的岸线长度，用以布置不同的作业区，对危险品和污染严重的货种，能与其他区域保持足够的距离；应有足够的陆域纵深布置生产和辅助设施，满足一定装卸效率和船舶吨位下作业区布置的要求；尽量不占或少占良田、少拆迁、避免大挖大填。

港址选择应便于就近与铁路、公路相衔接，并有方便的水、电、建筑材料供应；疏港道路应与区域公路、城区道路有良好的衔接，但应避免穿越城区道路系统。

3.5.2.2 平原河流港址选择

平原河流绝大部分是冲积性河流，水流基本上在它自己所带来的冲积物上流动。可分为顺直、微弯、蜿蜒及分汊几种类型的河段（表 3-5-1）。

平原河流港址选择要求　　　　　　　　　　　　　　　　表 3-5-1

类型	形态特点	港址选择
顺直河段	多见于中小河流，河底系中细砂。洪水时河水漫滩，河床上有斜向大砂垄向下游移动；枯水时边滩与深槽相间出现，形成弯曲的河床。河岸冲刷不一定发生在原来的地方，导致原来深槽的地方变成边滩、边滩的地方变成深槽	港址宜选在稳定深槽的下段，不应选在边滩上，以免淤积。为固定有利的滩型，可在码头上游做护岸，或在边滩口的迎水流面上修建顺坝、丁坝等整治措施
微弯河段	由一个或几个弯曲有限制的河段组成，洪水时弯道的凹岸发生冲刷；凸岸淤积，弯道顶点向下游缓慢移动。枯水时弯道深槽略有淤积	港址宜选在水深较好的凹岸弯顶下段，凸岸不宜建港，以免淤积。为防止顶冲崩塌的可能，应在港区及上游河岸处做护岸工程
蜿蜒河段	由很多不对称的河湾组成，蜿蜒曲折。河床不断地不对称的弯曲发展，终于形成几乎封闭的河环。河环起点和终点相隔很近，该曲颈处往往有雏形串沟，遇特大洪水或其他有利条件，水流会冲溃曲颈，发生自然截弯	蜿蜒河段上一般不宜建港。在确需建港时，港址可选在凹岸弯顶下段，并应对自然裁弯或切滩发生的可能性进行论证。需要采取在曲颈处建护岸或横堤等整治措施
分汊河段	分汊河段的河身较宽广，宽段河槽中有江心洲（洪水淹没或不淹没），将整个河道分成两个或几个汊道。只要有两个汊道存在，其中必有一汊在发展，另一汊在衰亡	港址应选在相对稳定或发展汊道的凹岸深槽一侧，并应加强汊道整治，包括护岸及固定汊道流量、砂量分配的工程等，以稳固有利趋势。汊道口外的单一河段也宜于建港，但应研究分汇流口的水力特性及河床冲淤的变化，注意上游有无边滩下移以及上下游汊道变迁的影响

3.5.2.3 山区河流港址选择

山区河流按河床的特性分为非冲积性及半冲积性两种河段，港址选择应重点研究通航水流条件和推移质泥沙运动情况等（表 3-5-2）。

山区河流港址选择要求　　　　　　　　　　　　　　　　表 3-5-2

类型	形态特点	港址选择
非冲积性河段	河床及河岸为原生基岩，抗冲积性强，急弯卡口多、水流湍急、河底很少淤积；在较大程度的弯曲段往往有水深流缓的沱，利于船只停靠	这种河段的港址选择主要决定于航行条件，一般选在急流卡口上游的缓水段和顺流区，或冲淤变化稳定的回流沱内，但应妥善布置码头的高程和形式，以免破坏沱内的水流条件，造成淤积。必要时，洪、枯水期作业点可分别设置
半冲积性河段	这是山区河流与平原河流之间的一种过渡性河段。河岸不易冲刷，河床往往有相当厚度的覆盖层，每年洪汛仍有冲刷或淤积，浅滩与深槽的位置有一定规律	港址一般可参照平原型及山区非冲积型河段的要求，在顺直、微弯河段选在凹岸深槽及沱处，在分汊河段选在相对稳定或发展的汊道内

3.5.2.4　其他河流港址选择

河网地区河流和人工运河的水位变幅小、水流平缓、含沙量小、河床稳定，宜于建港。港址选择应充分考虑水域和陆域条件，保持主航道的畅通，当河道狭窄、船舶密度大时，可利用河汊或洼地修建挖入式港池。在河网发达的地区，也可以开挖一定长度的运河使港区与水网相连。沿河厂区可分散修建码头，对于中转的大宗货物宜修建若干相对集中的作业区。

此外，感潮河段、封冻河流、湖港、水库港等也有不同的选址要求，见表 3-5-3。

其他河流港址选择要求

表 3-5-3

类型	港址选择
感潮河段	径流和潮流对河床塑造有共同的影响。宜选在落潮流速强和流路顺畅的岸段。利用低洼陆域或河汊建挖入式港池时，应充分考虑潮汐和泥沙对挖入式港池的影响
封冻河流	应避开受冰凌危害严重的河段，宜选在凹岸流冰顶冲点的下游，必要时在顶冲段岸坡设置防护设施。为避免港区受淹，不宜选在经常发生冰坝河段（或其他束窄河床的水工建筑物）的上游附近
湖港	应注意风浪对船舶靠离码头及装卸作业的影响，宜选在具有天然掩护的湾内或风浪较小的地区，必要时可考虑设置防浪设施或采用挖入式港池。当湖区边缘水深不能满足停泊要求时，可修筑突堤式码头。在河流入汇口附近宜避开来水、来沙的不利影响
水库港	枢纽上游河段，应注意水库的水位变化造成港区水深不定、水位升降引起岸坡失稳坍塌、泄洪影响在港和进出港口船舶的安全等问题。港址宜选在风浪较小、泄洪影响小、水流条件较好的地区，避开水库近坝和末端的回水变动区易产生淤积之处。 枢纽下游河段港址应考虑泄洪、枢纽运行和河床变形等不利影响

3.5.3　海港港址选择技术要求

3.5.3.1　一般原则

海港的规划选址应针对宏观经济发展的要求，考虑港口群内港口的功能分工，统筹兼顾渔港、军港、旅游岸线及其他相关方面之间的关系，并与海洋功能区划、用地发展规划、综合运输规划、环境保护规划相协调，对港址做出区域性合理安排。

（1）航行与停泊要求

船舶航行与停泊要求是港址选择的关键技术因素之一，对港口发展具有决定性的意义。为满足港内水域、航道和锚地条件，港址宜选在水域宽阔、水深水流适宜、波浪掩护条件较好、泥沙运动较弱的地区，使船舶能方便地进出港口，并在港内安全运转航行和停泊。

港址宜利用天然深槽，以减少疏浚和助航设施的工程量，避免因水深太浅而使疏浚量过大或在过深的地段修建防波堤。港址水域还应有较好的地质条件，承载力高，有利于减少水工建筑物的投资，其中岩石海岸应尽量避开活动性断裂带、软弱夹层和石方工程较大的地区；软土海岸应优先选择土层分布及土质对工程建设相对有利的地区。

在地形变化大、水文条件复杂、水深过深或过浅的选址均需进行充分论证，如需要开挖航道和港池，应及早、深入地研究回淤问题，以利于对港址作出正确的评价。还应考虑工程与泥沙运动间的相互影响，避免导致港口严重淤积和海岸或河口的剧烈演变。

（2）岸线与陆域要求

海港陆域应满足码头生产、物流、商务和临港工业等用地需要，有足够的岸线、纵深和陆域面积与港口吞吐量相适应，且有条件时应留有一定的发展余地。新港址应与原有港区相协调，并有利于原港区的改造和发挥新老港区的综合功能。

港址应有良好的集疏运条件，港外疏港道路能方便地与国家高速公路或公路干线相衔接；对于有铁路集疏运要求的港口，具备铁路进线和场站布置的条件，并与铁路线路接轨短捷。

港址应有方便的水、电、建筑材料供应；便于港口土建工程的就地取材，可充分利用疏浚土或就近取土造陆。

由于海岸、河口和泻湖等不同类型地区的水文、地质和地貌特征差异很大，在港口选址时，需要充分考虑其自然条件的特点以及经济可行的港口建设方式（图3-5-2）。

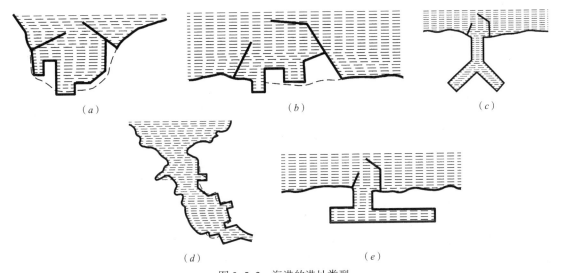

图 3-5-2　海港的港址类型
（a）钩形海湾；（b）淤泥质海岸—填筑式；（c）淤泥质海岸—挖入式；（d）河口；（e）泻湖

3.5.3.2　海岸地区港址

依海岸地区的形态，有天然海湾、弧形海岸、平直海岸、海岛四种主要的港址选择情形，天然海湾、弧形海岸是常见的优良港址，具体情况又有多种；平直冲积海岸则属于自然条件较差的港址。从组成物质上，海岸地区分为基岩海岸以及平原的砂砾质海岸和淤泥质海岸等类型，宜于建设深水港的岸段多分布在岩石海岸，其次是砂砾质海岸。

在海岸地区筑港时，常须修筑外堤维护水域，以保证港内水域平稳和减少泥沙淤积。其中，基岩质海岸的港址主要是保证港内水域的平稳，应寻求有利地形或利用海湾岛屿，使所建外堤处的水深最小，尽量缩短外堤的长度和节省外堤造价；而平原海岸的港址除了满足港内的平稳，主要是保证减少港内回淤和维持所要求的水深。不同海岸类型港址特点见表3-5-4。

不同海岸类型港址特点

表 3-5-4

类型	港址特点	港址选择及其案例
(1) 海岸地区		
钩形海湾	海岸动力以某一方向为主,在冲积海岸上有岩石岬角存在,港内没有强盛的沿岸泥沙流和岬角处沙嘴,不会产生严重淤积	优良港址,如日照石臼港
大型海湾	多属于溺谷海岸,以岩岸为主,具有岬角、港湾相间的曲折岸线。如果湾口没有大河入海,湾口处一般无沙嘴出现	优良港址,港址应选在湾岸的一侧,如大连湾、胶州湾、大鹏湾等
中小型海湾	可利用其地形条件将整个海湾规划为港口,可在湾口修建防护建筑物	如青岛港前湾港区、大连港大窑湾港区
冲积海岸上的海湾	受两侧海岸泥沙扩散的影响,通常湾内水深较浅。如上游侧有较强的纵向泥沙运动,湾口会有沙嘴出现,应分析沙嘴的现状及发展趋势。当湾口有水下沙坝时,应对沙坝的底质(如砂及砾砂等)、流和浪的作用强度及泥沙补给来源等进行分析	避开沙嘴发育较快的地段。不宜在底质活动较强及泥沙补给丰富的水下沙坝上开挖水域
(2) 利用弧形海岸建港		
泥沙运动较弱,建港对沿岸泥沙运动的影响较小,不易造成港口的淤积及上下游两侧海岸的变形。但海岸较开敞,一般需要采取必要的防护措施。对于有河流入海的海岸,当在河口外选址时,若河流排沙量较大,应避免在主要输沙方向的下游海岸选址		一般是良好的港址。可利用弧形海湾建设防波堤形成港域,如烟台港西港区、大连港北良港区
(3) 利用平直海岸建港		
在波浪和沿岸流的作用下,将会产生较强的纵向和横向泥沙运动,港口建筑物对沿岸输沙产生阻碍作用,使港口来沙一侧产生淤积,一侧产生冲刷,须针对泥沙运动采取一定的工程措施		属于自然条件较差的港址
砂砾质海岸	深水线距离岸边较远,一般水浅浪小、泥沙来源多。须充分了解沿岸泥沙运动强度和方向的规律,避免在纵向泥沙运动强的海岸建港,以免造成严重回淤。在不可避免时,应采取必要的工程措施	应选择无大量沿岸泥沙流的地区,或者新建港口建筑物能较少影响沿岸泥沙流的地区
淤泥质(及粉沙质)海岸	近岸地区海底坡度平缓,泥沙来源多,大潮期混水范围大,风浪掀起大量的悬移质泥沙随潮流移动使回淤严重,需要对港池航道淤积问题做深入研究。当无适合的天然水深可利用时,可将港区向海侧推移或在航道两侧设置防沙堤,通过疏浚吹填形成大面积填筑式港区。但是基建投资大、维护疏浚费用较高	天津港主航道深 21m,每年维护挖泥量在 800 万 m³ 以上。在疏浚技术提高的情况下,可把外海防波堤变为防沙导流堤,建设挖入式港口,如唐山港京唐港区
辐射状沙洲(沙脊群)	过去一直认为是港址选择的禁区,但是利用目前的潮汐通道港口建设技术,可选择水深、平面尺度大的潮汐水道为港址。其码头宜利用自然水深,码头及接岸建筑物宜采用透空结构;还应对围垦陆域外边线或引堤堤头位置进行论证,尽量减小工程引起的当地海洋动力环境的变化	如大丰港和大唐吕四电厂码头
(4) 利用天然和人工海岛建港		
外海岛屿周边潮流复杂,风浪和流速较大,且远离大陆,但是水深条件好,能适应现代大型船舶的要求。在离岸海港选址中,应重点考虑岛屿与大陆的交通联系、港口的水陆域发展空间、配套设施条件及生态环境方面的要求等。在采用人工岛建港时,其港址应考虑使用功能、自然条件,正确处理与已有航道、锚地、海底电缆和管线等工程设施的关系		对于深水岸线和土地资源不足的地区,可以选择利用岛屿建港,如洋山港区

3.5.3.3 河口和泻湖地区港址选择

(1) 河口地区

河口一般有水深良好的岸线,且有河流作为与腹地之间的疏运联系,是良好的港址之一。但河口地区河床演变较为复杂,如何根据河口地区的自然特征选择最恰当的航道位置和港址,是河口港址选择的中心问题。

河口港应选在过水断面较窄的顺直河段,深槽稳定的凹岸,并应避免在拦门沙附近的地段选址。在分汊河道上,港址应选在相对稳定或发展汊道的凹岸深槽一侧。

受海洋潮汐的影响，绝大多数河口存在拦门沙，即河流携带一定数量的泥沙，由于水流断面在河口区突然增大，从内陆来的悬移淤泥在潮流界附近遇到盐水，因絮凝而流速降低，沉积于河口外所形成的一种尚未能使河流出现指状分汊或三角洲的河床形态。在拦门沙上冲有一条较两侧为深的落潮水流流路，它是河口港的出海航道，通常其水深较口内、外浅。上海港位于长江下游的冲积平原上，江水大汛时含沙量大，潮退时逐渐淤积，需经常疏浚才能维持需要的水深。上海港长期以来对长江口的拦门沙及进港航道做了大量的挖泥疏浚工作。可见，在入海河口地区筑港，由于其航道在拦门沙上开挖，其港址除了要考虑减少港区的淤积，还必须注意河口地区的航道淤积问题。

潮汐河口航道治理一般采用疏浚和工程整治结合的办法，先通过一定的整治工程，达到适当的流速，从而加大水流的挟沙能力减少淤积，再结合维护性挖泥来维护要求的航道水深。如密西西比河口航道水深从 2.74m 增至 13.72m，每年的维护挖泥量 0.35 亿～ 0.50 亿 m³ 左右。实践证明这是治理潮汐河口的有效途径。

(2) 泻湖地区

泻湖为纳潮水域，不受或少受河流影响，有潮汐通道与外海沟通，并以其纳潮量维持潮汐汊道的水深，为建港提供了水深条件。泻湖内不受外海强波的袭击，稳泊条件好，宜利用潮汐汊道的岸段建设挖入式港池。但是，在泻湖内建港的土方工程量大，建设中小港口的有利因素比较明显，如要建设大型港口则需进行必要的工程可行性分析。由于泻湖潮汐通道口外存在拦门沙，只有在泻湖纳潮量与航槽面积之比相当大时，方可维持一定的航槽断面，因此必须加以疏浚和整治，才能通航吨级较大的船舶。此外，还应考虑大面积围垦引起泻湖纳潮量变化的不利影响。

3.6 水运设施布局规划

港口是最为基本的水运设施。港口的形成和发展具有区域性，与所在城市乃至区域的发展具有相互依托、相互制约的关系。随着对外贸易和外向型经济的兴起，港口的功能和地位作用发生深刻的变化，逐步形成了以港口为核心的具有货物流通、生产加工、国际交流、信息处理和港口文化等多种功能的综合空间。而建立临港产业区已成为现代港口建设的重要特征，对城市和区域发展的促进作用十分显著。然而，港口建设和城市布局也存在矛盾，经常表现在港区陆域空间、交通组织等方面，甚至成为港口与城市合理发展的障碍。因此，对于港口和航运设施的布局规划，应从全局出发、统筹兼顾，形成港口与城市互相促进的有利条件，实现两者的相辅相成和整体协调发展。

3.6.1 布局规划原则

考虑现代化港口和水运建设的新趋势，通过国土空间规划、港航、交通等部门的密切配合，合理部署港口及其各种辅助设施在城市中的位置，既要尽量减少港口与其他城市用地之间的矛盾，避免危害城市原有的合理布局及功能发展，也要充分利用港口的产业基础作用来优化城市空间结构。

（1）应根据腹地经济、客货运量及交通运输条件，科学地确定港口的性质和规模。综合分析腹地的资源分布和开发利用情况、区域经济发展基础、地区发展目标与规划、腹地交通网络和运输发展趋势等，合理确定水运的发展需求和港口发展定位。

（2）遵循"深水深用、浅水浅用"的原则，合理利用岸线资源，正确处理港口生产岸线与滨水生活岸线的关系，对适宜建港的水域、岸线应优先考虑港口建设的需要，同时使市中心邻近水面且保有一定的公共活动岸线，以塑造城市的滨水特色。

（3）妥善处理港口布置与城市其他组成部分的关系，使港口建设与城市用地协调发展，形成两者互不干扰、有机统一的用地布局结构。港口布局要与临港工业用地相结合，有利于吸引港口产业区的建立；并要加强货运码头与生活用地、风景区之间的缓冲隔离。

（4）布置港口陆域时，要节约用地，不占或少占良田，并适当留有发展余地。充分考虑港口与铁路、公路的联运以及与城市交通的衔接，码头和航道与跨河、跨海建筑物的安全距离应按国家现行有关标准执行。

（5）注意加强港口建设的安全防护和环境保护，尽量避免对城市可能带来的不利影响。合理组织港内各装卸作业区，污染性货物的码头或作业区应布置在主导风向的下风侧，危险品码头或作业区应布置在港口的下游。

3.6.2 港口布置与城市布局的关系

在港口城市中，港区用地在城市建设用地中占有一定的比例。近年来，港口建设出现了新的趋势：大量建造深水港口，河口港大都向下游发展；码头和装卸设备向大型、高效率和专业化发展；增加突堤码头宽度，以保证足够的库场，顺岸式码头后方也设置较大的用地；充分注意发展江海联运；港口建设与工业区的发展紧密结合。这些新的趋势不仅对港址选择和港区布置提出了新的要求，而且随着物流、生产、贸易等产业功能的集聚，港口在城市和区域社会经济发展中的基础作用进一步增强，成为引导城市空间布局变化的重要因素。因此，全面考虑港、产、城三者关系，合理安排港区用地及城市各项用地，结合港口建设促进城市用地布局结构的调整和改善，是制定港口城市规划战略的重点。

3.6.2.1 港口与城市空间结构的关系

（1）宏观空间格局

港口的形成和发展深刻地影响着城市的空间变化，港口布局的重大变化很大程度上推动着城市的增长格局演进。随着港口建设向深水化发展，许多内河港、河口港的港址向下游迁移，形成新的港区并带动了临港地区的产业集聚，为城市发展提供了新的动力，体现了港口对城市发展方向的引导作用。

以宁波为例，该城市的空间结构演化与港口位置变迁直接相关（图 3-6-1）。20 世纪 70 年代，宁波港在距老港区下游 20km 的镇海建立了新港区，由内河港向河口港发展，城市用地布局随之向甬江的下游推移；而 20 世纪 80 年代宁波

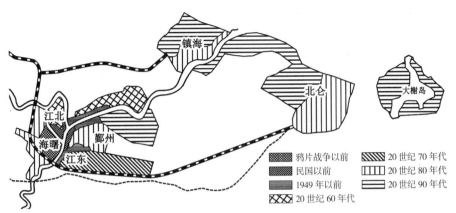

图 3-6-1 宁波的港口与城市空间形态演变

资料来源：林艳君，2004

① 古城港区
② 内港港区
③ 黄埔旧港
④ 黄埔新港
⑤ 新沙港
⑥ 南沙港沙仔岛作业区
⑦ 南沙港小虎作业区
⑧ 南沙港芦湾作业区
⑨ 南沙港南沙作业区

图例

▨ 港区

◌ 城市组团

◎ 中央商务区

▨ 城市发展轴

图 3-6-2 广州港口和城市空间结构演化

117

被列为国家沿海开放城市之一，北仑新港区的建设使港区由甬江入海口延伸到东海岸边，实现了由河口港向海港的跨越，结束了宁波港在甬江停留逾千年的历史。随着镇海重化工业区、北仑国家级经济技术开发区的建设，宁波的城市用地布局突破了原来单一的江边城市布局，基本形成了由"老城三江片、镇海片、北仑片"三大城区组成的多核心组团式城市布局。国外的伦敦、汉堡、纽约、圣彼得堡和鹿特丹等城市的带状组团格局均是随新港区的建设而不断形成的。

广州作为千年商都和华南地区的对外贸易枢纽港，港口城市是其最大特点之一。为适应水运发展的要求，历史上的广州港区不断向珠江下游推移，从黄埔老港区到珠江口的黄埔新港区（墩头基）和新沙港区，促进了"一城多镇"沿江带状组团格局的形成。2000年以来，广州按照以港立市的"南拓、北优、西联、东进"战略，在虎门水道出海口建设南沙港区，以发挥其深水资源和邻近港澳的优势，提升广州的国际性城市功能。依托南沙港的南沙新区获批国家级新区和自贸试验区，成为广州南拓战略的前沿地区；而串联科学城、国际会展中心、生物岛、大学城、广州新城、南沙开发区、南沙新港的南拓轴也逐步发展，使广州基本形成了多中心网络型的城市空间结构（图3-6-2）。

（2）中观用地布局

在中观尺度上，港区与其他用地的布局关系不尽相同，大致可概括为并置式、层列式和混合式三种常见形式（图3-6-3）。①并置式布局具有较大的弹性，港口建设和城市发展的方向相背，最大程度地减少了两者之间的干扰，有利于两大功能地区各自的空间扩展，充分发挥港口的综合效能。②"前港后城"的层列式布局在发展初期尚能适应，但随着城市和港口规模的扩大，容易产生城

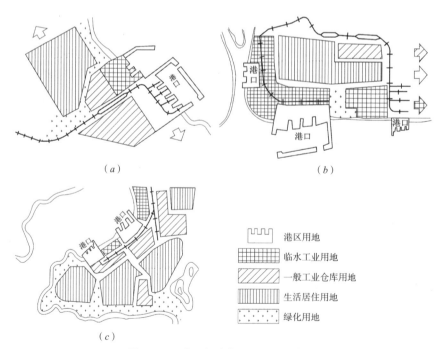

（a）　　　　　　　　　　　　　　　　　　（b）

（c）

	港区用地
	临水工业用地
	一般工业仓库用地
	生活居住用地
	绿化用地

图3-6-3　港区与城市用地的空间关系
（a）并置式；（b）层列式；（c）混合式
资料来源：潘云章，钱汉书，1987

区包围港区的矛盾，出现陆域纵深狭窄、库场面积严重不足、进出港口交通堵塞等问题，且缺乏一定的生活岸线。③混合式布局往往是由不同时期建设的多个港区造成的，港区和城区相互交错分布，若处理不好，相互干扰也较大。以前，我国不少港口城市的建设缺乏统一规划，导致港区与城区功能混乱、环境质量较差而适宜建港的岸线又被占用的局面。为了使港口活动与城市其他活动各得其所，新港区的规划应尽量采用弹性的布局形式，并结合旧港区的转型改造进行城市空间结构的优化调整。

3.6.2.2 港区与生活用地的关系

在港口城市中，城区邻近海面、湖面或有河流蜿蜒而过。江河湖海不仅为城市提供了优越的水运条件，也提供了优美壮观的自然景色。妥善地安排港口与生活居住用地，有利于将城市与自然水面有机结合，给居民和游客创造良好的生活环境。

为了避免港口对生活居住区的干扰，应对港区和生活居住区进行合理分区，并在城市中心应留出一定范围的岸线，作为城市开放的公共滨水空间，供居民和游客休闲和文化生活之用。对于沿江河两岸发展的城市，还应特别注意两岸开发在港区布置、公共岸线利用、景观风貌塑造、水陆交通衔接等方面的协调关系，在满足水运技术要求的基础上，共同强化城市滨水空间的整体功能和形象。

在港口作业区中，主要客运码头、邮轮码头一般为集中布置，选在靠近客源和交通便利的地方，与市中心、铁路车站、汽车站有便捷的交通联系。可以结合这些码头建设公共活动和旅游服务中心，如香港把弃用的启德机场改造为世界级的国际邮轮码头，成为中心区的新地标。启德邮轮码头设有两个泊位，水深均达 12 ～ 13m，分别可停泊长达 455m 及 395m 的邮轮，其中首个泊位可供排水量达 11 万 t、总吨位达 22 万 t 的世界级邮轮停泊。邮轮码头大楼顶层设有全港最大的空中花园——启德邮轮码头公园，成为饱览香港岛及九龙半岛美景的平台。城市轮渡码头、水上巴士码头和游艇码头，可根据航线、船型、码头岸线水深等情况，结合公共服务设施和居住用地分散布置。

由于历史原因，有的城市在市中心岸线建设了各种各样的货运码头和大量的港口建（构）筑物，致使城市与水面隔开，形成港口与居住区的不合理布局。在港口不断向下游深水岸段外迁的情况下，一些原有的码头区面临着功能调整和置换。在可能条件下，改造港口时应整顿港口建筑物，把部分沿岸地带辟作居民文化生活和休闲的场所。如随着黄浦江的港口航运功能向长江、沿海转移，上海市自 2002 年启动了黄浦江两岸地区综合开发，推进了两岸地区功能置换和产业转型，现已初步形成了以现代服务业为主的沿江产业集聚带，滨江环境和公共岸线的连通性明显改善，为打造世界级滨水空间奠定了基础。

3.6.2.3 港区与生产用地的关系

临港产业是依托港口和区域资源优势而发展起来的，具有运载量大、耗水量大、大进大出、技术密集、经济外向度高的特征。一方面，内河航道为工业提供量大价廉的运输能力、水源和电力，吸引了工业活动向沿河两岸聚集；另一方面，深水海港适应了船舶大型化的要求，进一步推动了临港产业区的发展。

这些临港产业的聚合与转型，不仅有利于增加港口吞吐量，也有利于提升港口功能、促进港航及其相关服务业的发展。

从全球范围来看，临港产业呈现由初级向高级、由单功能向多功能、由专业性向综合性发展的特点，逐步形成了现代港口和物流业、先进制造业和生产服务业一体化的产业集群，并与城市和区域产业产生了更深层次的融合。在临港地区的规划中，应统筹兼顾港口建设与临港产业布局，同时考虑未来空间优化升级的弹性。根据临港产业与港口的空间紧密关系，可以将其分为三类：

（1）依靠港口资源、直接与江海有关的产业。如造船厂等某些必须设置在港口城市的工业，须有一定水深的岸线及足够的水域和陆域面积，应合理安排船厂位置和港口作业区，以免相互干扰。

（2）原材料和产成品大量依靠船舶运输的产业。应充分利用港口枢纽的运输优势，结合不同的作业区就近安排现代仓储、物流等关联产业；把货运量大、用水量大的临港口依存产业，如钢铁、石化、装备制造等工业尽可能靠近通航水域设置，并规划好专用码头；工厂取水构筑物的位置应符合有关规定。

（3）与临港优势产业关联性较强的上下游产业。要重点发展产业集群的核心产业，构建现代临港产业体系，合理布置高端装备制造、集成电路、电子信息、海洋生物、新能源、新材料等高新产业空间，同时安排金融、贸易、旅游等临港第三产业用地，延长临港产业链。

上海临港产业区依托洋山深水港，早期建设了重装备产业区、国际物流园区和综合产业区，2019年又设立了国家自贸试验区临港新片区，计划建设洋山特殊综合保税区，以承载战略新兴产业，形成具有国际市场影响力和竞争力的特殊经济功能区。

新加坡裕廊港是靠近国际航道的现代化深水港，不仅港口处理能力大，港区还设有自由贸易区。经过多年发展，裕廊工业园区成为东南亚最大的工业基地，也是世界重要的转口贸易场所。结合自身禀赋和产业发展方向，裕廊工业园区不断调整产业结构，未来将重点发展高附加值的知识密集型产业，建设新加坡的先进制造业中心。

3.6.3 港口城市的岸线分配

岸线地处整个港口城市的前沿，是十分宝贵的生产、生活和生态空间资源。除了港口外，各种临水工业、航务工程、船舶修造、水产养殖、城镇建设、对外贸易、休闲旅游、市政公用等活动也需要占用大量岸线。因此，合理分配和使用岸线，是优化城市用地布局的基础，是港口和城市协调发展的必然要求，关系到城市全局的发展。岸线规划作为港口城市国土空间规划中的一个重要组成部分，需要综合考虑水域、土地、自然、文化、公共空间和基础设施之间的关系，对临水岸线（包括毗邻的陆域和水域）的使用作出统筹安排，以解决港口运输和其他岸线使用的矛盾，避免岸线资源的破坏、混杂无序和不合理利用问题。

港口城市的岸线分配，应坚持"深水深用，浅水浅用，避免干扰，各得其所"

的总体原则，根据不同功能区对水深 ① 等条件的要求，远近结合，全面安排港区用地、军用码头、工业用地、文化生活用地和生态用地，以保证重点，照顾一般，使各得其所。

（1）以满足战略性产业发展空间的要求为前提，优先保证深水岸线留作港口建设，使大吨位深水泊位资源得到充分利用。对暂时不用的深水岸线要保留，而不能移作浅用或他用造成深水岸线的浪费。有条件的城市应适当布置深水邮轮码头。

（2）较小吨位的货轮、驳船、港作船舶和游艇等活动水域所需的水深较小，可结合各类作业区划分要求，设置中深水岸线、浅水岸线和辅助作业岸线，提高生产岸线的利用效率。

（3）市民和游客休闲娱乐和文化生活所需的公园、浴场等，宜利用浅水岸线。应严格控制浅水生活岸线，以便布置滨水公园、海上运动场和游艇码头等设施，创造人接近水面的条件，提供富有特色的公共滨水空间。

（4）合理安排岸线各区段之间的功能关系，使岸线前沿和纵深协调发展。生活岸线结合中心区、居住区布置；直接为城市服务的货运码头岸线应尽量接近生产消费地点，且应避开中心区和居住区；水陆联运码头岸线宜设在市郊便于与铁路接轨的地方。

（5）结合旧城改造进行岸线调整，适应新的岸线功能要求，同时塑造港口城市景观特色，使滨水建筑与自然景色相协调。广州把市中心区大沙头至沙面的岸线段改为生活岸线，迁出了 80 多家单位；沿江边修建多种形式的突堤，加设接近水面的台阶等，改变了沿江面貌，提高了岸线的使用价值。

（6）加强岸线地区的安全防护和环境保护。对有污染、易燃易爆的工厂、仓库、码头作业区的布置，不能危及航道、锚地、水源、游览区、疗养区、海滨浴场等水陆域地区的安全和卫生要求。多尘和有气味的货物作业区应远离生活岸线，并与客运码头保持一定距离。

（7）对有海轮通航的河口港城市，岸线规划应避免巨轮在航道上不必要的穿梭通行，尽量减轻航道通行压力，使有限的航道通航容量承担港口最大的吞吐量。

3.6.4 港口集疏运与城市交通的协调

3.6.4.1 多式联运组织

港口承担大量的车船换装或水上过驳作业，是多式联运的枢纽。因此，疏运条件是港口发展的重要因素，其通过能力的大小，不仅取决于航道水深、泊位数量、装卸机械与贮存设施的数量和能力等港口自身条件，也与港口的集疏运能力密切相关。只有因地制宜地发展多种集疏运方式，将港口与对外铁路、公路和城市道路加以综合配套，才能使港口具有综合性、高效率的生产能力。

---

① 按照水深条件，海岸线可以分为深水岸线、中深水岸线和浅水岸线。在低潮位时、距岸边 1km 处，自然水深为 10m 以上，可航泊万吨级海轮，为深水岸线；自然水深在 6 ～ 10m，可航泊 3000 ～ 5000 吨级海轮，为中深水岸线；自然水深在 6m 以内，可航泊 3000 吨级以下的轮船，为浅水岸线。有的中、浅岸线基岩埋深很大，适于开挖建设深水泊位，同样是很宝贵的岸线资源。

铁路、水运主要担负大宗货物的集疏运，而公路在短途集疏运方面更加重要。目前，我国沿海港口公、铁、水（含内河和沿海）集疏运的总体比例为80%、10%和2%～3%，水路和铁路集疏运仍亟待发展。在改造老港和建设新港时，应结合具体条件，充分考虑相应的铁路、公路、管道和内河水运的密切配合，扩大集疏运能力。对于没有水水联运条件的港口，要加强与陆上交通的联接，提高港口后方铁路、公路的运输能力。而有条件的港口，要特别重视充分利用运量大、成本低的内河运输，积极整治内河航道，提高利用水运集疏运的比重。用于海港疏港的内河航道，其等级应根据疏港货流密度、货种、运输距离和建设条件等因素综合确定，其选线和布置应便于与海港中内河泊位的合理衔接。

日本的鹿岛工业港，在港区和工业区内修建了超过30km的沿海铁路和100km以上的干线公路，在工业区外围铺设了71km铁路与各个工业基地相连接；建造了5条公路沟通东京等5个城市；此外，还有港区高速公路通往东京和成田两个国际机场，大大提高了港口的客货运输能力。上海港是腹地型枢纽港，其出口集装箱的箱源主要来自于上海市和江苏、浙江两省，主要处于公路集疏运的经济范围，公路集疏运比例在60%以上。洋山港作为上海港的核心港区，其15m水深的集装箱作业区位于崎岖列岛上，目前有三种集疏运方式（图3-6-4）：包括利用东海大桥（长32.5km）的公路直达运输、沿内河及沿海支线的水路运输、经东海大桥进入芦潮港集装箱中转站的铁路运输[1]。洋山港公、水、铁集疏运方式之间的比重是67.4∶32.2∶0.4，对公路集疏运的依赖程度较高。而东海大桥的容量趋于饱和，随着洋山港集装箱吞吐量的增长，进一步加强铁路、水运集疏运系统的建设十分必要。广州南沙港具有水水中转的优势，其水路集疏运网络通过焦门水道与珠江水系西部网相通。

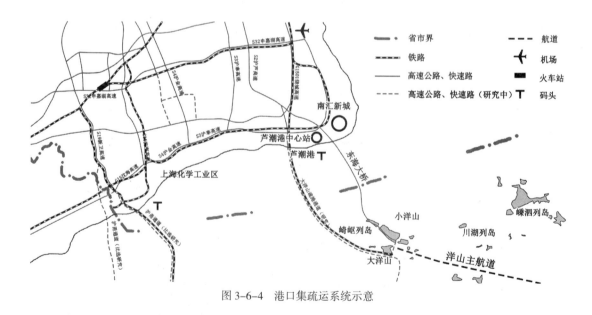

图3-6-4　港口集疏运系统示意

---

① 洋山港区的铁路集疏运系统由东海大桥、芦潮港铁路中心站和外部铁路网组成，芦潮港中心站是我国首个"海铁联运"的现代化铁路集装箱中心站，集装箱进入港区后，40min内即可经东海大桥进入芦潮港站，进而连接外部铁路网。

3.6.4.2 与城市交通系统的协调

港口是城市交通网络的重要结点。港口一般通过陆上交通与城市相连，这些公路和铁路的集疏运设施往往会影响城市的空间布局。比如通往港口的铁路专用线常会分割城市，港区出入口道路也会对城市道路交通有一定的阻隔，从而给城市布局带来困难。为了提高港口的生产效率而又不损害城市结构，需要妥善安排水陆联运，合理组织港区周边交通系统，使疏港铁路和公路网络快捷顺畅，与城市交通乃至区域交通良好衔接。

(1) 在港口城市中，铁路在港口码头布置的好坏，直接关系到港区货物联运、装卸作业的速度以及港口经营费用的大小等。而通往港口的铁路专用线与站场位置对港区、城区均有重要影响，在规划时要考虑铁路进线在港区、城区的相对位置，使之既能与港口工业区、仓库区有方便的联系，同时能避免对城市的切割。铁路专用线伸入港区的布置一般有从城市外围插入港区、绕过城市边缘延伸到港区、穿越城市三种形式（图3-6-5）。前两种形式较好，后一种应尽量避免。

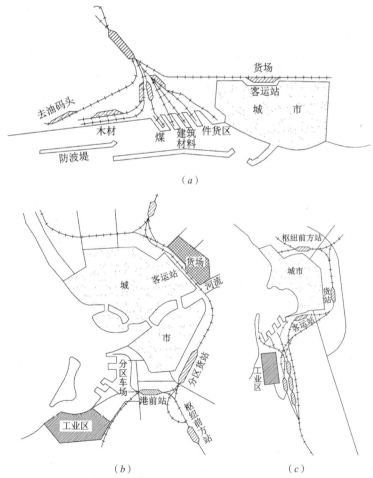

图3-6-5　港口城市的铁路布局

(a) 从城市外围插入；(b) 绕过城市边缘；(c) 穿越城市

资料来源：潘云章，钱汉书，1987

（2）进港公路应与对外高、快速路网方便地连接，以保证货流畅通。同时，港区道路出入口应妥善安排，以保证港区与城市联系方便，并减少相互间的干扰。一般宜设置在城市主干路上，避免开在生活性道路上，具体应符合城市道路网规划的相关要求。

（3）在河网地区和沿江河建设的城市，跨河交通联系对两岸地区之间的沟通尤为重要。港口的位置会影响到桥梁的位置和高度、过江隧道的位置和出入口、轮渡和车渡的位置等，它们不仅要与航道规划统筹考虑，还应与城市道路网相衔接，使之既能满足航运的要求，又方便市内的交通联系。

1）过江桥梁：桥位选择与净空高度的确定，要兼顾陆上和水上运输的综合发展。除工程技术要求外，涉及通航标准、城市道路系统和用地布局的问题，需要全面综合考虑。从满足航运的角度，综合考虑航道的走向、主航道的变迁、航槽的淤积、尺度的变化和港口的扩展、作业区的布局、泊位的选定等因素，桥位应选在航道顺直，海床或河床稳定，水深充裕，水流条件良好的航段上，满足桥下船舶通航安全、通畅的要求，不影响航道和码头作业。

一方面，过江桥梁的数量既要满足两岸联系的交通需求，也要满足航道上相邻两座桥梁的轴线间距应保证船舶安全通过，应考虑感潮河段和非感潮河段的区别，并按现行的内河通航标准进行确定。另一方面，桥梁的净空高度应满足内河航道和通航海轮航道的通航净空要求。在城市交通频繁而桥梁与城市道路在竖向上衔接困难的情况下，如果大型船舶通行密度较低，可考虑采取开启式桥梁，如天津市区海河上的解放桥（已随城市道路交通的发展而改为固定式）。

2）过江隧道：穿越航道的过江隧道以及水下电缆、管道、涵管等水工设施，其位置应统一规划、集中设置，尽量减少与水上交通的干扰。这些设施的埋深不应小于远期规划航道底标高以下 2m，必要时还应分析所在河床、海床的稳定性和冲淤变化，论证后确定埋置深度或增加防护措施。港区内则不得跨越架空电线和埋设地下电缆，两者应距港区至少 100m。过江隧道的出入口位置和设计，应注意加强地面集散交通的组织，避免形成路网的瓶颈而造成周边拥堵。

3）轮渡和车渡：轮渡和车渡的线路会直接与主航道上往来的船只发生冲突，在港口城市的规划中必须重视其位置选择与主航道的关系以及与地面道路网和多模式交通衔接的问题。有条件的城市还可以发展水上公交或水上出租服务，其码头和线路规划需要与航运、道路和公交等诸多方面做好协调和衔接。

3.6.5 与市政公用设施和环境保护的关系

港口的环境保护是一个复杂的问题，不仅各个环节作业的电能消耗大，而且船舶在日常运转操作中会排出压舱水、洗舱水等大量的含油污水，造成严重的水污染；扬尘等大气污染也很常见。因此，要采取各种有效的技术措施，减少能耗和污染排放，而建设新型绿色港口，是缓解资源、环境约束与港口发展矛盾的有效途径。同时，为了城市和港口建设的需要，在港区陆域和水域范围内有为数不少的各种市政工程设施，必须统一规划、合理安排、加强管理，使之在满足城市功能的前提下，也有利于港口事业的发展。

（1）低碳节能建设

要从港区和船舶治理两个方面，提高港口装备的整体技术水平，减少能耗及废气排放。还要建设基于物联网的港区综合管理平台，提高港口的生产效率。在港区治理方面，推动码头节能减排技术改造，实施靠港船舶岸基供电，提高港作机械的清洁能源替代比例，充分利用太阳能等可再生能源以及扩大港区节能照明等。在船舶治理方面，鼓励船舶应用电力、LNG、低硫油，提高船用发动机排放标准；实施船舶节能减排技术改造等。

（2）污染防治

港区污水的排放应考虑环境保护要求，不可将不符合排放标准的废水直接排入水体中，以免影响环境卫生、污染水源。目前防止水污染的一般技术措施包括：在船上设置与油舱分开的专用压载舱、用于烧掉废油的焚化炉、集中处理粪便的专设粪便舱等；在岸上一般采用固定式的处理厂，对废油、废水和垃圾进行处理，也有流动的接收处理船。一般在石油输出港，需要接收和处理数量很大的油污压舱水。此外，还要加强干散货码头扬尘污染的专项治理，落实地面硬化、喷淋、围挡等方法进行防控。

（3）淡水供应

港区用水量很大，而海港不一定有充足的淡水供应。尤其是一些中小型海岛的地域狭小、淡水缺乏，因此在港口规划时，应将供水方案列入港口建设计划。

（4）无线电管理

为了配合海上运输、警戒、水产捕捞等无线电收发的需要，应根据水运无线电通信管理的相关规定，以互不干扰为原则按其不同性质和要求，分别设置无线电收发讯台的区域。收讯台占地多，对城市建设影响较大，原则上应安排在远离城市中心的地方；发讯台占地小，对周围影响较小，可安排在城区附近。

（5）淡水咸化治理

由于发展深水码头，大规模地浚深航道和港池而加剧海水倒流，使江河淡水变苦变涩，影响生活、生产用水，是现代化港口环境保护的突出问题之一。近年来，气候变化、海平面上升和人类活动加剧，使许多河口地区的咸潮有加剧之势，需要采取流域综合治理的多种"抑咸"措施，包括调水以淡压咸、加强河道采砂管理、水库"避咸蓄淡"等。

参考文献

[1] 徐循初. 城市道路与交通规划（下册）[M]. 北京：中国建筑工业出版社，2007.

[2] 崔功豪. 区域分析与区域规划[M]. 北京：高等教育出版社，2006.

[3] Jean-Pual Rodrigue, Claude Comtois, Brian Slack. The Geography of Transport Systems[M]. 2nd edition. London：Routledge, 2009.

[4] H. Ligteringen, H. Velsink. Ports and Terminals[M]. VSSD, 2012.

[5] 林艳君．宁波城市空间形态演变过程及优化研究 [J]．现代城市研究，2004（12）：53–57．

[6] 香港规划署．KAITAK 启德第三阶段公众参与：初步发展大纲图公众咨询摘要（三）[R]．香港：香港规划署，2006．

[7] 阳明明．产业转移与港口物流、港口城市演化 [D]．广州：中山大学，2015．

[8] 柯海．浅议岸线规划的原则与方法 [J]．海洋开发与管理，1990（1）：36–39．

[9] 杨玉生．港口发展与沿海经济 [M]．大连：大连海运学院出版社，1990．

[10] 潘云章，钱汉书．城市港口规划 [M]．北京：中国建筑工业出版社，1987．

第4章 公路交通运输发展与规划

4.1 公路运输发展概况

4.1.1 世界公路运输发展历程

随着公路系统和运输装备的不断改善，公路运输以其灵活便捷、覆盖面广的特点，迅速发展成为连接国民经济各生产部门的纽带，在客货运输中跃至主体地位，在区域和城乡联系中发挥了重要的作用。第二次世界大战后，特别是20世纪60～70年代，处在中等发达水平时期的欧、美、日等工业化国家进行了大规模的公路建设，大力兴建高速公路，先后形成了比较完善的公路网，公路运输得到迅猛的发展。

意大利是修建高速公路最早的国家，早在1924年就建成了米兰—瓦雷泽汽车专用路。德国于1932修建了波恩—科隆高速公路，目前高速公路网规模位属欧洲前列，有多条高速公路与周边各国相通。美国1937年开始修建高速公路，在1960～1990年的30年间，平均每年建成高速公路2000km以上，总通车里程现约10万km，54条州际高速公路形成横贯东西、纵贯南北的公路主骨架，将5万人以上的城市全部纳入高速公路网中(图4-1-1)。在亚洲，日本名古屋—神户的第一条高速公路于1963年开通，此后各地陆续建设，形成了连通全国、

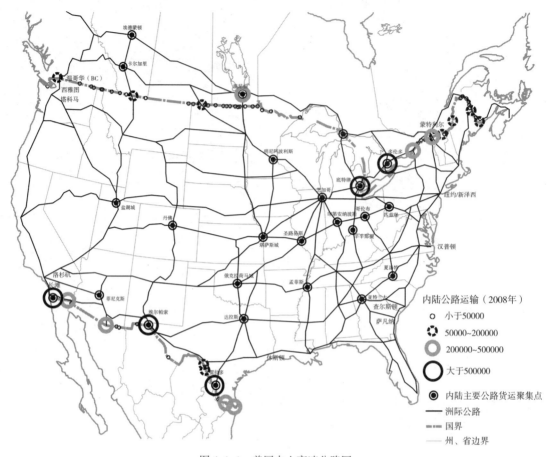

图 4-1-1　美国本土高速公路网

管理先进的高速公路网；韩国也于 20 世纪 70 年代前期开始集中建设全国性的高速公路干线交通体系。从经验来看，这些国家大多经历了公路建设的超前期，表现为在经济起飞阶段公路建设投资对公路货物周转量的弹性系数达到 1.8 左右，这使公路运输不仅适应而且能动地促进了国民经济的发展（表 4-1-1）。

中国和其他一些国家及地区的高速公路里程　　　　　　　　　　表 4-1-1

国家	中国	美国	加拿大	西班牙	德国	日本	法国	意大利	韩国	俄罗斯
里程（m）	111950	103027	17000	14701	12971	11520	11465	6726	5703	4500

注：2014 年末统计数据。

4.1.2　中国公路运输发展历程

我国公路运输起步晚，尤其是高速公路建设与发达国家相比落后了 30 ~ 40 年。但经过近数十年的发展，在运输能力、服务水平和运输效率方面有了很大的提高。这一发展过程大致可以分为以下几个阶段。

4.1.2.1　恢复期（1949 ~ 1977 年）

中华人民共和国成立初期，为适应开发边疆和战备国防的需要，我国开始大规模建设通往边疆和山区的公路，相继修建了川藏公路、青藏公路，并在东南沿海、东北和西南地区修建国防公路，公路里程得到一定的增长，1959 年超过 50 万 km。这一时期，我国机动化水平和公路运输需求低，公路建设的投资比重较小，以增加公路长度为主，公路等级普遍很低。

4.1.2.2 成长期（1978～1990 年）

改革开放后，国民经济恢复较快，对公路运输的需求迅速增长，交通紧张问题和交通运输结构不合理的矛盾凸显。公路通车里程少、技术状况水平低、混合交通严重、行车事故多，远不能满足经济发展和人民生活需要。为了加快公路建设，我国于 1981 年制定了《国家干线公路网（试行方案）》，使公路建设有了明确的总体目标。"七五"（1986～1990 年）时期，国家改变了以往偏重铁路的经营战略，高标准公路尤其是汽车专用公路的投资大幅增加，高速公路的建设费用占到运输总投资预算的 27%。

为了促进经济发展，我国"七五"期间重点修建了与沿海开放城市有关的干线公路、与旅游有关的公路以及大中城市之间的公路，加强了能源运输公路的建设。这个时期，每年新增公路里程大约为 1.5 万～1.7 万 km，并打破了高速公路"零"的突破。1988 年大陆首条沪嘉高速公路（上海—嘉定，18.5km）建成通车，此后相继建成了沈大（沈阳—大连，375km）、莘松（上海—松江，20km）、广佛（广州—佛山，23km）等多条高速公路。

4.1.2.3 扩展期（1991 年至今）

1992 年，我国制定并实施了《国道主干线系统规划》[1]，公路建设在继续扩大规模的同时，重点转向提高等级和质量，高速公路建设步入快车道。广州环城、西临、合宁、首都机场、京津塘、济青、海南环岛、广深、京石、郑许、长平、太旧、沪宁、八达岭、泰化、杭甬等高速公路相继建成通车。至 1999 年末，我国高速公路里程突破 1 万 km，居世界第四位。2000 年以后，顺应国家宏观经济政策和区域联动发展的要求，各省市继续加大高速公路建设的力度，比如在长三角地区，上海实施了建设 650km 高速公路网的规划，浙江省初步构建了"四小时公路交通圈"。

为了进一步加强网络规模效益，优化跨区域资源的配置，我国于 2004 年制定了第一个高速公路骨架布局方案——《国家高速公路网规划》[2]（表 4-1-2）。此后，我国高速公路建设持续加快，至 2007 年，"五纵七横" 12 条国道主干线基本贯通；2013 年末，全国高速公路总里程已超过 10 万 km，超过美国上

---

[1] 《国道主干线系统规划》提出建设"五纵七横"国道主干线。"五纵"指同江—三亚、北京—珠海、重庆—北海、北京—福州、二连浩特—河口。"七横"指连云港—霍尔果斯、上海—成都、上海—瑞丽、衡阳—昆明、青岛—银川、丹东—拉萨、绥芬河—满洲里。总规模约 3.5 万 km，贯通首都、各省省会、直辖市、经济特区、主要交通枢纽和重要对外开放口岸；连接了全国所有人口在 100 万人以上的特大城市和 93% 的人口在 50 万人以上的大城市，约覆盖全国城市总人口的 70%。

[2] 《国家高速公路网规划（2004 年—2020 年）》贯彻了"东部加密、中部成网、西部连通"的布局思路，采用放射线与纵横网格相结合的布局方案，形成由中心城市向外放射以及横贯东西、纵贯南北的大通道，由 7 条首都放射线、9 条南北纵向线和 18 条东西横向线组成，简称为"7918 网"，总规模约 8.5 万 km，其中：主线 6.8 万 km，地区环线、联络线等其他路线约 1.7 万 km。

国家高速公路网规划　　　　　　　　　　　　　　　　　表 4-1-2

分类	具体线路
首都放射线 7 条	G1 京哈高速（北京—哈尔滨）、G2 京沪高速（北京—上海）、G3 京台高速（北京—台北）、G4 京港澳高速（北京—港澳）、G5 京昆高速（北京—昆明）、G6 京藏高速（北京—拉萨）、G7 京新高速（北京—乌鲁木齐）
南北纵线 11 条	G11 鹤大高速（鹤岗—大连）、G15 沈海高速（沈阳—海口）、G25 长深高速（长春—深圳）、G35 济广高速（济南—广州）、G45 大广高速（大庆—广州）、G55 二广高速（二连浩特—广州）、G65 包茂高速（包头—茂名）、G59 呼北高速（呼和浩特—北海）、G69 银百高速（银川—百色）、G75 兰海高速（兰州—海口）、G85 银昆高速（银川—昆明）
东西横线 18 条	G10 绥满高速（绥芬河—满洲里）、G12 珲乌高速（珲春—乌兰浩特）、G16 丹锡高速（丹东—锡林浩特）、G18 荣乌高速（荣成—乌海）、G20 青银高速（青岛—银川）、G22 青兰高速（青岛—兰州）、G30 连霍高速（连云港—霍尔果斯）、G36 宁洛高速（南京—洛阳）、G40 沪陕高速（上海—西安）、G42 沪蓉高速（上海—成都）、G50 沪渝高速（上海—重庆）、G56 杭瑞高速（杭州—瑞丽）、G60 沪昆高速（上海—昆明）、G70 福银高速（福州—银川）、G72 泉南高速（泉州—南宁）、G76 厦蓉高速（厦门—成都）、G78 汕昆高速（汕头—昆明）、G80 广昆高速（广州—昆明）
地区环线 6 条	G91 辽中环线、G92 杭州湾环线、G93 川渝环线、G94 珠三角环线、G98 海南环线、G99 台湾环线

注：我国国家高速公路网采用放射线与纵横网格相结合布局方案，总规模约 11.8 万 km。

升为世界第一位。在这一年，我国又制定了《国家公路网规划》[①]，按照这一国家级干线公路网规划（简称 71118 网），到 2030 年，我国将基本实现首都辐射省会、省际多路连通、地市高速通达、县县国道覆盖的目标。

　　总体而言，我国现已初步形成了以高速公路为骨架的干支衔接、四通八达的全国公路网，高速公路连接了各大经济中心、交通枢纽、对外口岸，主要城市之间的公路交通条件显著改善，县、乡公路的里程和质量也有很大提高。公路网的整体技术水平得到有效提升，优化了交通运输结构，对缓解交通运输的"瓶颈"制约发挥了重要作用，也对国家政治、经济、文化的发展与交流起到了积极的推动作用。

4.2　公路运输的技术经济特点

　　公路运输是主要以汽车和其他车辆在公路上进行客货运输的一种方式，涉及国际、城间、城乡等多种运输组织形式。与其他方式相比，公路运输具有下述显著特点：

　　（1）量大面广、直达门户。由于公路网一般比铁路网、航道网的密度高，分布范围广，可以开枝散叶般地深入城市、乡村、企业及市场，实现"门到门"运输，这是其他方式无可比拟的优越性。

　　（2）机动灵活、适应性强。汽车的载重吨位有小（0.25 ~ 1t）、有大（200 ~ 300t），既可以单个车辆独立运输，也可以由若干车辆组成车队同时运输，对客、货运量的需求变化具有很强的适应性，这对抢险、救灾工作和军事运输具有特别重要的意义。同时，公路运输在时间方面的机动性较大，可以根

----

① 《国家公路网规划（2013 年—2030 年）》提出构建"两张网"：一是普通国道网，包括 12 条首都放射线、47 条北南纵线、60 条东西横线和 81 条联络线，覆盖全国所有县，总规模约 26.5 万 km；另一是国家高速公路网，由 7 条首都放射线、11 条北南纵线、18 条东西横线以及地区环线、并行线、联络线等组成，总计约 11.8 万 km（简称 71118 网）；此外，还提出了远期展望线计划 1.8 万 km，主要发展西部地区，总规模约 40 万 km。

据需要灵活制定运输时间表，满足适时送达（Just—in—time）的要求。

（3）速度较快、迅速高效。由于公路运输装运各环节的时间较短，且运输速度普遍快于水运和普速铁路，在短途的客货集散运转上具有快速送达、节省时间的优势。公路运输的经济半径一般在200km以内，但在公路运输发达的美国，集装箱陆上运输以汽车运输为主，在每年进出口约700万标准箱的国际集装箱运输中，有2/3由汽车转运，运距多在800km范围内。

（4）接驳联运、加速周转。作为其他运输方式的接驳手段，铁路车站、港口码头和航空机场的集疏运都离不开公路运输。在多式联运中，公路大大提高了运输中转的装卸效率，减少了货物的在途时间。联运一般采用集装箱和载车运输①（驼背和滚装）两种形式。

（5）投资少、回收快。修建公路所需固定设施简单，材料和技术比较容易解决，车辆购置费用一般比较低，投资回收期短，易在全社会广泛发展。

（6）高速公路进一步增强了公路运输的优势，它以高速、安全、经济、通行能力大的优点在整个公路网中起主动脉作用。实践证明，高速公路可以满足大量的重型车、专用车的货物运输与快速、安全、舒适的旅客运输，不仅比一般公路的经济效益高，如提高运输效率、节省运输时间、降低运输成本、减少交通事故、节约土地资源，而且有助于改善整个社会和经济活动的质量和水平，能够加速农产品的流通，促进旅游业和沿线产业带的发展，对于建立统一的市场经济体系、实现国土均衡开发、加速城镇化和区域一体化进程、提高现代物流效率具有重要作用。

在大城市，高速公路出入口附近地区的可达性优势明显，会以高速公路为轴线形成一条"经济走廊"或"通道经济带"。根据国外经验，一条高速公路建成投运3～5年后，城市会沿高速公路走向延伸发展，在各出入口附近形成一系列的开发区，并逐步形成产业带。如美国加利福尼亚硅谷高新技术产业带、波士顿128公路高技术产业带、英国苏格兰电子工业中心等，都是沿高速公路发展起来的；日本名古屋至神户高速公路建设后，10年内在沿线14个出入口附近新增工业企业900多家。一级公路采用部分控制出入，虽然速度上相对较低，但能使沿线的更多地区改善连通性。因此，一级公路可以看作高速公路建设的先行方式，有利于在时序上合理安排资金投放，借助"交通—经济"的互动作用逐步促进产业集聚和地区发展。

总体上，公路运输具有机动灵活、直达门户、适应性强、面广量大、深入腹地等优点，但也具有一定的局限性，包括：运输能力小，不适宜大宗货物的运输；运输成本高，长距离运输费用相对昂贵，明显高于水运和铁路；车辆运行中震动较大，易造成货损货差事故；容易受环境和气候的影响；运输能耗较高、环境污染较大等。因此，公路运输适应于短距离、小批量的旅客和货物运输，高附加值产品和鲜活农产品的中长途运输，以及其他运输方式难以覆盖地

① 载车运输，在铁路上叫"驼背运输"，在水运上叫"滚装运输"。它是由牵引车直接将载货的半挂车拖（吊）上轮船或火车，到达港或站后，再由牵引车将载货的半挂车从车或船上拖下，然后直接送到目的地。美国以"驼背运输"方式完成的货运量约占铁路货运总量的1/3，公铁联运是近年来美国铁路货运得以复苏、发展的一个重要因素。

区的干支线衔接运输。

以上海为例，其对外交通中各种运输方式的货运分工为：海运承担调入上海的石油、煤炭等散货运输，并承担长江和内河的中转任务；上海与邻近地区的煤炭和矿建材料等散货运输主要由内河水运完成；铁路在散杂货和制成品货物的长途运输中占主导地位；上海与邻近地区的散杂货和杂货运输主要由公路承担。

为了充分发挥公路运输在城市对外交通中的作用，应该处理好公路与城市的关系，合理安排公路的布局、线路走向、场站选址及用地规模，使城市发展与公路运输相协调。

4.3　公路的一般技术要求

4.3.1　公路的分类分级

4.3.1.1　行政等级

公路是指连接城市、乡村，主要供汽车行驶的具备一定技术条件和设施的道路[①]。根据公路在公路网中的作用和使用性质，公路可以划分为国家干线公路（国道）、省级干线公路（省道）、县级公路（县道）、乡级公路（乡道）以及专用公路。

国道是指具有全国性政治、经济意义的主要干线公路，包括重要的国际公路、国防公路，连接首都与各省、自治区首府及直辖市的公路，连接各大经济中心、交通枢纽、商品生产基地和战略要地的公路。其中，国道包括普通国道和国家高速公路，普通国道网提供普遍的、非收费的交通基本公共服务，国家高速公路网提供高效、快捷的运输服务。

省道是指具有全省（自治区、直辖市）政治、经济意义的主要干线公路，连接首府与省内各地市县、交通枢纽和重要生产基地的公路。省道由省公路主管部门负责修建、养护和管理。国道中跨省的高速公路由交通部批准的专门机构负责修建、养护和管理。

县道是指具有全县（县级市）政治、经济意义，连接县城和县内主要乡（镇）、主要商品生产和集散地的公路，以及不属于国道、省道的县际间公路。县道由县、市公路主管部门负责修建、养护和管理。

乡道是指主要为乡（镇）村经济、文化、行政服务的公路，以及不属于县道以上公路的乡与乡之间及乡与外部联络的公路。乡道由乡人民政府负责修建、养护和管理。

专用公路是指专供或主要供厂矿、林区、农场、油田、旅游区、军事要地等与外部联系的公路。专用公路由专用单位负责修建、养护和管理，也可委托当地公路部门修建、养护和管理。

4.3.1.2　功能分类

公路按照交通功能分为干线公路、集散公路和支路三类，干线公路细分为主要干线公路和次要干线公路；集散公路又细分为主要集散公路和次要集散公

[①] 道路比公路的范畴更广，是供各种车辆和行人通行的工程设施，分为公路、城市道路、厂矿道路、林区道路、乡村道路等。

公路功能分类表　　　　　　　　　　　　　　　　　表 4-3-1

类型	连接功能	服务要求
主要干线公路	连接 20 万人以上的大中城市、交通枢纽、重要对外口岸和军事战略要地	提供省际之间及大中城市间的长距离、大容量、高速度的交通服务
次要干线公路	连接 10 万人以上的城市和区域性经济中心	提供区域内或省域内中长距离、较高容量、较高速度的交通服务
主要集散公路	连接 5 万人以上的县（市）、主要工农业生产基地、重要经济开发区、旅游名胜区和商品集散地	提供中等距离、中等容量、中等速度的交通服务；与干线公路衔接，使所有县（市）都在干线公路的合适距离之内
次要集散公路	连接 1 万人以上的县（市）、大的乡镇和其他交通发生地	提供较短距离、较小容量、较低速度的交通服务；衔接干线公路、主要集散公路与支路公路，疏散干线交通、汇集支线交通
支路	直接与用路者的出行源点相衔接	衔接集散公路，为地区出行提供接入与到达服务

路（表 4-3-1）。公路建设应按地区特点、交通特性、路网结构综合分析确定公路的功能。

4.3.1.3　技术等级

根据公路功能和所适应的交通量水平，分为高速公路、一级公路、二级公路、三级公路及四级公路等五个技术等级。

（1）高速公路为专供汽车分向、分车道行驶，全部控制出入的多车道公路。高速公路的年平均日设计交通量宜在 15000 辆小客车以上。

（2）一级公路为供汽车分向、分车道行驶，可根据需要控制出入的多车道公路。一级公路的年平均日设计交通量宜在 15000 辆小客车以上。

（3）二级公路为供汽车行驶的双车道公路。二级公路的年平均日设计交通量宜为 5000～15000 辆小客车。

（4）三级公路为供汽车、非汽车交通混合行驶的双车道公路。三级公路的年平均日设计交通量宜为 2000～6000 辆小客车。

（5）四级公路为供汽车、非汽车交通混合行驶的双车道或单车道公路。双车道四级公路年平均日设计交通量宜在 2000 辆小客车以下；单车道四级公路年平均日设计交通量宜在 400 辆小客车以下。

公路技术等级的选用应根据公路网的规划，从全局出发，按照公路的使用任务、公路功能，并结合交通量论证确定。主要干线公路应选用高速公路；次要干线公路应选用二级及二级以上公路；主要集散公路宜选用一、二级公路；次要集散公路宜选用二、三级公路；支线公路宜选用三、四级公路。一条公路可根据交通量等情况分段采用不同的公路等级或车道数，但为使公路的技术指标保持相对均衡连接，一条公路的等级不宜频繁变更。各级公路所适应的交通量见表 4-3-2。

公路分级表　　　　　　　　　表 4-3-2

等级	高速公路	一级公路	二级公路	三级公路	四级公路
AADT（pcu/d）	＞15000	＞15000	5000～15000	2000～6000	＜2000（双） ＜400（单）
出入口控制	完全控制	部分控制	—	—	—
设计年限	20	20	15	15	实际情况

4.3.2 公路设计的一般规定

各级公路需满足不同的使用要求，对于各级公路的设计应规定一些基本的控制标准或设计准则，以指导各项具体设计指标的制定。

4.3.2.1 设计车辆

路上行驶着不同类型的车辆，各具不同的几何尺寸和性能。公路的车道宽度和高度净空应能容纳这些车辆通过，因此车辆的外廓尺寸是公路几何设计的重要依据。公路设计所采用的各种设计车辆的基本外廓尺寸一般规定见表4-3-3。

设计车辆外廓尺寸 表4-3-3

车辆类型	总长（m）	总宽（m）	总高（m）	前悬（m）	轴距（m）	后悬（m）
小客车	6	1.8	2	0.8	3.8	1.4
大型客车	13.7	2.55	4	2.6	6.5+1.5	3.1
铰接客车	18	2.5	4	1.7	5.8+6.7	3.8
载重汽车	12	2.5	4	1.5	6.5	4
铰接列车	18.1	2.55	4	1.5	3.3+11	2.3

注：铰接列车的轴距为（3.3+11）m：3.3m为第一轴至铰接点的距离，11m为铰接点至最后轴的距离。

4.3.2.2 出入口的控制

出入口控制是限制车辆在指定出入口以外的地点出入道路路界。

出入口控制方式和数量，对于行驶的质量和安全有很大的影响。我国大多数的高速公路采用全部控制出入的方式，只对所选定的被相交公路、城市道路或高速公路的服务设施提供出入连接，在同公路、城市道路、乡村道路、铁路、管线等相交处必须设置立体交叉，并设置隔离设施以防止行人、车辆、牲畜等进入。

一级公路作为干线公路时，应保证干线公路车辆行驶的安全与畅通，根据沿线具体情况视需要采取控制出入、设置隔离设施等措施，利用路网归并地方公路、乡村道路以减少平面交叉。只有在交通量不大的路段，被相交公路的设计小时交通量小于60辆/h时，允许设置平面交叉，但平面交叉的间距不应小于2000m。必要时应考虑设置立体交叉以排除横向干扰。

一级公路作为集散公路时，为提高安全性与服务水平，应选用较低的设计速度；非汽车交通量大的路段，宜设置慢车道、边分隔带，采用主路优先或信号等相应措施，以减小纵、横向干扰，其平面交叉间距不应小于500m。

4.3.2.3 设计速度

设计速度即计算行车速度，是指在气候正常、交通密度小、汽车运行只受道路本身条件（几何要素、路面、附属设施等）的影响时，驾驶员安全而且舒适地行驶的最大行驶速度。设计速度是决定公路几何线形的基本要素，直接决定汽车行驶的曲线半径、超高、视距等几何线形要素，同时又与公路的重要性、经济性有关，是用来体现公路等级的一项指标。各级公路的计算行车速度，应根据公路的功能、等级、交通量，并结合沿线地形、地质等状况，经论证确定。一般规定见表4-3-4。

公路等级	高速公路			一级公路			二级公路		三级公路		四级公路
计算行车速度（km/h）	120	100	80	100	80	60	80	60	40	30	20

各级公路设计速度　　　　　　　表 4-3-4

注：1. 高速公路特殊困难的局部路段，且因新建工程可能诱发工程地质病害时，经论证并报主管部门批准，该局部路段的设计速度可采用 60km/h，但长度不宜大于 15km，或仅限于相邻两互通式立体交叉之间，与其相邻路段的设计速度不应大于 80km/h。
2. 一级公路作为干线公路时，设计速度宜采用 100km/h 或 80km/h；作为集散公路时，根据混合交通量、平面交叉间距等因素，设计速度宜采用 60km/h 或 80km/h。
3. 二级公路作为干线公路时，设计速度宜采用 80km/h；作为集散公路时，混合交通量较大、平面交叉间距较小的路段，设计速度宜采用 60km/h；二级公路位于地形、地址等自然条件复杂的山区，经论证该路段的设计速度可采用 40km/h。
4. 不同设计速度的设计路段间必须设置过渡段。

按不同计算行车速度设计的各设计路段长度不宜过短。高速公路、一级公路一般不小于 20km，特殊情况下可减短至 10km；其他等级公路及城市出入口一级公路一般不小于 10km，特殊情况下可减短至 5km。

4.3.2.4 交通量

交通量是公路分级和确定所需车道数的主要依据。新建和改扩建公路项目的设计交通量预测应符合以下规定：①高速公路和一级公路设计交通量预测年限为 20 年；二、三级公路设计交通量预测年限为 15 年；四级公路可根据实际情况确定。②设计交通量预测年限的起算年为该项目可行性研究报告中的计划通车年。

交通量换算采用小客车为标准车型。各汽车代表车型按表 4-3-5 规定的换算系数折算成标准车型的交通量。

各汽车代表车型与车辆折算系数　　　　　　　表 4-3-5

汽车代表车型	车辆折算系数	说明
小客车	1.0	座位 ≤ 19 座的客车和载质量 ≤ 2t 的货车
中型车	1.5	座位 > 19 座的客车和 2t < 载质量 ≤ 7t 的货车
大型车	2.5	7t < 载质量 ≤ 20t 的货车
汽车列车	4.0	载质量 > 20t 的货车

注：拖拉机和非机动车等交通量换算应符合下列规定：①畜力车、人力车、自行车等非机动车按路侧干扰因素计；②公路上行驶的拖拉机每辆折算成 4 辆小客车；③公路通行能力分析所要求的车辆折算系数应针对路段、交叉口等形式，按不同的地形条件和交通需求，采用相应的折算系数。

公路设计小时交通量宜采用第 30 位小时交通量，也可根据项目特点与需求，在当地年第 20 ～ 40 位小时交通量之间取值。

4.3.2.5 服务水平

服务水平是对车辆在交通流中的运行条件和驾乘人员所感受的行车质量的量度，能说明公路交通负荷状况。公路服务水平采用 v/c 值来衡量拥挤程度，作为评价服务水平的主要指标，同时采用小客车实际行驶速度与自由流速度之差作为次要评价指标，将服务水平划分为六级，分别代表一定运行条件下驾驶员的感受。

高速公路和一级公路的路段服务水平分级见附表4-3-1和附表4-3-2，二、三、四级公路的路段服务水平分级见附表4-3-3。

各级公路设计服务水平应不低于表4-3-6的规定，并符合以下要求：一级公路用作集散公路时，设计服务水平可降低一级；长隧道及特长隧道路段、非机动车及行人密集路段、互通式立体交叉的分合流区段以及交织区段，设计服务可降低一级。

各级公路设计服务水平 表4-3-6

公路等级	高速公路	一级公路	二级公路	三级公路	四级公路
服务水平	三级	三级	四级	四级	—

4.3.3 公路路线设计

公路路线的主要技术要素包括行车道宽度、路基宽度、极限最小平曲线半径、停车视距、最大纵坡、设计标高、桥涵设计车辆荷载及桥面车道数等。

4.3.3.1 行车道宽度

行车道宽度即公路上供车辆行驶的路面面层的宽度，车道宽度与汽车尺寸、行驶速度、道路服务水平和交通构成等因素有关。车道宽度一般为3.0~3.75m，与设计速度之间的关系可参照表4-3-7。

车道宽度 表4-3-7

设计速度（km/h）	120	100	80	60	40	30	20
车道宽度（m）	3.75	3.75	3.75	3.50	3.50	3.25	3.00

需要说明的是，八车道及以上公路在内侧车道（内侧第1、2车道）仅限小客车通行时，车道宽度可采用3.5m；当通行中、小型客运车辆为主且设计速度为80km/h及以上的公路，经论证车道宽度可采用3.5m；另外，四级公路采用单车道时，车道宽度应采用3.5m，设置慢车道的二级公路[①]，慢车道宽度应采用3.5m。需要设置非机动车道和人行道的公路，非机动车道和人行道等的宽度，宜视实际情况确定。

4.3.3.2 路基宽度

路基宽度指在一个横断面上两路肩外缘之间的宽度（图4-3-1）。高速公路、一级公路的路基横断面分为整体式和分离式路基两类。整体式路基的标准横断面由车道、中间带（中央分隔带、左侧路缘带）、路肩（右侧硬路肩、土路肩）等部分组成；分离式路基的标准横断面由车道、路肩（右侧硬路肩、左侧硬路肩、土路肩）等部分组成。二级公路路基的标准横断面由车道、路肩（硬路肩、土路肩）等部分组成；三、四级公路路基的标准横断面包括车道、路肩等部分。

公路路基宽度为车行车道宽度与路肩宽度之和。当设有中间带、加（减）

---

① 二级公路在慢行车辆较多时，可根据需要采用加宽硬路肩的方式设置慢车道，并应增加必要的交通安全设施，加强交通组织管理。

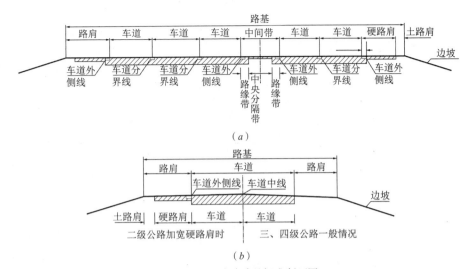

图 4-3-1 公路路基标准断面图

（a）高速公路、一级公路整体式断面形式示意；（b）二、三、四级典型断面形式示意

速车道、爬坡车道、紧急停车带、错车道、超车道、侧分隔带、非机动车道（或慢车道）和人行道等时，应包括上述部分的宽度。

高速公路和一级公路整体式断面必须设置中间带，由中央分隔带和两条左侧路缘带组成。左侧路缘带宽度不应小于表 4-3-8 的规定。设计速度为 120、100km/h，受地形、地物限制的路段或多车道公路内侧车道仅限小型车辆通行的路段，左侧路缘带可论证采用 0.50m。

左侧路缘带宽度 表 4-3-8

设计速度（km/h）	120	100	80	60
左侧路缘带宽度（m）	0.75	0.75	0.50	0.50

整体式路基宽度的规定见表 4-3-9，高速公路、一级公路分离式路基宽度规定见表 4-3-10。

整体式路基宽度 表 4-3-9

公路等级		高速公路							
设计速度（km/h）		120			100			80	
车道数		8	6	4	8	6	4	6	4
路基宽度（m）	一般值	42.00	34.50	28.00	41.00	33.50	26.00	32.00	24.50
	最小值	40.00	—	25.00	38.50		23.50	—	21.50
公路等级		一级公路							
设计速度（km/h）		100		80		60			
车道数		6	4	6	4	4			
路基宽度（m）	一般值	33.50	26.00	32.00	24.50	23.00			
	最小值	—	23.50	—	21.50	20.00			
公路等级		二级公路		三级公路		四级公路			
设计速度（km/h）		80	60	40	30	20			

续表

公路等级		高速公路					
车道数		2	2	2	2	2	1
路基宽度（m）	一般值	12.00	10.00	8.50	7.50	6.50	4.50
	最小值	10.00	8.50	—	—	—	—

注："一般值"正常情况下的采用值；"最小值"为条件受限时可采用的值。

高速公路、一级公路分离式路基宽度　　　　　　　　　表4-3-10

公路等级		高速公路							
设计速度（km/h）		120			100			80	
车道数		8	6	4	8	6	4	6	4
路基宽度（m）	一般值	22.00	17.00	13.75	21.75	16.75	13.00	16.00	12.25
	最小值	—	—	13.25	—	—	12.50	—	11.25
公路等级		一级公路							
设计速度（km/h）		100		80		60			
车道数		6	4	6	4	4			
路基宽度（m）	一般值	16.75	13.00	16.00	12.25	11.25			
	最小值	—	12.50	—	11.25	10.25			

注：1. 八车道的内侧车道宽度如采用3.5m，相应路基宽度可减0.25m。

2. 表中所列"一般值"为正常情况下的采用值；"最小值"为条件受限时可采用的值。

城郊混合交通量大，实行快、慢行车道分开的路段，其横断面组成可根据当地实际经验选用。现有的非汽车交通混合行驶的一级公路，应根据实际情况逐步修建辅道。辅道与汽车专用公路之间应保持足够的距离，一般不应小于4m（当有困难时，应设禁入栅栏，以免发生干扰）。位于城市出入口的一级公路，其横断面可采用城市道路的断面形式。

4.3.3.3　圆曲线半径

公路的平面线形必须与地形、地物、环境、景观等相协调，同时应注意线形的连续与均衡性，并同纵面线形相互配合。

在平面线形中，路线转向处曲线的总称（包括圆曲线和缓和曲线），称作平曲线。为保证车辆按设计车速安全行驶，圆曲线最小半径应符合表4-3-11的规定。在工程量增加不大时，应尽量采用较高的技术指标，不应轻易采用最小指标或低限指标，也不应片面追求高指标。

圆曲线最小半径　　　　　　　　　表4-3-11

设计速度（km/h）		120	100	80	60	40	30	20
最大超高最小半径（m）	10%	570	360	220	115	—	—	—
	8%	650	400	250	125	60	30	15
	6%	710	440	270	135	60	35	15
	4%	810	500	300	150	65	40	20
不设超高最小半径（m）	路拱≤2.0%	5500	4000	2500	1500	600	350	150
	路拱>2.0%	7500	5250	3350	1900	800	450	200

注："—"为不考虑采用最大超高的情况。

4.3.3.4 停车视距

停车视距指汽车行驶时，驾驶员自看到前方障碍物时起，至到达障碍物前安全停止，所需的最短距离。高速公路、一级公路的停车视距应不小于表4—3—12的规定。

高速公路、一级公路停车视距　　　　表 4—3—12

设计速度（km/h）	120	100	80	60
停车视距（m）	210	160	110	75

二、三、四级公路的停车视距、会车视距与超车视距应不小于表4—3—13的规定。

二、三、四级公路停车、会车与超车视距　　　　表 4—3—13

设计速度（km/h）	80	60	40	30	20
停车视距（m）	110	75	40	30	20
会车视距（m）	220	150	80	60	40
超车视距（m）	550	350	200	150	100

4.3.3.5 最大纵坡

纵断面设计既要保证行车安全舒适，又要使工程经济节约，线形平顺均衡。最大纵坡是根据公路等级和自然因素等所限定的路线纵坡最大值，是公路纵断面设计的重要控制指标，直接影响到路线的长短、使用质量、运输成本和工程造价。最大纵坡应符合表4—3—14的规定。

最大纵坡　　　　表 4—3—14

设计速度（km/h）	120	100	80	60	40	30	20
最大纵坡（%）	3	4	5	6	7	8	9

设计速度在80km/h及以上的高速公路受地形条件或其他特殊情况限制时，以及公路改扩建中，设计速度在20～40km/h的利用原有公路的路段，经技术论证最大纵坡可增加1%。二级及以下公路的越岭路线连续上坡（或下坡）路段，相对高差为200～500m时，平均纵坡不应大于5.5%；相对高差大于500m时，平均纵坡不应大于5%。任意连续3km路段的平均纵坡不应大于5.5%。

4.3.3.6 设计标高

即路基设计标高。沿河及受水浸淹的路线，路基设计标高一般应高出规定洪水频率计算水位0.5m以上。

4.3.4 公路路线交叉

路线交叉的设置和形式应根据相交公路的等级、计算行车速度、交通量和交通流组成，并结合地形、用地条件和投资等因素确定。

4.3.4.1 平面交叉

公路与公路平面交叉的间距应尽量大，以提高通行能力，保证行车安全。对于交叉间距较小且密度较大的路段，应采取修建辅道适当合并交叉，或设分离式立体交叉等措施以减少平面交叉的数量。一、二级公路平面交叉的最小间距应不小于表4-3-15的规定。

平面交叉最小间距　　　　　　　　　　表4-3-15

公路等级	一级公路			二级公路	
公路功能	干线公路		集散公路	干线公路	集散公路
	一般值	最小值			
间距（m）	2000	1000	500	500	300

我国当前公路平面交叉设计不够完善，很多未作渠化设计，致使交叉口空间得不到充分有效的利用，且交通事故频发。因此，三级及三级以上公路的平面交叉均应进行渠化设计，采用交通岛、路面标线等设施疏导车流。

公路平面交叉口按几何形状分为"T"形、"Y"形、"十"字形和环形交叉，应优先保证主要公路和交通量大的方向的通行。平面交叉的交角宜为直角或接近直角，当受地形条件及其他特殊情况限制，交角小于45°时，必须采取相应的技术措施。

4.3.4.2 立体交叉

公路与公路的立体交叉分为分离式和互通式两类。相邻互通式立体交叉的间距不宜小于4km，最大间距不宜大于30km，在人烟稀少地区，间距可适当加大。

高速公路同其他各级公路交叉，必须采用立体交叉。交叉类型除在控制出入的地点设互通式立体交叉外，均采用分离式立体交叉。一级公路同交通量大的公路交叉，应采用立体交叉；交叉类型可根据具体情况采用互通式立体交叉或分离式立体交叉。一般公路间的交叉，直行交通量大时，宜采用立体交叉。

高速公路、一级公路与通往大城市、重要政治和经济中心、重点工矿区、重要交通枢纽和旅游胜地、重要交通源的支线起点相交处，也应设置互通式立体交叉。

对于分离式立体交叉，跨线桥的交叉角度宜大于45°，桥下的净空应符合相应公路等级的建筑限界的规定。在地形不受限制的情况下，交通量大的公路宜下穿。

4.3.5 公路建筑限界

公路建筑限界是为了保证公路上规定的车辆正常运行与安全，在一定宽度和高度范围内，不得有任何障碍物侵入的空间范围。

在公路横断面设计中，公路标志、护栏、照明灯柱、电杆、管线、绿化、行道树以及跨线桥的梁底、桥台、桥墩等的任何部分不得侵入公路建筑限界之内。各级公路的建筑限界规定如图4-3-2所示。

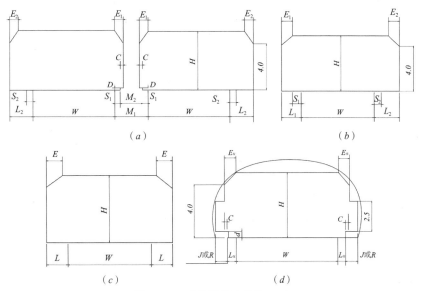

图 4-3-2 建筑限界（单位：m）

（a）整体式高速公路、一级公路；（b）分离式高速公路、一级公路；（c）二、三、四级公路；（d）公路隧道

图中：W—行车道宽度；H—净空高度；L_1—左侧硬路肩宽度；L_2—右侧硬路肩宽度；S_1—左侧路缘带宽度；S_2—右侧路缘带宽度；L—侧向宽度（二级公路的侧向宽度为硬路肩宽度；三、四级公路的侧向宽度为路肩宽度减去0.25m；设置护栏时，应根据护栏需要的宽度加宽路基）；$L_左$或$L_右$—隧道内侧向宽度；C—当设计速度大于100km/h时为0.5m，等于或小于100km/h时为0.25m；D—路缘石高度，小于或等于0.25m，一般情况下，高速公路可不设路缘石；M_1—中间带宽度；M_2—中央分隔带宽度；J—隧道内检修道宽度；R—隧道内人行道宽度；d—隧道内检修道或人行道高度；E—建筑限界顶角宽度（当$L \leqslant 1$m时，$E=L$；当$L > 1$m时，$E=1$m）；E_1—建筑限界顶角宽度（当$L_1 < 1$m时，$E_1=L_1$，或$S_1+C<1$m，$E_1=S_1+C$，当$L_1 \geqslant 1$m或$S_1+C \geqslant 1$m时，$E_1=1$m）；E_2—建筑限界顶角宽度，$E_2=1$m；$E_左$—建筑限界左顶角宽度（当$L_左 \leqslant 1$m时，$E_左=L_左$，当$L_左 > 1$m时，$E_左=1$m）；$E_右$—建筑限界右顶角宽度（当$L_右 \leqslant 1$m时，$E_右=L_右$，当$L_右 > 1$m时，$E_右=1$m）。

（1）设置加（减）速车道、紧急停车带、爬坡车道、错车道、慢车道、车道隔离设施等的路段，行车道应包括该部分的宽度。

（2）八车道及以上的高速公路（整体式），设置左侧硬路肩时，建筑限界应包括左侧硬路肩宽度。

（3）一条公路应采用同一净高。高速公路、一级公路、二级公路的净高应为5.0m；三级公路、四级公路的净高应为4.5m。

（4）人行道、自行车道、检修道与行车道分开设置时，其净高应为2.5m。

（5）路基、桥梁、隧道相互衔接处，其建筑限界应按过渡段处理。

4.3.6 公路的用地范围和隔离带控制宽度

公路的用地范围是指从公路路堤两侧排水沟外边缘（无排水沟时为路堤或护坡道坡脚）以外，或路堑坡顶截水沟外边缘（无截水沟时为坡顶）以外不小于1m范围内的土地，在有条件的地段，高速公路、一级公路不小于3m、二级公路不小于2m范围内的土地为公路用地范围[①]（图4-3-3）。

桥梁、隧道、互通式立体交叉、分离式立体交叉、平面交叉、安全设施、

---

① 在风沙、雪害、滑坡、泥石流等不良地质地带设置防护、整治设施时，以及在膨胀土、盐渍土等特殊土地带采取处治措施时，应根据实际需要确定用地范围。

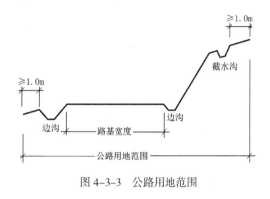

图 4-3-3　公路用地范围

服务设施、管理设施、绿化以及其他线外工程等用地，应根据实际需要确定用地范围。

为了保障公路运输的安全运行，应根据国土空间规划、公路等级、车道数量、环境保护的要求和建设用地条件，合理确定公路红线宽度和两侧隔离带规划控制宽度。城镇建成区外公路红线宽度和两侧隔离带规划控制宽度应符合表4-3-16的规定。公路进入城镇时，应结合用地和道路横断面布置进行确定，以满足城市环境、交通安全等要求。

城镇建成区外公路红线宽度和两侧隔离带规划控制宽度　　　　　表 4-3-16

公路等级	高速公路	一级公路	二级公路	三级公路	四级公路
公路红线宽度（m）	40 ~ 60	30 ~ 50	20 ~ 40	10 ~ 24	8 ~ 10
公路两侧隔离带规划控制宽度（m）	20 ~ 50	10 ~ 30	10 ~ 20	5 ~ 10	2 ~ 5

4.4　公路网布局规划

4.4.1　布局规划原则

公路网布局应根据区域内城镇的分布和交通流量流向，并结合综合运输布局、周边地区的公路网以及原有公路网和地形、地质、河流等条件，因地制宜地进行规划。

（1）公路网布局应与城镇布局规划、国土空间规划相一致。充分考虑重要节点（主要城镇、大型工矿区、交通集散点或重点开发地区等）的连通要求，根据沿线主要城镇的规划，确定其与公路连接的方式、地点，使公路线路的走向和等级与城镇的规模、职能和空间结构相适应，以发挥最佳的运输效益。

（2）公路网应分层布设，加强各个层级的紧密衔接，形成多层次、多通道的公路网。公路网规划分别按国家、省（自治区、直辖市）、地（市）、县行政区划，由各级交通主管部门负责组织编制。省道网应以国道网为基础，地方公路网应与国道网、省道网相协调，并纳入各省和全国公路网规划中。

（3）公路网应与铁路、水运、航空、管道等其他系统的布局相配合，优势互补，共同完成运输任务。应尽量减少公路与铁路等设施布置上的相互干扰，避免过多的交叉。在与区域外部的公路网相衔接时，应避免出现断头路及设计车速的急剧变化。

（4）加强城市道路网与区域公路网的整合，确保城市对外交通的顺畅和可靠。高速公路和一级公路共同组成公路快速干线网，形成公路网的主骨架。特大城市和大城市主要对外联系方向上，应有两条二级以上等级的公路。其中高速公路应与城市快速路或主干路衔接，一级、二级公路应与城市主干路或次干路衔接。考虑到随着城市规模的扩大，部分公路将会调整为城市道路，其线形设计上除了满足公路等级标准，还应注意道路宽度和横断面组成对城市交通的适应性。

(5) 公路选线时应对工程地质和水文地质进行深入勘测,查清其对公路工程的影响。对于滑坡、崩塌、岩堆、泥石流、岩溶、软土、泥沼等严重不良地质地段和沙漠、多年冻土等特殊地区,应慎重对待。一般情况下路线应设法绕避,当必须穿过时,应选择合适的位置,缩小穿越范围,并采取必要的工程措施。

(6) 选线应重视环境保护,注意因公路修筑以及汽车运行所产生的影响和污染等问题[①]。通过名胜、风景、古迹地区的公路,应与周围环境、景观相协调,适当照顾美观,并保护原有自然状态和重要历史文物遗址。尽量避免路线对城镇和村庄、农业耕作区、水利排灌体系等现有设施造成分割,同时加强对噪声和汽车尾气污染的防治。

(7) 公路选线应同农田基本建设相配合,做到少占田地,并应尽量不占高产田、经济作物田或经济林园(如橡胶林、茶林、果园)等。

4.4.2 公路网布局规划

4.4.2.1 公路网总体布局模式

公路网由不同的线路所组成。从布局上分析,公路线路一般分为辐射公路、环形公路、绕行公路、并行公路及联络公路。

(1) 辐射公路是指在公路网中,自某一中心向外呈辐射状伸展的公路。

(2) 环形公路是指在公路网中,围绕某一中心串联其周边节点的呈环状的公路。

(3) 绕行公路是指为使行驶车辆避开城镇或交通障碍路段而修建的分流公路。

(4) 并行公路是指在公路网中,与某条公路呈平行状伸展的公路,又称并行线。

(5) 联络公路是指在公路网中,联系两条主要公路间的连线公路,又称联络线。

在公路网服务的区域内,以产生交通量的城镇或独立大型工矿企业点为节点,节点间表示公路基本走向的线条为边线,共同构成公路网的总体布局模式。一般来说,在平原和微丘地区,路网模式中的三角形(星形)、棋盘形(方格形)和放射形(射线形)较为普遍;而重丘和山区,由于受到山脉和河川的限制,路网模式往往形成并列形、树权形或条形。当区域内的主要运输点偏于区域边缘时,有可能产生扇形或树权形;条形有可能在狭长地带的区域公路网中出现。各种模式往往又相互组合而形成混合型,如图 4-4-1 江苏省高等级公路网规划分布示意基本能反映出上述典型模式。

4.4.2.2 公路交通与城市的关系

在城市所辖范围内的公路,有的联系城市外部广大地区,有的沟通城

[①] 高等级公路的负面作用主要表现为大气和噪声污染、能源消耗、生态影响、社会影响等。公路建设对生态造成的影响主要通过三条途径:一是施工活动对自然环境造成非污染性破坏,使环境发生物理变化而对生物产生影响;二是由于排放的污染物通过大气、水体、土壤等环境介质,进入生物体产生危害;三是隔断了公路两旁动植物及水体、土壤的天然联系,破坏原生态环境。

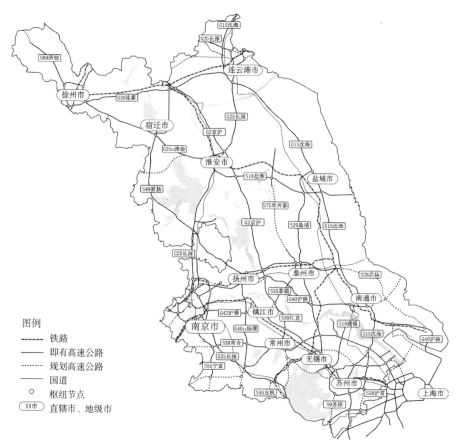

图例
- ┅┅ 铁路
- ── 即有高速公路
- ┈┈ 规划高速公路
- ── 国道
- ○ 枢纽节点
- (XX市) 直辖市、地级市

图 4-4-1　江苏省高等级公路网规划分布示意

区与郊区，有的服务于市域各乡镇的企业和居民点之间。这些公路与城市发展的关系十分紧密，影响着城市的空间增长方向和城镇体系布局，因而，公路的布置不仅要有利于交通联系，也要有利于城市空间扩展。从许多城市的演变过程来看，公路干线建设诱导着各项功能向城区外围或郊区迁移，许多大型居住区、大型购物中心或专业市场沿国省道公路相继建成，有些城区甚至是沿着公路两侧"贴线式"发展起来的。

当公路既承担城区对外联系，又服务城区内部交通时，往往两侧商业设施集中，行人、车辆往来频繁，相互干扰很大。而随着城区规模的不断扩大，过境交通与城区交通的矛盾更加严重，不利于交通安全、顺畅和生活安宁。因此，如何最大限度地发挥公路运输灵活方便的优点，为城市生产、生活服务，同时尽量减少对城市的干扰，是在城市所辖范围布置公路线路的一个关注点。公路经过沿线城市时，应根据公路的使用功能、性质、等级和所在区位的特点，综合考虑过境交通和地方交通的要求，结合城市的空间布局进行布设。

公路交通的流向分布及其与城市的关系，有以下三种情况：

（1）与城区关系不大的过境交通，这类交通一般要求尽量从城区边缘通过，但应安排短暂停留的交通、生活设施，以免干扰城市。

（2）以城区为起止点的出入城交通，这类交通要求线路直捷，能深入城区，并与城市干路直接衔接，但应避免穿越干扰。

（3）城郊各区之间的交通。根据郊区土地利用和城镇发展布局规划布置公路系统，一般可利用环形公路联系主要城镇。

4.4.2.3　公路与城市连接的基本方式

公路与城市的连接采用哪种布置方式，与过境交通或入境交通的流量有很大关系，要根据公路的等级、城市的性质和规模等因素来决定。几种公路与城市连接的基本方式，如图 4-4-2 所示。

（1）对于等级不高、封闭性不强的公路，可采用沿城区发展用地边缘经过的办法。这也是改造一般公路穿越城区的常用方式，将公路汽车站设在城区边缘的入口处，同时将过境交通引至城区外围通过，避免进入城区产生干扰（图 4-4-2a）。

（2）一般来说，公路的等级越高、经过的城区规模越小，通过该城区的车流中入境的比重越小。因而公路宜布置在城区外围一定的距离，并采用入城道路与之连接（图 4-4-2b）。

（3）大城市与外围地区的联系紧密，往往是多个方向公路线路的起止点，成为公路交通的枢纽。由于出入城的交通较多，希望引入城区。因此，可以采取部分城市干路与对外公路相连接的方式，但应避免对交通紧张的地区造成干扰，不宜深入中心区内而是相切而过（图 4-4-2c）。

（4）在更大规模的城市内，如果将公路引入市中心，将会极大地增加城市交通的压力，因此可在城区边缘修建环形放射公路网，将各方向的公路线路联系起来，使与城区无关的过境车流从外围绕过，出入城交通转入城市干路系统，由此减少公路交通对城市的干扰（图 4-4-2d）。

（5）特大城市用地范围广，郊区城镇发达，并分布有大型工业区、仓库区、交通集散点（车站、码头、机场等）以及休疗养区、公园绿地等设施，它们之间也存在着大量的客货运输，可以根据需要在郊区增设环形公路，同时起到分流城区入境交通的作用（图 4-4-2e）。

（6）公路与城市道路自成系统，互不干扰。公路从城市各个功能分区之间通过，与城区不直接接触，而在一定的入口处与城市道路连接。这种方式常见于组团布局的城市（图 4-4-2f）。

为解决城市规模扩大和过境公路等级提高的矛盾，不少城市在规划中提出了公路向外改线的方案。但是，对于高等级收费公路的过境分流效果需要谨慎论证。以某市城区段为例（图 4-4-3），西侧高速公路 S29 线的交通量远低于穿过城区的 S294 线，前者虽然分担了一部分长距离的过境交通，但周边地区仍有大量交通活动为节省成本而继续使用 S294 线。在这种情况下，有必要对改线公路采用高速公路还是城市快速路的方案进行比较。

4.4.2.4　高速公路与城市的连接

城市对公路服务的要求有"连通"和"快速"两个方面，高速公路最突出的优点是速度高、通过能力大，但由于完全控制出入，易对沿线城市产生过境阻隔。在进行公路网总体布局时，要充分考虑高速公路与城市的关系，一方面

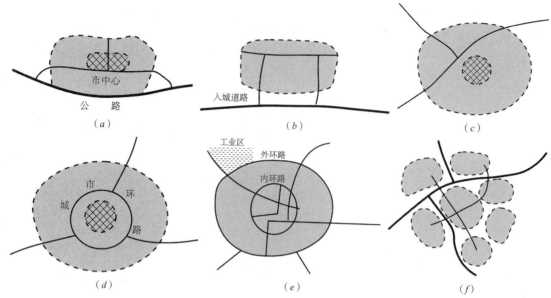

图 4-4-2　公路与城市连接的基本方式

（a）在城区边缘切过；（b）通过入城道路连接；（c）引入城区内部；（d）修建绕城环线；（e）修建郊区环线；（f）组团之间穿行线

使高速公路的优势得到充分发挥，另一方面尽量减少对城市的割裂。

（1）高速公路的布置形式

高速公路在城市范围内的布置，应遵循"近城不进城，进城不扰民"的布置原则。具体来讲，高速公路的定线布置根据城市的性质和规模、行驶中车流与城市的关系，可分为环线绕行式、切线绕行式、分离式和穿越式四种布置方法（图 4-4-4）。

1）环线绕行式——该形式适用于主枢纽的特大城市。当有多条高速公路进入城市时，可采用环线拦截、疏解过境交通，如上海（图 4-4-5）、广州。

2）切线绕行式——当有两、三条高速公路进入城市时，采用切线绕行式可减轻过境交通对城市的干扰，如无锡。

3）分离式——在高速公路上行驶的多数车流如果与城市无关，则最好远离城市布线，用联络线接入城市，如昆山、镇江。

4）穿越式——高速公路从城市组团间穿过，高速公路全封闭，或高架或地下或高填土穿过城市，过境交通与城市交通基本无干扰，如常州、苏州。

（2）高速公路与城市道路的衔接

对于高速公路与城市道路的衔接，要求合理选择高速公路的出入口及专用连接线，

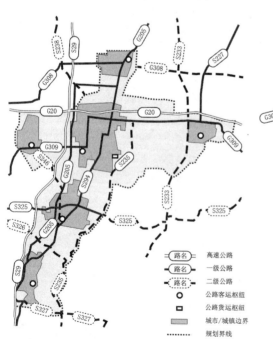

图 4-4-3　某市高速公路和其他公路的布局关系

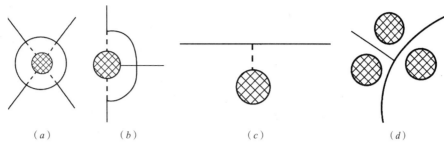

图 4-4-4　高速公路与城市连接的方式
（a）环线绕行式；（b）切线绕行式；（c）分离式；（d）穿越式

图 4-4-5　上海市高速公路网布局

采用立体交叉与城市路网相连。出入口的数量、位置和形式，应根据城市规模、布局形态、公路网规划和环境条件等因素确定（图 4-4-6）。

1）经过中小城市的高速公路，应适当远离城市，由立体交叉牵出入城道路，为城市的未来发展留有余地。

2）经过大城市的高速公路，要与城市快速路网和外围交通干路相衔接，也可成为市域公路环线的组成部分。

3）经过特大城市的高速公路，必要时可直接引入中心区边缘。在城市建成区内用地受到限制或有大量地下工程管线的地段，常需修建高架公路和下穿

147

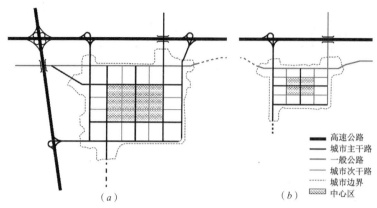

图 4-4-6　高速公路与城市道路的衔接

（a）大城市；（b）小城市

资料来源：文国玮，2013

隧道。高速公路经过居民区、医院和学校时，要在路侧修建隔声墙，以防止噪声扰民。

需要注意的是，高速公路出入口以及与之相连接的出入城干路，对城市发展具有诱导作用，在规划中应给予特别的重视。高速公路出入口一般宜设置在建成区的边缘；特大城市可在建成区内设置高速公路出入口，其平均间距为 5～10km，最小间距不应小于 4km。在高速公路出入口附近可设置公路客运站以及停车场、加油站、旅馆等服务设施，方便人们短暂停留和换乘其他交通工具到市中心区。

4.5　公路场站布局规划

按照公路运输场站的使用功能不同，传统上一般分为客运站、货运站、技术站、过境车辆服务站。上述场站设施里，与城市布局联系较密切的是公路客运站和货运站，又称为汽车客、货运站。根据客货流量的大小和实际运营的需要，客、货运站可以分别设置，也可以合并共处。随着现代运输业的蓬勃发展，各种运输方式在同一个平台上或一个空间内零距离转换成为现实，部分传统的公路客、货站逐渐发展为公路客、货运枢纽。

公路运输场站的位置选择和用地规模，除符合车站本身的技术要求外，还要与城市总体功能布局和道路系统相协调，使之既使用方便，又不影响城市的生产和生活。

4.5.1　公路客运站

4.5.1.1　客运站的分级分类

公路客运站分为专用客运站、客货兼用客运站。专用客运站主要办理客运业务，客运量较大，设施齐备，且没有货运业务干扰，一般大、中城市都采用专用客运站。客货兼用客运站的客运量较小，车站规模不大，但车站设施与人员可得到充分利用，一般常为乡镇与较小的城市所采用。

客运站的规模应由客运量决定，以建成使用后第十年的客运量作为设计年度规模。公路客运站的规模要适中。若规模过小，客运站在较短时间内就不适用，并且当原站址扩建有困难而必须迁址重建时，投入资金反而更大。与此相反，客运站规模若定得过大且离城市中心太远，则会带来下列问题：①客流车流高度集中，不但旅客乘车不便，而且对周边城市交通造成很大影响；②站务管理复杂，服务质量下降；③客运站建筑庞大，在非高峰时利用率很低；④客运站用地很大，征地拆迁困难。

客运站的级别划分，应根据车站设施和设备配置情况、地理位置和设计年度平均日旅客发送量（以下简称日发量）等因素确定。车站划分为五个级别（表4-5-1），以及简易车站和招呼站。

公路客运站分级　　　　　　　　　　　　　　　　表4-5-1

分级	旅客日发量（人次）	代表性车站	旅游区或口岸车站
一级	≥10000	省、自治区、直辖市及其所辖市、自治州（盟）人民政府和地区行政公署所在地，如无10000人次以上的车站，可选取日发量在5000人次以上具有代表性的一个车站	位于国家级旅游区或一类边境口岸，日发量在3000人次以上的车站
二级	5000≤日发量<10000	县以上或相当于县人民政府所在地，如无5000人次以上的车站，可选取日发量在3000人次以上具有代表性的一个车站	位于省级旅游区或二类边境口岸，日发量在2000人次以上的车站
三级	2000≤日发量<5000		
四级	300≤日发量<2000		
五级	<300		

注：一、二级车站的设施和设备须符合汽车客运站设施配置表和设备配置表中的各级车站必备各项，且具备日发量、代表性车站、旅游区或口岸车站的三个条件之一。

达不到五级车站要求时，以停车场为依托，具有集散旅客、停发客运班车功能的车站为简易车站；不设站房而具有明显的等候标志和候车设施的车站为招呼站，是客运班车的停靠点，上下车的旅客较少，常设于乡村小镇。随着城乡公交一体化的发展，很多市域短途客运班线调整为公交线路，这些招呼站作为公交中间站。

车站占地面积按每100人次日发量指标进行核定，且不低于表4-5-2所列指标的计算值。规模较小的四级车站和五级车站占地面积不应小于2000m²。

客运站占地面积指标　　　　　　　　　　　　　表4-5-2

设备名称（m²/百人次）	一级车站	二级车站	三、四、五级车站
占地面积（m²/百人次）	360	400	500

4.5.1.2　客运站的站址选择原则

客运站的站址选择是否合理，对城市布局、道路交通组织、客运站的作用发挥以及投资大小等都有显著影响。在确定站址时，要对影响站址选择的各种因素进行比较分析，择优而定。通常，公路客运站站址选择应纳入用地规划，合理布局，同时还应符合以下原则：

（1）客运站应尽量靠近人口集中地区，便于旅客集散和换乘，尽可能地节省旅客出行时间和费用，减少在市内换乘次数。

（2）客运站应与公路、城市交通干路紧密衔接，确保车辆流向合理，出入方便。在条件许可的情况下，应靠近铁路和水路客运站，并与城市公交场站良好整合，以方便旅客换乘其他运输方式。

（3）客运站应具有足够的场地，能满足车站近期建设需要，并为今后扩建留有余地。

（4）客运站站址如选在旅游风景区时，应注意保护名胜古迹的风貌与建筑风格，在可能的条件下，站址宜靠近风景区，以方便旅客乘车。

（5）应具备必要的工程、地质条件，方便与城市的共用工程网系（道路网、电力网、给水排水网、排污网、通信网等）的连接。

4.5.1.3 客运站的布局规划

在公路运输快速发展时期，城市中心区的公路客运站由于站场面积小、客流量大导致"有市无场"的状况。而伴随个体机动化水平的不断提高，客运站周边常成为城市交通秩序混乱、拥堵最为严重的地区之一。许多城市把公路客运站外迁作为解决场站不足和交通拥堵的首选措施。然而，客运站布置的"边缘化"削弱了公路客运"门到门"的优势，容易造成旅客的使用不便而形成"有场无市"的局面。

（1）从根本上，公路客运需求是公路客运站布局规划的决定性因素。其中，需求产生源主要分布于城市人口稠密地区，吸引源主要分布于就业密集区和交通枢纽地区。这些地区大多分布于城市中心，从运输服务的角度出发，公路客运站布局在公路客运需求的重心位置为宜。

（2）客运站的位置与城市规模大小有密切关系。中小城市一般设置一个汽车客运站，为了便于管理，或与货运站合并，也可将技术站组织在一起。客运站应接近公路干线并尽量靠近中心区，但应避免设置在交通干路的交叉口附近，以防止人车混杂，阻塞交通。

对于大城市，应根据人口分布和城市交通情况进行分散布置。可以结合客运站的服务功能和分类分级，分方向、分片区设置两个以上的客运站，以适当予以分流。为了方便旅客，客运站可深入市中心边缘，在用地紧张的地区也可采用地下车站的形式，国内已有一些大城市做了尝试。城区外围的车站可设在出入城道路附近，并安排一定的服务设施，以避免不必要的车流和人流进入城区。

（3）当设有两个及以上的公路客运站时，由于各个车站的服务功能有所分工，车站之间存在着一定的转乘需求，需要提供便捷的城市交通，尤其是快捷的公交系统（包括轨道交通）进行衔接，才能保证客运站一体化服务功能的发挥。

在南京市区的公路客运枢纽布局规划中，共设有8个客运站（图4-5-1）。其中小红山站和客运南站为公铁综合换乘站，分别衔接铁路南京站和南京南高铁站；紫金山站有地铁2号线接驳；中华门站靠近城市核心区，便于中心区居民和旅游人口的就近使用（表4-5-3）。

南京市区规划公路客运站场一览表　　　　　　　　表 4-5-3

站名	级别	日发量（万人次）	日发班次（班）	用地面积（hm²）	主要发车方向
客运南站	一级	3	1500	10	所有班线，侧重苏南、浙北
中华门站	二级	0.5	300	—	苏南、皖南、南京市域
中胜站	一级	1	500	3.7	苏南、皖南、部分苏北
小红山站	一级	3	1500	4	所有班线，侧重苏北
中央门站	二级	0.5	300	—	各地级市、长三角快客
客运东站	一级	1.5	750	—	苏南、上海、部分苏北
紫金站	一级	1	300	3.7	苏南、部分苏北、南京市域
客运北站	一级	1	500	3.7	苏北、皖北、部分苏南
合计		11.5	5650	25	

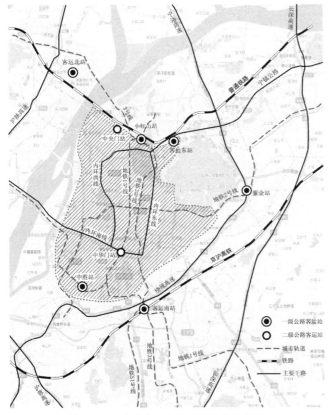

图 4-5-1　南京市区公路客运站布局规划

4.5.2　公路货运站

4.5.2.1　货运站的分类

公路货运站是公路货运网络的重要节点，是以公路运输为主要手段组织货物集散、中转运输，并具有一定规模停车、仓储和装卸作业场所的设施。其主要任务是提供集疏运、仓储、信息等服务，接纳货物进入运输站暂存、分拣装车及安全及时送达目的地，是实现"门到门"运输和公路行业直接为车主和货主提供多种服务的场所。

公路货运站根据主要业务功能可以分为四类：综合型、运输型、仓储型和信息型公路货运站。

（1）综合型公路货运站（公路物流中心）

综合型公路货运站，是指具有运输和仓储等物流多环节服务的功能，集运输、货运代理、仓储、配送、流通加工、包装、装卸搬运、信息服务等多功能于一体，分拣与配送多种商品的公路货运站。这是将传统公路货运站进行规模扩大、功能提升和管理优化而形成的公路货运节点和枢纽，相当于现代物流体系中的物流中心。

这些物流中心可划分为周转中心、配送中心、仓储中心和流通加工中心[1]，

---

[1] 周转中心即不具有在库管理、商品保管功能，而是单纯从事分拣、商品周转作用的物流中心。配送中心是拥有在库管理、商品保管等管理功能，同时又进行分拣、商品周转业务的中心。仓储中心是具有单一从事商品保管功能的物流中心。流通加工中心是具有从事流通加工功能的物流中心。

它们最大限度地优化从制造者到消费者之间的运输和运输流动信息的分配，从而形成完整的供应链。同时，具有产业一致性或相关性且集中连片的物流中心组织在一起，进一步成为规模更大、功能集结的物流园区。集中的物流设施群和众多的物流企业，有利于实现物流设施的集约化和物流运作的共同化。

物流园区的规模与物流类型、货物结构及流量、技术设备、管理水平等方面因素相关，应根据其业务性质及服务范围来合理确定。物流园区投资巨大，投资回收期大多在 15 年左右，其规模直接关系到物流园区建设的成败。一般应按照适应市场需求并适度超前的原则，来确定最佳的物流园区规模。参考目前国内外物流园区用地规模指标，一般为 100 万 TEU/1km²。综合考虑我国实际情况，配送型物流园区用地一般在 0.5～1km² 之间，货运枢纽型物流园区面积应控制在 3km² 以内。

（2）运输型公路货运站

运输型公路货运站，是指以运输、中转服务功能为主的公路货运站，从事公路干线运输和城市配送的道路货物运输，可以提供"门到站""站到门""站到站"的服务。按照服务的货物特征，又可分为公路零担货运站、公路集装箱货运站等。

1）零担货运站，专门从事公路零担货物运输业务。集零担货物的收集、整理、仓储、编组、装运、中转、分发、交付等环节于一体，实现零担货物运输各个环节的贯通与衔接。

2）集装箱货运站，专门从事公路集装箱货运运输业务。主要进行集装箱拆箱、装箱、仓储和接取、送达业务，实现港口、车站、货主间的集装箱中转运输和"门到门"运输，在整个集装箱运输和集装箱多式联运中，发挥"链接"和"纽带"的作用。

（3）仓储型公路货运站，是指以从事货物仓储业务为主的公路货运站，可以为客户提供货物储存、保管等服务。

（4）信息型公路货运站，是指以从事货物信息服务业务为主的公路货运站，可以为客户提供货源信息、车辆运力信息、货流信息及配载信息等服务。

4.5.2.2 货运站的分级

以占地面积和处理能力作为主要依据，进行货运站站级划分。不同等级的各类公路货运站占地面积和处理能力应符合表 4-5-4 的要求。

综合型公路货运站分级标准　　　　　　　表 4-5-4

类型	指标	一级	二级	三级
综合型	占地面积（亩）	≥ 600	≥ 300	≥ 150
	处理能力（吨/年）	≥ 600	≥ 300	≥ 100
运输型	占地面积（亩）	≥ 400	≥ 200	≥ 100
	处理能力（吨/年）	≥ 400	≥ 200	≥ 100
仓储型	占地面积（亩）	≥ 500	≥ 300	≥ 100
	处理能力（万 m²）	≥ 20	≥ 10	≥ 3

续表

类型	指标	一级	二级	三级
信息型	占地面积（亩）	≥ 200	≥ 100	≥ 50
	处理能力（次／日）	≥ 500	≥ 300	≥ 100

注：1. 1亩为666.7m²。

　　2. 仓储型货运站的处理能力指货运站仓储设施的拥有能力，即仓储面积。

　　3. 信息型货运站的处理能力为日均交易次数。

对于集装箱公路中转站，可按照设计年度的年箱运量（TEU）和年箱堆存量（TEU），将站级划分为三级，见表4-5-5。

集装箱公路中转站站级划分　　　　表4-5-5

	地域	一级	二级	三级
设计年度的年箱运量（TEU）	沿海地区	30000以上	16000 ~ 30000	6000 ~ 16000
	内陆地区	20000以上	10000 ~ 20000	4000 ~ 10000
设计年度的年箱堆存量（TEU）	沿海地区	9000以上	6500 ~ 9000	3000 ~ 6500
	内陆地区	6000以上	4000 ~ 6000	2500 ~ 4000

4.5.2.3 货运站（物流中心）的布局规划

建立布局合理的公路货运站和物流中心，对城市功能与结构的优化调整具有一定的引导作用，也是缓解城市交通压力和实现多方式联运、提高货运效率及物流经营规模效益的有效途径。比如，在郊区或城乡结合部主要交通干路的附近建设物流中心，能吸引大量仓储业、运输业、批发业、配送行业甚至生产企业从市中心沿交通干线迁移。

因此，公路货运站（物流中心）布局规划应满足城市和区域未来社会经济和交通运输发展的需要，形成与生产力布局和交通运输结构相协调、与公路交通网络相匹配、与现代物流发展相适应、与其他运输方式密切衔接的公路运输枢纽网络体系。

（1）布局原则

影响公路货运站（物流中心）布局规划的因素有交通区位、物流需求、基础设施、价格和弹性发展等。在进行货运站（物流中心）布局规划时，应与城市空间布局的变化趋势相适应，新旧兼容、分期实施，并遵循以下原则：

1）靠近城市交通干路出入口，对外交通便捷。物流中心以公路为主要货运方式，靠近干路出入口并与高速公路、快速路紧密连接，便于货物的集散。

2）靠近货物多式转运枢纽。紧邻港口、机场、铁路编组站或两种以上运输方式的组合枢纽，以实现多方式联运、提高货运效率。

3）与主要货源地的分布相一致并有便捷的联系通道。紧邻大型工业园区或商业区，以缩短运输距离、降低运费、实现迅速供货。

4）有通达的物流通道网络，利于实现货物的准时运送。综合考虑货运通

153

道的分布、通行能力和交通管制情况，保证网络的通达性，提高物流运送效率和服务质量。

5）周围有足够的发展空间。大型公路转运枢纽占地大，对当地产业发展具有重要的带动作用，其布局既要满足物流自身的发展需要，也要为相关企业留有发展余地。

6）合理利用既有的设施，避免重复建设。优先考虑将现有仓储区、货站改建为适应现代物流发展的货运场站；关联性大的物流设施尽可能靠近布置，提高物流经营的规模效益。

7）考虑生态环境要求，尽可能降低对城市的干扰。由于大型货运站的车辆出入频繁，应适当设置在远离中心区的地方，以免影响城市的道路交通和环境质量状况。

（2）布局模式

布局良好的货运站将使本地消费货流、中转（直通）货流和本地产品向外的输出货流得到合理的组织，减少货物在市内的无效行驶和货车对交通基础设施的占用。

货运站（物流中心）的典型布局模式可以分为以下几种类型：

1）集中型布局模式，是将货运的专项运输、中转联运、辅助服务等（包括配送、装卸仓储、其他物流服务）诸多功能融为一体，集中进行布局的方案。其特征是场站数目较少，而为场站服务的受理点较多；场站规模相对较大、业务综合性强、功能完善等。

2）分散型布局模式，是指根据城市布局形态，按照划分的货运小区将场站分散布置在主干路附近，便于货物集散的一种模式。其特征是一般场站数目较多、服务覆盖面广、经营灵活方便等，但存在服务区域交叉的现象，协调管理要求较高。

3）功能对口型布局模式，是根据货运类别，如零担、集装箱、储运、配送等，选择货源集中、运量较大的位置设置货运场站，便于各场站建成后功能得到充分发挥。其特征是专业性较强，但综合性稍差、缺乏灵活性。

4）辐射型布局，是根据货物流量、流向分布情况，结合骨架道路的联系方向进行场站的分级布局。其特征是便于货物中转换装，减少进入城市中心区的车流，但不易形成"门到门"运输，对货物的接力运输要求较高。

国内外有不少城市将公路物流中心和货运交通尽量安排在城区外围。如广州市在绕城高速以外的市郊边缘地带建设了若干个公路物流中心（园区），使进入城区的货物先集中在公路物流中心（园区），集零为整，再统一运输。这样不仅提高了车辆利用率，也通过限制大型运输车辆进入城区，缓解了城市内部交通压力。

■ 参考文献

[1] 徐循初. 城市道路与交通规划（下册）[M]. 北京：中国建筑工业出版社，2007.

[2] 文国玮. 城市交通与道路系统规划[M]. 北京：清华大学出版社，2013.

第5章 航空交通运输发展与规划

5.1 航空运输发展概况

5.1.1 世界航空运输发展历程

第一次世界大战结束后，由于军事需要的急剧减少，民用航空开始得到发展。在初期，受机械可靠度及天气等因素的限制，搭乘飞机旅行是一项冒险性的活动。随着航空技术的进步和运输组织管理及服务水平的提高，尤其是20世纪60年代大型喷气式民用运输机出现后，航空运输的安全性、经济性、稳定性和舒适性显著改善，世界民航业进入了快速增长阶段。20世纪80年代以来，发达国家航空业的放松管制、经济全球化的深入发展、单位油耗及运输成本的降低，特别是国民收入的增加以及旅游业的兴盛，极大地促进了航空运输规模的扩大，成为这一时期增长速度最快的现代化交通运输方式。借助快速、远距离运输的能力，航空运输在经济全球化和国际交往中发挥着越来越大的作用。

从长期来看，全球航空运输量与经济发展表现出正相关性，航空客、货周转量的增长与世界贸易量的变化趋势基本一致（图5-1-1）。2015年，全球航空客运量已达到35亿人次，较2005年的20亿人次增长了70%以上，是1970年的十

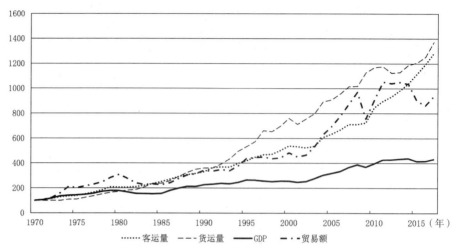

图 5-1-1　全球航空客运量、货邮吨公里与 GDP 和贸易量的关系（以 1970 年值为 100）

资料来源：根据世行统计数据绘制

数倍；同年，全球航空货邮量达到了 5100 万吨，较 2005 年增长了 40%。但随着航空市场的逐渐成熟，20 世纪 90 年代以来航空运输量相对于世界贸易量的增长弹性系数有所下降。此外，航空运输产业对世界经济环境和石油价格的变动十分敏感，在国际经济走势增长或衰退的影响下，航空运输量经常呈现一定的波动。

从当前世界航空市场的格局来看，全部旅客和货邮需求量的 80% 以上集中在亚太、北美和欧洲地区，形成了"三足鼎立"的局面，这与三个地区在全球经济上的地位大致吻合。亚太地区现已成长为全球最大的航空运输市场，在 2014 年全球收入客公里（RPKs）中占 31% 的份额，其后是欧洲和北美，分别占 27% 和 25%；中东地区的增长速度最快，其比例扩大到 9%。在 2014 年全球航空货邮吨公里（FTKs）中，亚太地区所占比例接近 40%；欧洲和北美分别占 22% 和 21%；中东地区占 13%。从发展速度来看，欧美各国的航空市场正趋于饱和，航空运输量增长速度较为缓慢，而亚太、中东地区等新兴经济体的航空运输业迅速崛起，成为引领全球航空业增长的主要动力。根据国际经验，一个国家或地区的人均 GDP 达到 1.5 万～2 万美元时，其人员年均航空旅行次数[1] 将趋于平稳（图 5-1-2）。2018 年，美国每人年均乘机次数为 2.7 次；中国只有 0.43 次，但是与 2002 年的 0.07 次相比却增长了 5 倍多，这意味着中国等新兴经济体航空市场的巨大发展潜力。按照国际航空运输协会（IATA）发布的旅客增长预期，2035 年全球航空客运总量将增至 72 亿人次。

航空运输在国际间，尤其是洲际长距离运输中有着无可替代的作用。随着经济全球化程度的加深以及对外贸易、投资和国际交往的增加，民用航空在提高国家和地区的国际竞争力方面将发挥更显著的作用。航空运输已成为国民经济的重要组成部分和国家的基础性、先导性产业，有利于促进和加强各地与外界之间人员、物流、资金、信息的交流，其发达程度一定意义上代表了一个国家或地区的综合实力与竞争能力。

---

① 某个国家或地区的人年均航空旅行次数（Flights per Captia）是指注册到该国家或地区的航空公司的年客运量与该国家或地区的人口之比。

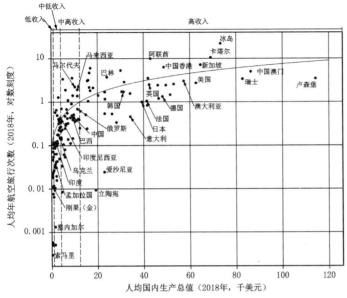

图 5-1-2 航空客运市场的不同发展水平（2018 年）
资料来源：根据世行统计数据绘制

目前，世界上大多数航空发达国家都实现了由城市对为主（Point-point）的航线布局逐步向中枢－轮辐式（Hub-spoke）航线网络布局的转变（图 5-1-3）。拥有国际枢纽航空港是国际经济中心城市的重要标志，世界上现有的或发展中的国际经济中心城市纷纷以大型机场装备自己，反映了国家和地区之间在政治、经济、文化方面的竞争。纽约、巴黎、东京、伦敦等都是重要的国际性航空枢纽，近年来亚太地区也竞相建设大型机场，机场的旅客和货运吞吐量排名跻身前列（表 5-1-1）。

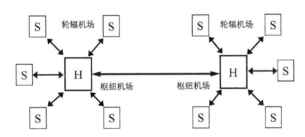

图 5-1-3 枢纽机场的中枢－轮辐式航线分布模式

前 20 位世界机场排名情况（2018 年） 表 5-1-1

排名	按旅客吞吐量排名	年旅客吞吐量（万人次）	按货运吞吐量排名	年货邮吞吐量（万 t）
1	亚特兰大哈茨菲尔德—杰克逊国际机场	10739	香港国际机场	512
2	北京首都国际机场	10098	孟菲斯机场	447
3	迪拜国际机场	8915	上海浦东国际机场	377
4	洛杉矶国际机场	8753	首尔仁川国际机场	295
5	东京羽田机场	8713	安克雷奇机场	281
6	芝加哥奥黑尔国际机场	8334	迪拜国际机场	264
7	伦敦希斯罗国际机场	8013	路易斯维尔机场	262
8	香港国际机场	7452	台北桃园机场	232
9	上海浦东国际机场	7401	东京成田国际机场	226
10	巴黎戴高乐国际机场	7223	洛杉矶国际机场	221
11	阿姆斯特丹史基浦机场	7105	卡塔尔哈马德机场	220
12	英迪拉甘地国际机场	6990	新加坡樟宜国际机场	219

排名	按旅客吞吐量排名	年旅客吞吐量 （万人次）	按货运吞吐量排名	年货邮吞吐量 （万 t）
13	广州白云国际机场	6977	法兰克福机场	218
14	法兰克福机场	6951	巴黎戴高乐国际机场	216
15	达拉斯—沃斯堡机场	6911	迈阿密国际机场	213
16	首尔仁川国际机场	6835	北京首都国际机场	207
17	伊斯坦布尔阿塔图尔克机场	6819	广州白云国际机场	189
18	印尼苏加诺—哈达国际机场	6691	芝加哥奥黑尔国际机场	187
19	新加坡樟宜国际机场	6563	伦敦希思罗国际机场	177
20	丹佛国际机场	6450	阿姆斯特丹史基夫国际机场	174

资料来源：Wikipedia 网站

5.1.2　中国航空运输发展历程

我国民航发展起步晚，经历了从无到有、由小到大、由弱到强的过程。特别是 1978 年以来，在航空运输、通用航空、机群更新、机场建设、航线布局、航行保障、飞行安全等方面取得了瞩目成就，逐步缓解了行业发展能力与社会需求不相适应的基本矛盾。中国民航发展主要有三个阶段：

（1）第一阶段——筹建初创时期（1949～1978 年）

1949 年 11 月，中国民用航空局成立，揭开了我国民航事业发展的篇章。1950 年，我国仅有 30 多架小型飞机，年旅客运输量 1 万人次，运输总周转量 157 万吨公里。至 1978 年，旅客运输量和运输总周转量分别增至 231 万人次和 3 亿吨公里；国际航线有 12 条。这一时期，民航运输隶属于空军建制，主要依靠中央投资。

（2）第二阶段——重组扩张时期（1979～2002 年）

从 20 世纪 70 年代末到 90 年代初，为适应国家改革开放和现代化建设的需要，进行了以增强发展活力为目标的民航管理体制重大改革。1980 年中国民航局改为国务院直属机构，采用政企合一的管理模式；1987 年再将航空公司与机场分设，组建了若干个地区管理局和 6 家国家骨干航空公司，民航业发展进入快车道。民航机场从 1980 年的 79 个增至 1990 年的 110 个（定期航班机场 94 个），航空运输业务量不断上升。

"八五"期间，我国民航业呈现井喷式发展。按照"集中力量保重点"的方针，新建约 30 个省会和重点城市机场，1995 年完成旅客运输量 5117 万人次，货邮运输量 101 万吨，1991～1995 年，年均增长分别达到 25.3% 和 22.2%。之后相继编制了《民航发展长远规划和"九五"计划纲要》及机场建设专项规划、《民航发展"十五"计划和十年规划纲要》，加强了枢纽工程、空管设施的建设，并初步建立了适应市场机制的政企分开的民航管理体制。

1997 年，我国航空运输总周转量、旅客周转量的位次跃升到世界第 10 位和第 5 位。2000 年，通航城市数量达到国内 135 个城市、国际 60 个城市，完成航空旅客运输量 6721.7 万人次，货邮运输量 196.7 万吨。全国定期航班机场达

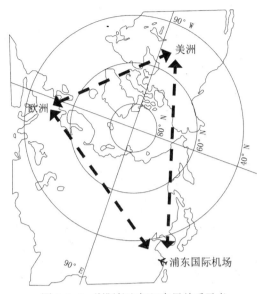

图 5-1-4　洲际航空枢纽布局关系示意

到 139 个（其中 4E 机场 22 个），基本形成了以北京、上海、广州为大型枢纽，省会和主要开放及旅游城市为干线机场的全国机场布局结构。上海浦东国际机场、北京首都国际机场 T2 航站楼的投入使用，是我国大型机场建设的里程碑(图 5-1-4)。但整体上机场服务范围不够广泛、部分干线机场容量饱和、军民航空域使用矛盾等问题依然突出。

（3）第三阶段——全面发展时期（2003 年至今）

2005 年，我国完成民航运输总周转量 261 亿吨公里，处于世界第二位，成为令人瞩目的民航大国。2006 年 9 月，民航"十一五"规划纲要指出了"构筑面向全球的航空交通圈体系、发展民航强国"的总体方向，继续建设首都、上海和广州三大复合枢纽机场，强化地区枢纽机场建设。

2010 年，进一步出台了《建设民航强国的战略构想》，制定了"两步走"的战略步骤。即：第一步（到 2020 年）全面强化基础，民航强国初步成形；第二步（到 2030 年）全面提升飞跃，建成安全、高效、优质、绿色的现代化民用航空体系，成为引领世界民航发展的强国。

在"民航强国"战略指导下，我国于 2007 年制定了《全国民用机场布局规划（2020 年）》，提出了建设北方、华东、中南、西南、西北五大区域机场群，使全国 80% 以上的县级行政单元能够在地面交通 100km 或 1.5h 车程内获得航空服务的设想。为了进一步优化机场布局，形成层次清晰、功能完善的现代化机场体系，2017 年修编完成了《全国民用运输机场布局规划（2025 年）》，提出了"形成 3 大世界级机场群、10 个国际枢纽、29 个区域枢纽"的规划目标，以形成层次清晰、功能完善的现代化机场体系。

在这一阶段，我国民航业以提高服务质量和综合实力为发展核心，通过加强机场规划建设、科学安排航线网络、大力发展通用航空、增强国际航空竞争力、建设现代空管系统、打造绿色低碳航空、推动航空经济发展等措施，使民航运输得到了长足的发展，航空服务领域日益扩大（表 5-1-2）。

1）航空运输持续增长。2015 年，民航旅客吞吐量达到 91477.3 万人次，国内、国际航线分别完成 82895.5 万人次和 8581.8 万人次，国际运输增长速度已全面快于国内运输；民航旅客周转量在国家综合运输体系中的比重由 1978 年的 1.6%、2008 年的 12.3% 上升到 2015 年的 24.2%。完成货邮吞吐量 1409.4 万吨，航空物流得到快速发展。

2）基础设施保障能力显著提升，枢纽作用日益凸显。机场布点不断加密，2015 年机场密度达到每 10 万 km² 有 2.2 个，覆盖全国超过 90% 的经济总量和 84% 的人口，在支撑经济社会发展方面发挥了重要作用。北京、上海、广州机场的国际枢纽地位明显提高，首都机场年旅客吞吐量、浦东机场年货邮吞吐量连续多年位居全球第 2、第 3。按照 2018 年旅客吞吐量的情况，我国有

10 大机场突破了 3000 万人次的规模，依次为北京首都、上海浦东、广州白云、成都双流、深圳宝安、昆明长水、西安咸阳、上海虹桥、重庆江北和杭州萧山。

3）通用航空建设初见成效。随着通用机场规划建设的审批权下放到省级政府和民航地区管理局，通用机场数量迅速增长，2015 年已达到 310 个。在传统通航作业领域稳步增长的同时，商务飞行、空中医疗等新兴通用航空领域也加快发展。

4）航空经济方兴未艾。临空经济区已经成为"机场－产业－城市和区域"一体化协调发展的空间战略高地，截至 2014 年，全国有 62 个城市依托 54 个机场规划了临空经济区。为充分发挥国际门户枢纽的优势条件，浦东机场综合保税区被纳入了上海自贸试验区的范围，以集聚先进制造业和服务业活动，加强对上海和长三角地区经济发展的引领作用。河北自贸试验区大兴机场片区是我国首个跨省级行政区域设立的自贸区，旨在加强大兴国际机场（简称"大兴机场"）临空经济区与自贸区的改革与发展联动，提高国际资源聚集能力，服务于京津冀协同发展的国家战略。

我国民用航空航线、飞机及机场数量增长情况　　　　表 5-1-2

指标	单位	1990 年	1995 年	2000 年	2005	2010 年	2015 年
定期航班航线条数	条	437	797	1165	1257	1880	3326
国际航线	条	44	85	133	233	302	660
国内航线	条	385	694	1032	1024	1578	2666
其中港澳地区航线	条	8	18	42	43	85	109
定期航班航线里程	万 km	50.7	112.9	150.3	199.9	276.5	531.7
国际航线	万 km	16.6	34.8	50.8	85.6	107.0	239.4
国内航线	万 km	32.9	75.1	99.5	114.3	169.5	292.3
其中港澳地区航线	万 km	1.1	3.0	5.6	6.1	12.1	17.2
定期航班通航机场	个	94	139	139	135	175	207
机场旅客吞吐量	万人次	3042	—	17137	28435	56431	91477
机场货邮吞吐量	万 t	—	—	—	633	1129	1409
民用飞机架数	架	503	852	982	1386	2405	4511
运输飞机	架	204	416	527	863	1597	2650
通用航空飞机	架	217	306	301	383	606	1866

注：1. 1992 年以前，民航机场和飞机架数为民航总局直属企业数，1992 年起为民航全行业数据。

2. 1997 年以前，港澳地区航线与国内航线、国际航线并列统计。1997 年起，民航所属至香港航线统计在国内航线中，航线里运量统计口径也做同样调整。1999 年起，港澳地区航线为国内航线的其中项，包含民航至香港、澳门航线及运输量。

3. 民航国内通航机场不包含香港、澳门特别行政区。

资料来源：中国统计年鉴、民航行业发展统计公报、民航机场生产统计公报

5.2　航空运输的经济技术特点和适用范围

5.2.1　航空运输的技术经济特点

总的来说，现代民航飞机向着大运力、低消耗、高舒适性和高安全性方向发展。航空运输具有如下主要特点：

（1）高速性。到目前为止，飞机仍然是最快捷的交通工具。早期活塞式飞机的最大时速约为600km，现代喷气式飞机的经济巡航速度大多在每小时900～1000km[①]。与地面方式相比，航空运输距离越长，所能节约的时间越多，快速高效的特点也越显著。

（2）安全性。随着航空技术的发展以及空中交通管制设施的改进，航空运输的安全性不断提高。据了解，航空发达国家的最高安全水平为每百万飞行小时重大事故率为0.15，其安全性高于铁路、水运，更高于公路运输。我国在《建设民航强国的战略构想》中提出了2030年每百万小时重大事故率不超过0.10的目标，要使航空安全保持世界先进水平。

（3）灵活性。航空运输不受高山、海洋、大漠等地理障碍的限制，可以到达地面交通方式难以到达的地区，使偏远地区与外部地区相连，还能大大缩短两地之间的运距。有研究认为，完成同样的客货位移，航空运距比铁路近25%～30%，比内河近70%～80%。此外，航空运输可以根据需要及时调动飞机和调剂运力组成不同的联结线路，有很大的机动性。

（4）自然垄断性。航空运输业是资本、技术、劳动和信息密集型的服务行业，其固定成本高昂，在总成本中所占比例大大高于很多其他行业，意味着该行业存在一定的进入和退出壁垒。

（5）准军事性。航空运输平时服务于国民经济建设，也能深入其他运输方式难以到达的地点，适应紧急抢险救灾的需要，战时还可服务于军事上的需求。各国政府都将民航部门列为准军事部门。

航空运输的局限性主要表现在：

（1）运输成本高。航空运输设施的主要投资是机场和飞机，尽管航空运输的单位成本已逐渐降低，但是基础设施的修建费用和飞机、航油的价格较高，其运输费用仍然高于其他方式，不适合低价值货物运输。

（2）相对运输能力小。飞机的载量少，A380满载可运送555人；而且舱容有限，对大件货物或大批量货物的运输有一定的限制。

（3）可达性受限。由于自然和技术条件的约束，机场和航线资源有限，其普遍性受到机场密度的直接限制。

（4）航空飞行受气象限制多，飞行安全容易受台风、雷雨、大雾、大雪等恶劣气候的影响。

（5）能源消耗大。航空运输对化石燃料的依赖性强，航油的能源消耗一般占到航空公司能源总消耗的90%以上。因此，提高燃油率是航空运输节能减排的关键。

5.2.2　航空运输的适用范围

航空运输的最大优点是速度快，但运输量小、运费较高，因此适合担负远距离的客运任务以及长途、急件、贵重的小宗货物和鲜活商品运输。航空运输

---

① 20世纪70年代，协和超音速飞机投入商业运营，其巡航速度可达到1280km/h，不间断飞行距离为6230km。但由于不能很好地解决高成本、载客量小、高油耗和高噪声问题，与波音747、A380等大型宽体客机相比缺乏竞争力，现已全部退役。

是国际间旅客和高附加值产品运输的主要方式，促进了生产、流通、投资和消费的全球化发展。

一般认为，出行距离在 500km 以上时，航空运输的快速性才能体现出来。对于中短途运输，因地面作业时间往往长于空中飞行时间，使得航空运输在高铁、公路运输面前失去优势。高铁对沿线机场的中短途航线造成了明显分流，随着高铁的网络化发展，航空客运的航段距离将会拉长，以便与高铁服务形成错位互补。

航空货运具有适时性，不仅能大大缩短货物在途时间，而且货损、货差少，适合于时间价值高的电子产品、节令商品、贵重物品以及精密仪器的运输。随着高科技产品更趋向薄、轻、短、小，航空货运需求仍将具有增长的前景。

在通用航空方面，主要提供包括工业、农林牧渔业和建筑业的作业飞行以及为医疗卫生、抢险救灾、气象探测、海洋监测、科学实验等方面的飞行服务，也被用于空中旅游、体育运动、商务差旅和通勤交通等服务。

5.3　空运工程设施的组成和一般技术要求

航空运输系统主要包括飞机、机场、航路和空中交通管理几大部分。其中,机场是在地面或水面上划定的区域（包括域内的各种建筑物、装置和设施），以供飞机起飞、降落和地面活动使用，是航空运输环节中不可缺少的基本组成部分。

5.3.1　机场的分类与分级

5.3.1.1　机场的分类

机场通常按自然条件、使用性质与作用分类，机场的类型不同，其各项技术要求也不同。

（1）按使用性质：分为军用机场、民用机场、专业机场、临时机场等，其中民用机场又主要分为公共运输机场和通用航空机场。公共运输机场的规模较大，客货运输的功能较全，使用较频繁；通用机场一般规模较小，功能相对单一。

（2）按航线性质：分为国际机场、门户机场、国内机场、地区航线机场。国际机场是供国际航线定期航班飞行使用的机场，有出入境和过境设施，设有固定的联检机构（海关、边防检查、卫生检疫、动植物检疫、商品检验等），一般也同时供国内航班飞行使用。门户机场是指国际航班第一个抵达地和最后一个始发地的国际机场。国内机场是只供国内航班飞行使用的机场。地区航线机场在我国指内地（大陆）民航运输企业与我国香港、澳门、台湾之间定期或不定期航班飞行使用而没有相应联检机构的机场。

（3）按航线布局：分为枢纽机场、干线机场和支线机场。枢纽机场是全国航空运输网络和国际航线的交汇中心，运输业务特别繁忙，中转业务比例相对较高；基地航空公司在枢纽机场的形成过程中起着至关重要的作用。干线机场以跨省、跨地区的国内航线为主，可开辟少量国际航线，运输业务量较为集中。

支线机场[1]是指连接省内及至邻近省区城市的短途航线机场,运输业务量较少,主要位于经济欠发达而地面交通不方便的城市或经济发达的中小城市。

(4) 按机场在航空交通组织中的作用:分为基地机场、起终点机场、中途机场、备降机场等。基地机场是指某航空公司把机场作为基地,停放过夜飞机、飞机检修以及一系列的配套人员、设备等。起终点机场是指旅客始发、终到的机场;中途(过境、中转)机场则是旅客经停或转机的机场;备降机场是指由于技术等原因,当预定着陆的机场不宜降落时飞机可以前往的另一机场。

(5) 按机场的自然条件和适用的航空器类型:分为陆上机场和水上机场两大类,其中陆上机场可分为固定翼飞机机场、直升机机场,后者有地面、高架和直升机甲板等类型;水上机场用于水上飞机[2]的起降和滑行,以满足森林灭火和水上救援等特种用途的需要。

5.3.1.2 机场的等级

飞机是航空运输的主要交通工具,机场各种设施的技术要求必须与运行的飞机性能相适应。根据《国际民用航空公约》附件十四和《民用机场飞行区技术标准》MH 5001—2013,在民用机场规划设计中,机场等级按照飞行区的等级进行划分。它采用国际民用航空组织(ICAO)的机场基准代号来表示,由计划使用该机场的飞机性能特性和尺寸两个要素指标组成,具体规定见表5-3-1。

机场飞行区的等级定位 表5-3-1

要素指标 I		要素指标 II		
代码	飞机基准飞行场地长度(m)	代字	翼展(m)	主起落架外轮间距(m)
1	< 800	A	< 15	< 4.5
2	800 ~ < 1200	B	15 ~ < 24	4.5 ~ < 6
3	1200 ~ < 1800	C	24 ~ < 36	6 ~ < 9
4	≥ 1800	D	36 ~ < 52	9 ~ < 14
		E	52 ~ < 65	9 ~ < 14
		F	65 ~ < 80	14 ~ < 16

(1) 要素指标 I (代码)是根据机场飞行区使用的最大飞机的基准飞行场地长度,分为1、2、3、4这四个等级。飞机的基准飞行场地长度是指以核定的最大飞行重量,在海拔为0m、气温为15℃、无风、跑道无坡的条件下起飞所需要的最小起飞距离。明确飞机基准飞行场地长度只是用于选定代码,并不能依此确定实际需要的跑道长度。

---

[1] 2006年出台的《民用航空支线机场建设标准》明确了支线机场符合下列条件:设计目标年旅客吞吐量小于50万人次(含),主要起降短程飞机,规划的直达航班一般在800 ~ 1500km范围内。支线机场的进出港航线主要呈单向分布、非辐射性分布,服务的旅客群体以本地为主。

[2] 水上飞机有船身式和浮筒式,船身式是按水面滑行要求设计的类似船身的机身,而浮筒式则是把陆上起降飞机的轮式起落架换成浮筒。

（2）要素指标Ⅱ（代字）是根据该机场飞行区所使用最大飞机的翼展和主起落架外轮外侧间的距离，从小到大分为 A、B、C、D、E、F 六个等级。各种机型的翼展和长度如图 5-3-1 所示。不同等级的机场可满足不同类型的飞机起降，等级越高可接受的飞机越大 ①。我国的运输机场一般都在 4D 以上，公务飞行一般使用 3C、3D 以上的机场，2B、2C 级别机场可用于农林作业，小于 800m 跑道的机场只适于使用小型飞机进行飞行培育、飞行体验等。

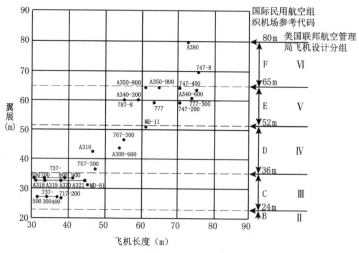

图 5-3-1　不同机型的翼展和长度情况

资料来源：ICAO，2006

　　浦东国际机场一期工程飞行区的等级定为 4E 级，但按 F 类飞机进行设计和预留，使浦东国际机场能够适应未来大型飞机的变化。将 E 类飞机的机型定为 B747-400，其机身长 70.7m，设计时按 75m 考虑，主要是作为确定候机长廊前排的停机位、部分远机位的尺寸及其他主要设施的大小；将 D 类飞机的机型定为 B767-300ER，机身长定为 55m，主要是用来确定候机长廊后排的停机位大小；将 F 类飞机的尺寸定为长、宽各 84m。

5.3.2　机场的组成及总平面布置

5.3.2.1　机场的组成

　　机场是航空运输系统中运输网络的节点，是旅客和货物由地面转向空中和由空中转向地面的接口。机场是一个复杂的系统，机场生产主体设施包括飞行区、航站区、目视助航设施、机场空中交通管制设施、货运区、机务维修区、机场供油设施、机场应急救援及安全保卫设施。机场生产辅助设施包括航空食品及机上供应品设施、服务保障设施、信息管理设施等。

　　根据飞机和旅客在机场内的流动状况，习惯上将其分为空侧（飞机活动区）和陆侧（地面工作区）两大部分，用以服务于飞机、旅客、货物和地

---

① 4C 级机场可以接受 B737、A320、MD82 等机型，4D 级机场可以接受 B757、A310、MD11 等机型，4E 级机场可以接受 B747、A340 等机型。

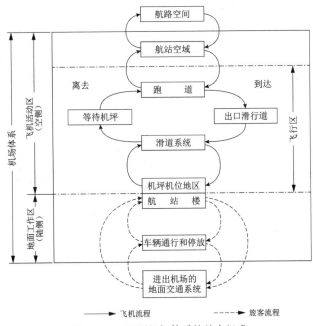

图5-3-2　民用机场体系的基本组成

面车辆，以实现空中交通和地面交通的转接。航站楼是这两个大区的分界线（图5-3-2）。

　　（1）空侧是专门用于飞机活动的航空作业面，由供飞机地面运行的飞行区和供飞机起降的机场空域组成，旅客和其他公众不能自由进入。其中，飞行区是指供飞机起飞、着陆、滑行和停放使用的场地，包括跑道、升降带、跑道端安全区、滑行道、机坪[①]以及供旅客上下飞机的闸口区域。机场空域指受机场塔台控制指挥、对机场周边障碍物有限制要求的航站区空域，包括等待空域、进近净空等（详见5.3.5）。

　　飞行区是机场的主要区域，通常占到机场面积的80%~95%，其几何设计直接影响到机场运营的效率、灵活性和未来增长的潜力。飞行区的平面布置一般包括跑道的数目、方向和形式，跑道同航站区的相对位置关系、滑行道的安排、各种机坪的位置及各种附属设施的布局。飞行区各部分的宽度、坡度、间距等技术要求必须同飞机性能、天气条件和驾驶员技术等相适应。

　　（2）陆侧是供旅客和货物办理手续和上下飞机的地面工作区，又称为旅客航站区。一般布置有航站楼、机场地面交通中心（机场道路和轨道、停车场、公交场站）、指挥飞机飞行和技术保养的设施。航站楼是乘机旅客及行李实现地面与空中交通方式转换的场所，其平面布局同旅客吞吐量、飞机运行次数、旅客构成（国内或国际）、场地的物理特性、出入机场的地面交通模式等许多因素有关。

5.3.2.2　机场的平面布置

　　机场的平面布置是机场总体规划的重要内容之一，要根据机场的发展规模，确定机场各种组成部分的最佳配置，使机场不仅满足航空运输的目标，并

---

① 机坪是机场内供飞机上下旅客、装卸货物或邮件、加油、停放或维修使用的特定场地。

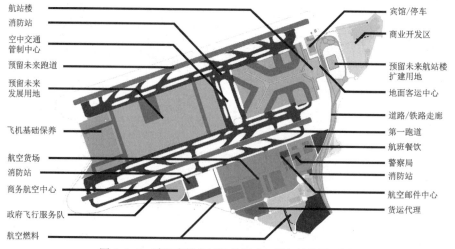

航站楼
消防站
空中交通
管制中心
预留未来跑道
预留未来
发展用地

飞机基础保养
航空货场
消防站
商务航空中心
政府飞行服务队
航空燃料

宾馆/停车
商业开发区
预留未来航站楼
扩建用地
地面客运中心
道路/铁路走廊
第一跑道
航班餐饮
警察局
消防站
航空邮件中心
货运代理

图 5-3-3　香港赤鱲角国际机场（一期）的总平面图

与城市的环境保护、土地开发、综合交通、公共事业等方面的发展相互协调。

在机场的平面布置中，各个功能分区及设施系统应当布局合理、容量平衡、满足航空运输业务量的发展需要（图 5-3-3）。充分协调飞行区、航站楼和地面交通三大部分的关系，将各部分安排在既有利于各自的分别使用，又便于相互间联系的位置上，使之成为一个有机的整体。其中，应优先安排包括飞行区、航站区、助航设施等在内的机场生产主体设施，同步设计机场地面交通系统和集疏运交通系统，并配套布置航空食品、服务保障、信息管理等生产辅助设施和各种公用设施，以保证机场安全正常运行和提高服务水平。

在各组成部分中，跑道在机场整体布置中具有主体作用。一方面，机场跑道容量很大程度上决定了机场的容量；另一方面，跑道的方位、数量、长度以及构型有很大程度的技术限制性。因此，跑道的布置不仅直接影响机场本身的平面布置和用地规模，而且直接影响机场净空限制的范围、噪声影响的范围，甚至还会影响到机场在城市中的位置选择。

在机场平面布置时，需要着重处理好航站区与飞行区的相对位置关系（图 5-3-4）。其主要原则为：

①在保证飞机安全运行的前提下，结合地形条件，尽量缩短起飞飞机从航站区到跑道起飞端及着陆飞机从跑道抵达站坪的滑行距离，提高机场运行效率、节约油耗；②尽量避免起飞、着陆飞机在低空飞行时越过航站区上空，防止意外事故的发生；③便于航站区与城市间的地面交通连接以及航站区内的交通组织；④为机场各项设施的未来扩建发展留有余地。

5.3.3　跑道

跑道是供飞机起飞、着陆、滑跑以及起飞滑跑前运转的场地。跑道的布置受到机型、运量、气象等多种因素的影响，应根据机场净空条件、风力负荷、飞机运行的类型和架次、与城市和相邻机场之间的关系、地形地貌、噪声影响、空域条件、管制运行方式等各项因素综合分析确定。

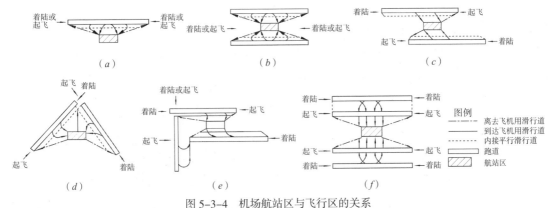

图 5-3-4 机场航站区与飞行区的关系
（a）单跑道；（b）平行跑道；（c）错位平行跑道；（d）交叉式跑道；（e）垂直跑道；（f）四条跑道

5.3.3.1 跑道的方位

飞机的起降必须逆风进行，逆风风速越大，起降滑跑的距离越短，并增加安全性。因此，跑道的方位应尽量与当地常年主导风向相近。当在跑道上起降的飞机与当时的风向方位不一致时，飞机会受到横向的侧风力，对起降安全有不利影响。早期的飞机重量较小，抗侧风的性能差，必须随着机场的风向相应地改变飞机起降的方位，因而机场是整片状的无人工道面的飞机场地。随着飞机重量的增加和抗侧风性能的提高，出现了多向式或切线式的带状跑道。直到大型化的喷气式飞机投入使用，机场跑道方位的布置形式才得以简化。

跑道方位选定的主要因素有：

（1）风向频率。即一年中机场当地不同风向天数各占的比例。当风向频率比较集中时（即一年中风向方位变化的幅度较小），对于跑道方位的确定是有利的。如果风向方位变化较大，为了适应不同的风向，保持机场常年的运营（一般要求一年有95%以上的时间可以正常起飞、降落），就必须采用多方位的跑道布置。

（2）风速。风力大小是由风速来决定的，因此机场跑道方位的选择，常常以该地的风速数值作为一个指标。

（3）机型。每一种机型对于侧风力的承受都有一定的限度，这便是机场对该机型所规定的侧风力临界值。一般说来，机型越大受侧风的影响越小，其侧风力临界值越大。

（4）其他。跑道的方位还受到周围地形、机场发展规划、可用面积大小以及相邻机场状况的影响。

5.3.3.2 跑道的长度

跑道的长度是衡量机场满足某类飞机起降要求的关键参数，是机场规模的重要标志，与飞行安全直接有关。设计跑道长度主要是依据预计使用该机场的飞机的起降特性（尤其是要求跑道最长的某种机型性能），它会受到很多因素的影响，主要有：①飞机的起降重量和速度，包括使它的升力或阻力增大的设备安装（如襟翼）；②航程长度（或不停航飞行距离）；③气象状况，尤其是温度、密度、压力和地表风；④机场所在位置，主要是机场标高、地形和跑道附近有形障碍物的存在；⑤跑道特性，如纵向坡度、表面状况（潮湿或干燥道面、表面结构）等。

跑道长度与以上因素之间的关系显而易见：飞机重量越大（空机重量加上商务载重和燃油重量），起降距离就越长。而航程越长，飞机的燃油和载重增加，也会使起飞距离更长。逆风越强，所需跑道长度越短，顺风则相反。高温会降低空气密度，导致发动机推力降低，并减小升力，会增加起飞所需跑道长度；而着陆时的阻力会减小，所需长度也会随之增加。我国拉萨贡嘎机场的跑道长达4800m，就是海拔高、升力小的缘故。此外，飞机沿上坡起飞比水平起飞或沿下坡起飞所需的距离长，一般情况是跑道有效坡度每增加1%，其长度须增加10%左右。潮湿的跑道会增加所需跑道长度，尤其是在着陆时。

为了确定机场的设计跑道长度，首先需要计算跑道的基本长度，即在标准条件下，选取飞机起飞滑跑、中断起飞滑跑、着陆滑跑三种情况下所需跑道长度的最大值；再根据机场所在的实际条件加以修正，包括海拔修正、气温修正和坡度修正。

从世界上机场的发展趋势来看，跑道长度是逐渐增长的。目前我国的多数国际机场都是4E级，这类机场的跑道长度在3000m以上，宽度为45~60m，可以起降波音747宽体客机。考虑到F类飞机的进一步研制发展，新建机场一般要留有一定的余地。很多新建的亚太地区枢纽机场跑道为3800m以上，如新加坡樟宜机场为3800m，香港赤鱲角机场为4000m，上海浦东国际机场为4000m，可以起降双层四引擎超大型宽体客机A380。

5.3.3.3 跑道的数量和布置形式

跑道构型指跑道数量、位置、方向及使用方式。跑道的数量主要取决于航空服务需求量（表5-3-2），运输不很繁忙且常年风向相对集中的机场，只需要单条跑道；运输非常繁忙的机场，当单条跑道的小时容量或年服务量不能满足飞行需求量时，则需要两条或多条跑道。

机场跑道的繁忙程度   表5-3-2

	每条跑道平均繁忙小时的运行架次	（或）平均繁忙小时的机场总运行架次
低	不大于15	小于20
中	16~25	21~35
高	26及以上	大于35

注：平均繁忙小时运行架次是全年每天最繁忙小时运行架次的算数平均值。1次起飞或着陆构成1次运行。

机场跑道的基本构型有单条跑道、平行跑道、交叉跑道和"V"形跑道（图5-3-5）。一般情况下，跑道的方位和条数应使拟使用该机场的飞机的机场利用率不少于95%。其中，主跑道是在条件许可的情况下，比其他跑道优先使用的跑道。

（1）单条跑道。是大多数机场跑道构型的基本形式，是最简单的一种构型，跑道占地少，适用于中小型机场或飞行量不大的干线机场；航站区尽可能靠近跑道中部，由联络滑行道与跑道连接。

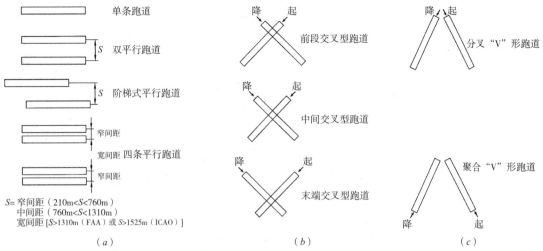

$S=$ 窄间距（210m$<S<$760m）
　　中间距（760m$<S<$1310m）
　　宽间距 [$S>$1310m（FAA）或 $S>$1525m（ICAO）]

（a）　　　　　　　　　　　　（b）　　　　　　　　　　　　（c）

图 5-3-5　机场跑道基本构型
（a）单条跑道与平行跑道；（b）交叉跑道；（c）"V"形跑道

（2）平行跑道。具有容量大、效率高、易于管理等优点，是目前新建或改扩建机场最为常用的一种多跑道构型。两条跑道中心线的间距（表 5-3-3），一般根据所需保障的起降能力确定。按照间距的不同，有近距、中距和远距平行跑道，其形式又分为双平行跑道和阶梯式平行跑道。窄距平行跑道的间距为 210～760m，航站区一般布置在两条跑道的一侧；中距平行跑道的间距为 760～1310m，航站区可以布置在两条跑道之间；宽距平行跑道的间距大于 1310m，航站区一般布置在两条跑道之间。从投资和运营的角度，如用地条件许可，其间距宜大于 1525m，以保证飞机能较好地同时精密进近。

3 条平行跑道的构型，有 3 条窄距、2 窄 1 宽以及 3 条宽距三种方式；4 条平行跑道最常见的是 2 组窄距的构型，如洛杉矶国际机场（LAX）和巴黎戴高

两条平行跑道中心线的间距　　　　　　　　表 5-3-3

两条平行跑道保障起降的能力		情况	跑道中心线间距（m）
目视飞行（VFR）	同时起降	供飞行区等级指标 I 为 3 和 4 的跑道用	≮ 210[①]
		供飞行区等级指标 II 为 E 的跑道用	≮ 360
		考虑重型飞机尾流涡流的影响	≮ 760
仪表飞行（IFR）	同时精密进近	不得已时	≮ 1035
		正常	≮ 1310
		有条件时	≮ 1525
	同时离场	有雷达	≮ 760
		无雷达	≮ 1000
	同时一条进近、另一条离场	两条跑道端部齐平	≮ 760
		两条跑道端部前后错开	≮（760 ± d/5）[②]

注：①飞行区等级指标 I，为 2 的跑道中心线间距 ≮ 150m，为 1 的跑道中心线间距 ≮ 120m。②d 为跑道端前后错开的距离。当进近是向着远的跑道入口时，式中"±"号取"+"，当进近是向着近的跑道入口时，取"-"，跑道中心线间距 ≮ 300m。

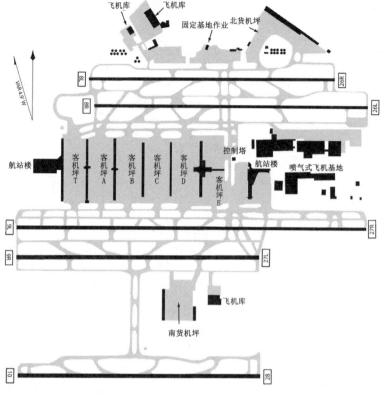

图 5-3-6 亚特兰大机场 5 条跑道构型

乐国际机场（CDG）；拥有 5 条平行跑道的机场有美国亚特兰大机场（ATL）和我国上海浦东国际机场（PVG），均采用 2 组窄距加 1 条宽距的构型（图 5-3-6）。

（3）交叉跑道。由于地形条件或其他原因无法设置平行跑道时，或因当地风向较分散，单条跑道不能保证飞机在机场起降的可能性大于 95% 时，可采用此方式。但随着客机重量不断加大及其对侧风要求逐步降低，新建机场已较少采用交叉跑道构型。

两条交叉跑道的容量通常取决于交叉点与跑道端的距离以及跑道的使用方式，应尽量使两条跑道的相交点接近它们的入口，使飞机从离开相交点方向起飞着陆而不是向着相交点起飞着陆。代表机场有法兰克福机场（FRA）、马德里机场（MAD）、孟菲斯机场（MEN）和苏黎世机场（ZRH）等。

（4）"V" 形跑道。"V" 形跑道是两条跑道不相交而散开布置，分为分叉 "V" 形和聚合 "V" 形。当一个方向来强风时，只能使用一条跑道；当有小风或无风的情况下，两条跑道同时使用。与交叉跑道相比，"V" 形跑道的小时容量大一些，且便于在两条跑道所夹的场地上布置航站区的各项建筑物。因此，"V" 形跑道一般比交叉跑道更为可取。在 "V" 形跑道中，飞机从 "V" 形端部向外散开起飞和着陆的运行较以相反的方式运行可提供更大的容量。

我国大兴国际机场一期采用了 3 条南北平行跑道、1 条东西侧向 "V" 形跑道组合的全向型跑道构型（图 5-3-7）。该侧向跑道除了可以有效疏导向东运行（飞往华东地区、大连、青岛及远地区）的出港航班，还可以充分利用侧风不大时

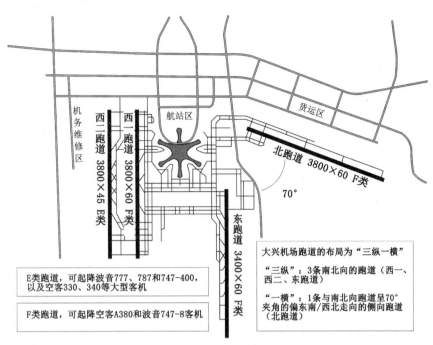

图 5-3-7 大兴国际机场（一期）的跑道构型

的天气条件，使向南运行但需要向北逆风起飞的飞机，调整为由西向东起飞后直接向南飞行，从而节省空中飞行时间。此外，还能缩短滑行距离，提高航班进出港效率。

在满足机场容量及运行要求的前提下，机场跑道的方位和条数应使飞机进离场航迹对机场邻近的居民区和其他噪声敏感区的影响程度降到最小。上海虹桥机场（SHA）就是为了减少空间占用和噪声影响，采用了窄距平行跑道的扩建方案。

对多个国际典型枢纽机场跑道和滑行道构型的汇总见表 5-3-4。从表中可以看出，大型枢纽机场飞行区的规划宜满足下列条件：主跑道必须确保 2 条，而且具有一定的间距，以保证跑道的独立起降；大型枢纽机场均应配备快速出口滑行道，最佳配置是每条跑道设 3 组 6 条快速出口，以保证各类飞机能双向快速地脱离跑道；在跑道内侧（临航站区一侧）设置 2 ～ 3 条平滑道；多跑道机场通常设置 2 条以上的双向联络道，且在机坪上设双向调度滑行道。另外，仪表着陆系统以 Ⅲ A 或 Ⅲ B 等级的 CAT（精密进近程序）运行为主；对少数风向不太稳定的机场，还应考虑设置侧风跑道，如达拉斯—沃斯堡机场（DFW）。

5.3.3.4 跑道的容量

机场跑道容量是衡量机场容量的一个重要标志，它很大程度上决定了机场的容量。跑道容量是指跑道供飞机连续使用时在规定时间内能容纳的最多飞机运行架次数，通常用每小时、每日或每年容纳飞机架次来表示。

机场跑道的容量，与机场所拥有的跑道数量及跑道布置的形式有关，同时还与每条跑道的使用方式（专供起飞、专供着陆或起飞着陆混合使用）、飞机机型组合及每架飞机占用跑道的时间、气象条件（简单气象条件还是复杂气象条件）、通信导航设备的完善程度、空域情况、空中交通管制设施的性能有关（表 5-3-5）。

国际典型机场跑道构型比较　　　　　　　　　　　　　　表 5-3-4

机场名称	机场代码	跑道构型	滑行道构型
东京成田国际机场	NRT	2 条主跑道，间隔 2500m	内侧 3 平滑、2 平滑；两端设回转道；多条快速出口；机坪双向调度道
首尔仁川国际机场	INC	4 条主跑道，主间隔 2075m	内侧 2 平滑；两端设回转道；3 组 6 条快速出口；机坪双向调度道
香港赤腊鱲角机场	HKG	2 条主跑道，主间隔 1500m	2 平滑或 3 平滑；两端设等待坪；3 组 6 条快速出口；两组双向联络通道
新加坡樟宜国际机场	SIN	2 条主跑道，主间隔 1643m	内侧 2 平滑；两端设回转道；3 组 6 条快速出口；4 条联络通道
伦敦希斯罗国际机场	LHR	2 条主跑道，主间隔 1900m	内侧 2 平滑；多条快速出口；两端设等待坪；机坪双向调度道
巴黎戴高乐国际机场	CDG	2 条主跑道，主间隔 3000m	内侧 2 平滑；多条快速出口；两端设回转道；机坪双向调度道
法兰克福美茵国际机场	FRA	2 条主跑道，主间隔 518m	平行跑道中间及两侧共有 3 条平滑；侧风跑道单平滑；多条快速出口
阿姆斯特丹国际机场	AMS	2 条主跑道	四边形内侧 2 平滑；1L-19R 设 4 条平滑；内侧多条快速出口；约 10 条联络通道连接 6 条跑道
亚特兰大哈兹费尔德—杰克逊国际机场	ATL	2 条主跑道，主间隔 1340m	内侧 2 平滑；多条快速出口；两端设回转道；机坪双向调度道
洛杉矶国际机场	LAX	2 条主跑道，主间隔 1300m	一侧 2 平滑；多条快速出口；两端设等待坪或回转道
达拉斯—沃斯堡机场	DFW	2 条主跑道，主间隔 1880m；2 条侧风跑道；2 条短跑道	主跑道内侧 2 平滑；两端 4 个等待坪及回转道，每条 3 组 6 条快速出口；机坪双向调度道；两条外侧主跑道 3 平滑；2 条短跑道单平滑
丹佛国际机场	DEN	已建 6 条跑道	内侧 2 平滑；多条快速出口；两端设回转道；机坪双向调度道；多条联络通道连接各跑道

注：2016 年 8 月 1 日，香港国际机场三跑道系统工程正式启动。

美国若干机场跑道系统容量（2014 年）　　　　　　　表 5-3-5

机场名称	跑道数量（条）	跑道构型	跑道系统容量（架次/小时）	
			目视条件	仪表条件
丹佛（DEN）	6	3 组不同方向平行跑道	262 ~ 266	224 ~ 243
亚特兰大（ATL）	5	5 条平行跑道	216 ~ 226	175 ~ 190
洛杉矶（LAX）	4	4 条平行跑道	167 ~ 176	133 ~ 143
芝加哥（ORD）	7	3 组不同方向平行跑道	214 ~ 225	168 ~ 178
旧金山（SFO）	4	2 组交叉跑道	100 ~ 110	70 ~ 72
孟菲斯（MEN）	4	3 条平行跑道，1 条"V"形跑道	144 ~ 160	111 ~ 134
达拉斯—沃斯堡（DFW）	7	2 组不同方向平行跑道	226 ~ 264	170

不同的飞机机型组合比例，会影响到飞机运行的平均水平间隔距离和平均速度，从而影响跑道容量。在分析跑道容量时，机型组合采用机队指数 MI（％）来衡量。$MI=C+3D$，其中 C、D 指 C 和 D 级别飞机的运行次数占总量的比例[1]。

---

[1] FAA 在 1976 年的跑道容量手册中，将飞机分为 A、B、C、D 共 4 种级别。A 是小型单引擎飞机，5.67t 或更轻；B 是小型双引擎飞机，5.67t 或更轻；C 指大型飞机，重 5.67 ~ 136t；D 为重型飞机，重量 136t 以上。

在导航设施方面，按照跑道能允许飞机采用的进近飞行程序，分为非仪表跑道、仪表跑道两类，分别供飞机用目视和仪表进近程序飞行。其中，仪表跑道又分为非精密进近（NP）、Ⅰ类精密进近（CAT Ⅰ）、Ⅱ类精密进近（CAT Ⅱ）、Ⅲ类精密进近（CAT Ⅲ）四级[1]。

一般来说，单条跑道在好天气情况下，目视飞行每小时可以起落45～100架次；在坏天气情况下，根据不同的飞机机型组合及助航设备，仪表飞行可以每小时起落30～50架次。

当跑道为2条或2条以上时，其构型布置和使用方案对容量有很大影响。

（1）两条平行跑道的容量：在目视飞行情况下约为单条跑道的2倍；在仪表飞行情况下，近距跑道的容量相当于单跑道容量；远距跑道若分别单独起降，则可提供的容量最大，为单跑道容量的2倍。

根据不同的飞机组合，近距平行跑道的小时容量为50～60架次；中距平行跑道为75～80架次；远距平行跑道为85～105架次。

（2）两条交叉跑道的容量：在目视飞行情况下约为50～175架次；在仪表飞行情况下约为40～70架次。

5.3.4 航站楼

5.3.4.1 航站楼的容量

旅客航站系统由旅客进出航站、办理旅客进程和飞行交接三大部分组成。旅客航站楼是为旅客提供地面服务的主要建筑物[2]，其基本功能是保证出发、到达、中转的旅客迅速而有秩序地登上飞机或离开机场，同时为旅客和接送人员提供候机和休息的场所。航站楼的主要设施分为旅客服务设施（地面交通、进出港大厅、候机厅、安全检查、出入境管理、海关检查等）、生活保证设施（休息室、餐厅、商店、银行等）、行李处理设施（行李分拣、行李提取等）和行政办公用房等。

机场航站楼的容量主要与旅客办理进程的方式、候机情况、登机口的数量及分布有关，并应与机场跑道容量相适应。通常，具有较为完善通信导航设备和交通衔接网络的国际机场，一条跑道服务的年旅客吞吐量在1500万～2000万人次左右。根据我国《民用机场工程项目建设标准》建标105—2008，旅客航站区按机场建设目标年的年旅客吞吐量指标进行分级，划分为六个等级（表5-3-6）。

航站楼的建筑面积取决于旅客吞吐量的大小，面积配置标准与机场性质、规模及经济条件有关。为满足工艺流程需要，我国航站楼的建筑面积不宜小于2000m²，具体可依建设目标年的典型高峰小时旅客吞吐量规模，按国内航班20～30m²/人、国际航班28～40m²/人估算（表5-3-7）。

---

[1] CAT Ⅰ——能足以对直接进近提供方向性指引；CAT Ⅱ——能供飞机在决断高度低至60m和跑道视程低至800m时着陆；CAT Ⅲ——又分为ⅢA、ⅢB、ⅢC三级，ⅢA和ⅢB能分别供飞机在决断高度低至30、15m和跑道视程低至175、50m时着陆，ⅢC用于不规定决断高度和跑道视程时运行。

[2] 除了机场航站楼，还有一种城市航站楼，即建在市中心的航站设施，它把机场航站楼的部分功能转移至市中心，办理除边防、安检之外的一切登机手续并接受旅客托运行李。

我国机场旅客航站区分级 表 5-3-6

指标分级	1	2	3	4	5	6
年旅客吞吐量 P（万人次）	< 10	$10 \leqslant P \leqslant 50$	$50 < P < 200$	$200 \leqslant P < 1000$	$1000 \leqslant P < 2000$	$P \geqslant 2000$

注：1. 本表指标 1、2 适用《民用航空支线机场建设标准》MH 5023—2006。
2. 年旅客吞吐量大于 4000 万人次机场的建设项目另行专项审核。

旅客航站楼建筑面积指标 表 5-3-7

旅客航站区指标	3	4	5	6
国际及我国港、澳、台部分（m²/人）	28 ~ 35	28 ~ 35	35 ~ 40	35 ~ 40
国内其他部分（m²/人）	20 ~ 26	20 ~ 26	26 ~ 30	26 ~ 30

注：本表适用于建设目标年预测旅客吞吐量 50 万人次以上、4000 万人次（含）以下的新建（迁建）、改建和扩建的运输机场工程项目（含军民合用机场中的民用部分），不含指标 1、2 的机场。旅客航站楼建筑面积包含 8% ~ 10% 商业面积及中转旅客面积。

5.3.4.2 航站楼的位置

为了旅客使用和飞机运行的便利性，要根据机场跑道和地面进出道路的方位，将航站楼设在机场内比较适中的地点。

航站楼位置选择的一般原则包括：航站楼宜设在靠近城市的跑道一侧，而不宜设在远离城市的跑道一侧。当机场风向较为集中时，航站楼宜适当靠近跑道主起飞的一端。当飞行区有两条跑道时，航站楼宜设在两条跑道之间。航站楼还要离开跑道有足够的距离，以便给站坪和平行滑行道的发展留有余地。

当仅有单个航站区时，航站楼的布置情况相对简单。随着枢纽机场的业务增长和规模扩大，两个或两个以上航站区相结合的多航站区情况也较为常见。多航站区可采用单元式或主辅式布局，其中主航站区也称中央航站区（CTA）。在多航站区的机场布置中，需要重点考虑旅客在不同航站区陆侧与陆侧之间、空侧与空侧之间的便捷转换要求，根据旅客吞吐量大小及构成、航站区的场地条件、进出场地面交通条件、跑道构型方案等因素，综合进行航站楼的位置选择。

从多航站楼与平行跑道构型的组合关系上看，航站楼的位置大致有两种情况：一是分布于平行跑道之间，其陆侧进场交通系统较为紧凑，但当航站区较长时空侧的连续性不足；二是分布在平行跑道外侧，其陆侧进场交通相对独立，空侧连续性好，但航站楼之间的距离较远，其衔接道路或轨道可能会下穿跑道（表 5-3-8）。

航站楼与平行跑道的几种组合布局类型 表 5-3-8

组合布局	图示	主要特点	案例
中央航站楼 +2 条远距平行跑道		远距飞机和旅客流程便利，跑道间的空间均可用作航站区，适合扩建	天津滨海、成都双流
2 航站楼 +2 条远距平行跑道		可双向进场，且便于航站区分期建设，运营建设互不干扰	大阪关西、德国慕尼黑、昆明长水
3 航站楼 +2 组近距平行跑道		可以满足大型枢纽机场的需求，远距平行跑道间土地利用率高。航站楼空侧运行和陆侧交通系统复杂	巴黎戴高乐、西班牙马德里、上海浦东、新加坡樟宜

组合布局	图示	主要特点	案例
2 航站楼 +2 条近距平行跑道		飞行区布局紧凑，航站楼扩建土地充裕。近距平行跑道的容量有限，一起一降运行模式穿越跑道频繁	上海虹桥、阿联酋迪拜
2 航站楼 +3 条远距平行跑道		各航站楼均可利用多条跑道，飞行区和航站区的容量大；航站楼可扩建，与飞行区结合紧密。但航站区间的轨道衔接需下穿跑道，存在安全隐患	北京首都、马来西亚吉隆坡、伦敦希斯罗、深圳宝安
2 航站区 +3 条（2 近、1 远）平行跑道		CTA 位于 2 条远距平行跑道之间，辅助航站楼位于近距跑道外侧，便于布置地面交通等配套设施	重庆江北、广州白云

5.3.4.3 航站楼的形式

航站楼与机场空侧和进出场交通相衔接，其形式很大程度上决定了机场的旅客服务模式，必须紧密考虑跑道和滑行道、停机坪以及进出场交通组织的要求，同时还要考虑航空客流特点、各个航空承运人的策略以及当地情况等。比如，枢纽机场和起终点机场的功能差异、飞机构成差异等，都会影响航站楼的形式选择。因此，不同机场甚至一个机场在不同时间建设的航站楼形式也会有所不同。

航站楼的建筑综合体由一系列相互连接的子功能系统构成，包括地面交通、办票、登机、行李提取、商业服务等。随着航空客流的阶段性增长，这些功能需求会发生不同程度的变化，为了能够适时地对各子系统进行低成本的扩容或调整，而不需要全面扩建整个既有设施，航站楼多采用灵活性大的"模块化"形式。

按照登机口分布的特点，航站楼的基本平面布局形式分为：线型、指廊型、卫星型、转运型、组合型五种（图 5-3-8）。

（1）线型：又称前列式，航站楼的候机区域为狭长形，进深较浅，沿单边设置登机口，如德国慕尼黑机场。随着登机口数量的增加，候机厅横向伸展的长度不断增加，不仅航站楼的界面利用不够经济，而且步行距离（登机口间隔为 50 ~ 85m）会加大。为了缩短旅客的步行距离，可将航站楼分散为多个功能单元，例如将国内与国际旅客的服务区域划分。

（2）指廊型：由主楼向空侧伸出指状的廊道，具体有单廊道、双廊道、多廊道以及"T"形、"Y"形等形式。指廊型的布局较为紧凑，且登机口设在指廊两侧，利于增加近机位数量；当登机口增多时，可只扩建廊道而不变动主楼。由于这些优点，指廊型航站楼过去被广泛使用。典型的有芝加哥奥黑尔机场、法兰克福机场、纽约拉瓜迪尔机场等。但是，廊道进一步延长会使步行距离加大，因而后期多采用短指廊的形式或增设行人输送带，如

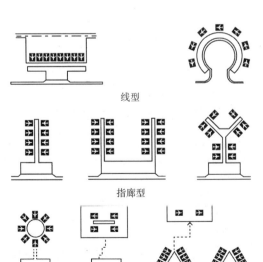

线型

指廊型

其他型

图 5-3-8 航站楼与停机坪布局的基本型式

175

名古屋中部机场。

（3）卫星型：采用一座或多座卫星式航站楼，经由通道与主楼相连接，沿通道不设登机口。由于通道的距离较长，一般采用行人输送带的服务。多数机场将通道建在地上，也有建在地下的情况，如巴黎戴高乐机场和西雅图塔科马机场，其好处是允许飞机围绕卫星厅活动，提高飞行区的运行效率。多个卫星厅之间可设专用轨道加以联系，如浦东机场 2019 年启用了全球最大的单体卫星厅，以及全球首个采用城市轨道交通钢轮钢轨制式的机场空侧捷运系统。

位于两条平行跑道之间的航站楼，被飞行区的滑行道所隔离，与紧邻地面交通的主楼常相距较远，适于设置中场大厅（Midfield Concourse），如伦敦斯坦斯特德机场。中场大厅的功能相对独立，与主楼距离较远且客流量较大，两者之间需要设置自走式行人输送带或短驳式轨道加以联系。

（4）转运型：又称远机位式。飞机停放在与航站楼分开的停机坪上，旅客通过地面车辆载运出入航站楼。这类候机楼的登机口安排灵活，可以靠近集中的业务办理区，旅客步行距离较短；但登机时间增加，服务水平不高，适合于中小型机场或大型机场的远机位航班。一些机场采用了可升降的登机车，远机位廊桥也开始出现，有利于保护旅客在转运中不受雨雪天气的影响，改善登机环境。

（5）混合型：将沿航站楼界面的线型或指廊型登机口与转运型的远机位登机口相结合，有利于提高候机厅及站坪的空间利用效率，在大型机场中应用十分普遍，如图 5-3-9。

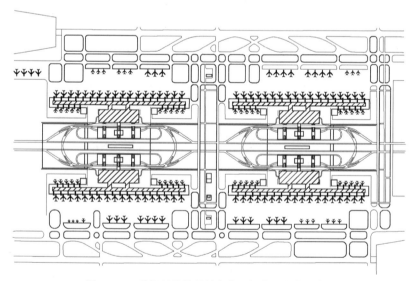

图 5-3-9　某机场的航站楼与停机坪布局方案示意

5.3.5　机场净空

为了保证飞机的起降安全，沿着机场跑道周围要有一个能满足飞机进近、离场和目视盘旋要求的空域范围，称为机场净空区。在净空区内，必须规定其间各处地形地物的许可高度，以确保没有影响飞行安全的障碍物。这些规定的高度限制，叫作机场净空要求（或净空标准）。

5.3.5.1 影响机场净空要求的因素

影响机场净空要求的因素很多，主要有：

（1）飞机的起落性能——机场的端净空，尤其是距跑道端5km以内的净空，要求很严。

（2）气象条件——天气良好时，飞行员在空中能够看清跑道周围的地标，进行安全着陆；而当气象条件复杂和夜间情况复杂时，飞机着陆要比起飞困难得多，飞行员在空中看不清跑道周围的地标，只能依靠无线电导航，寻找机场、进行着陆，对净空要求就高。

（3）导航设备——导航设备的种类和性能对机场净空要求、对飞机着陆的准确程度有很大影响，它必须保证飞机在复杂气象条件下安全着陆。

（4）飞行程序——飞机起落都是按规定的程序飞行的，每种程序都有一定的净空要求。

由此可知，为确保飞机起落安全，对机场净空要求必须从严保证。

5.3.5.2 机场净空要求

我国民航机场的净空要求主要参照《国际民用航空公约》附件十四"机场"的相关标准。即根据飞机的使用特性和助航设备的性能，对机场空域提出了一系列净空障碍物限制面的规定，用以限制机场周围及其附近的山体、高地和建（构）筑物的高度，并要对超过障碍物限制面的物体进行处理。

障碍物限制面由多个假想的平面和斜面构成（图5-3-10），包括起飞爬升面、锥形面、内水平面、进近面、过渡面、内进近面和内过渡面、复飞面等。要根据飞机类型、进离场航线、目视盘旋飞行以及仪表进近、复飞和仪表离场程序，提出具体的机场净空要求。

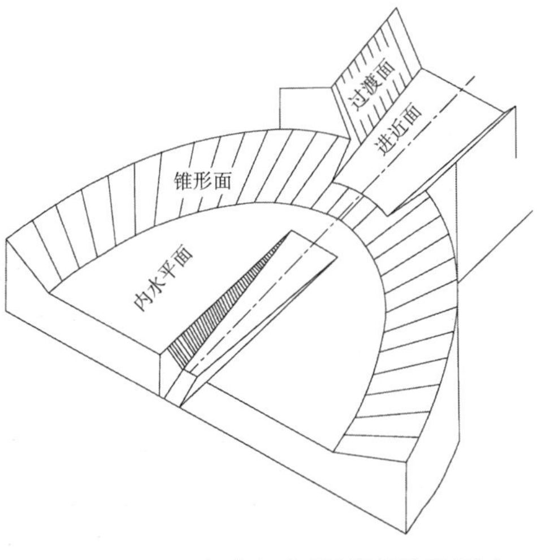

（1）飞机起飞净空要求

飞机起飞，从滑跑起点开始至爬高到10.7m高处[①]，就是起飞障碍物限制面的起端（位于跑道端外规定距离处或净空道末端），然后继续爬升、加速、再爬升（到不小于450m的高度），进而完成起飞、进入航路。起飞爬升限制面的起端宽度、位置、坡度和总长度等，见表5-3-9和图5-3-11。

当一个机场有几条跑道时，应按表5-3-9中的规定分别确定每条跑道的净空限制范围，其重叠部分按最严格的要求进行控制。

图 5-3-10 机场净空障碍物限制的假想面
资料来源：FAA

---

① 飞机在正常起飞情况下所需的起飞距离为，从跑道端部开始启动到离开地面并爬升到离地面的安全高度为10.7m处所需的长度，再乘以1.15的安全系数。飞机着陆所需的距离为，飞机下滑到跑道入口处时离地面的高度为15.2m，从此入口处开始下滑到起落架触地并减速滑跑到完全停止时所需的长度，再乘以1.67的安全系数。

飞机起飞的净空要求[①]   表 5-3-9

障碍物限制面	机场飞行区等级指标 I		
	1	2	3 或 4
起端宽度（m）	60	80	180
距跑道端距离[②]（m）	30	60	60
两侧散开斜率（%）	10	10	12.5
末端宽度（m）	380	580	1200（或 1800[③]）
总长度（m）	1600	2500	15000
坡度（%）	5	4	2[④]

注：①表中尺寸均为水平度量。
②如设有净空道，且其长度超过规定距离，障碍物限制面从净空道端开始。
③在复杂气象条件和夜间简单气象条件下飞行，当拟用航道含有大于 15°的航向变动时，用 1800m。
④如机场的海拔标高和气温与标准条件相差悬殊时，应将坡度酌量减小。如现实情况并不存在超过坡度为 2% 限制面的障碍物，则应在端近净空范围内保持现有的实际坡度或 1.6% 的坡度。

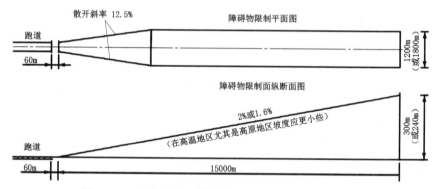

图 5-3-11　机场飞行区等级指标为 3 和 4 的起飞净空要求

（2）飞机进近净空要求

机场进近净空的障碍物限制面由以下多个部分组成：

1）进近面——是在跑道入口前的一个倾斜平面或几个平面组成。进近面的起端从跑道入口外 60m（1 级机场的非仪表跑道为 30m）开始。其计算标高为跑道入口中点的标高，按表 5-3-10 规定的宽度和斜率向两侧散开，并以规定的各段坡度和长度向上、向外延伸，直到进近面的外端。其中：对非仪表跑道进近面主要根据目视盘旋进近程序的下滑着陆要求确定；对仪表跑道进近面主要根据仪表进近程序的中间进近和最后进近的要求，留有超障余度。

2）过渡面——是根据保证飞机正常复飞时的安全要求确定的。它是从升降带两侧边缘和进近面的部分边缘开始，按表 5-3-10 规定的坡度向上、向外延伸，直到与内水平面相交的复合面。

3）内水平面——是高出跑道 45m 的一个水平面。其范围是以跑道两端入口中点为圆心，按表 5-3-10 规定的半径分别画出圆弧面，用平行跑道中线的两条直线与两个圆弧相切，形成一个近似的椭圆面。双跑道时，取四个端点为圆心画。内水平面主要根据目视盘旋进近程序的要求确定。

4）锥形面——是从内水平面的周边开始，以 5% 的坡度向上、向外延伸，至表 5-3-10 规定的外缘高度止。锥形面是根据飞机沿目视盘旋进近程序平行跑道方向飞行时，与飞行高度相同的障碍物有足够的距离来确定的。

5）复飞面——用于精密进近跑道，为梯形斜面。其起端位于入口后，按表 5-3-10 规定的距离并垂直于跑道中线，其起算标高为该处跑道中线的标高，按规定的起端宽度和斜率向两侧展开，并以规定的坡度向前、向上延伸，直至与内水平面相交。

6）内进近面——用于精密进近跑道，呈长方形。其起端与进近面起端重合，按表 5-3-10 规定的宽度、长度和坡度，向上、向外延伸至内进近面的终端。

飞机进近的净空要求[1]　　　　　　　　　　　　　　　　表 5-3-10

跑道类型		非仪表跑道				非精密仪表进近跑道				精密仪表进近跑道	
障碍物限制面	飞行区等级标准	1	2	3	4	1	2	3	4	1、2	3、4
进近面	起端宽度（m）	60	80	150	150	150	150	300	300	150	300
	起端距跑道入口（m）	30	60	60	60	60	60	60	60	60	60
	侧边散开斜率（%）	10	10	10	10	15	15	15	15	15	15
	第一段长度（m）	1600	2500	3000	3000	2500	2500	3000	3000	3000	3000
	坡度（%）	5	4	3.33	2.5	3.33	3.33	2	2	2.5	2
	第二段长度（m）	—	—	—	—	—	—	3600[2]	3600[2]	3600[2]	3600[2]
	坡度（%）	—	—	—	—	—	—	2.5	2.5	3	2.5
	水平段长度（m）	—	—	—	—	—	—	8400[2]	8400[2]		8400[2]
	总长度（m）	—	—	—	—	—	—	15000	15000	15000	15000
过渡面	坡度（%）	20	20	14.3	14.3	20	20	14.3	14.3	14.3	14.3
内水平面	高度（m）	45	45	45	45	45	45	45	45	45	45
	半径（m）	2000	2500	4000	4000	3500	3500	4000	4000	3500	4000
锥形面	坡度（%）	5	5	5	5	5	5	5	5	5	5
	高度（m）	35	55	75	100	60	60	75	100	60	100
复飞面	起端宽度（m）	—	—	—	—	—	—	—	—	90	120
	距跑道入口距离（m）	—	—	—	—	—	—	—	—	[3]	1800[4]
	侧边散开斜率（%）	—	—	—	—	—	—	—	—	10	10
	坡度（%）	—	—	—	—	—	—	—	—	4	3.33
内进近面	宽度（m）	—	—	—	—	—	—	—	—	90	120
	起端距跑道入口（m）	—	—	—	—	—	—	—	—	60	60
	长度（m）	—	—	—	—	—	—	—	—	900	900
	坡度（%）	—	—	—	—	—	—	—	—	2.5	2
内过渡面	坡度（%）	—	—	—	—	—	—	—	—	40	33.3

注：①表中尺寸均为水平度量。
②此数据是可变的，因为进近面的水平段是从 2.5% 坡度面和下述两个平面中较高的一个相交处开始：a. 高于跑道入口高度150m 的水平面，或 b. 根据控制障碍物顶端确定的净空限制水平面。
③至升降带端的距离。
④1800m 或至跑道端的距离，取其中的小值。

7）内过渡面——用于精密进近跑道，是限制那些必须设在接近跑道的助航设备、飞机、车辆等物体的高度，一律不得高出这个限制面。这是根据飞机复飞的要求确定的。

飞机进近净空要求，见表5-3-10和图5-3-12、图5-3-13。

此外，在障碍物限制向界限以外的机场附近地区，高出地面150m或更高的物体，应认为是障碍物。除非经过航行部门研究，表明它们不危及飞行安全。

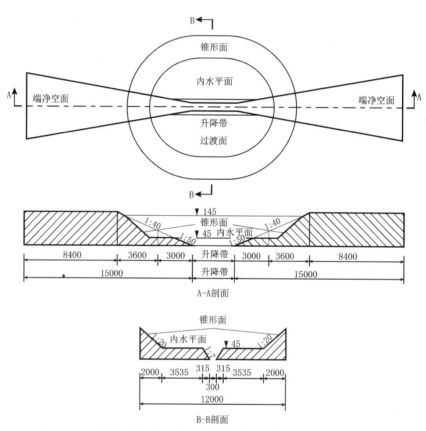

图5-3-12　机场飞行区等级指标4的仪表跑道进近净空要求（单位：m）

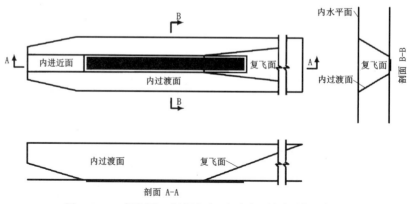

图5-3-13　复飞面、内进近面、内过渡面的障碍物限制面

5.3.6 地面交通

机场的地面交通主要分为机场进出交通（道路、轨道等）和机场内部交通（停车场库、公交场站、人行通道、行李及货运设施等）。随着机场规模的扩大、机场布局的变化、多航站区的建设和临空经济的发展，机场地面交通呈现多元化和整合化趋势，一些大型机场已逐步形成多种交通汇集联运的综合性枢纽。

5.3.6.1 进出机场交通模式

航空交通的全程由机场之间的空中交通和抵离机场的地面交通构成。要充分发挥航空交通快速而省时的优势，解决好机场与大都市及周边区域的交通联系至关重要。由于机场的辐射范围大，机场与城市之间必须有快捷的地面交通联系，而选择合理的交通模式对于提高机场的服务水平十分关键。

总体说来，航空旅客对地面交通时间和速度的要求相对较高，应结合机场性质、规模及机场所在地区的条件，因地制宜地安排机场的地面集疏运系统。在客流分散的低密度地区，进出场交通以小汽车、出租车等个体交通方式为主；在人口集中的大城市，机场与城市之间有明显的客流走廊，快速、大运量的轨道交通成为重要的集疏运方式；有些国际机场的区域客流比例较高，则会设置高铁或城际铁路以便旅客中转。

（1）快速道路（公路）连接

道路（公路）是进出机场必不可少的基础载体，主要服务于小汽车、出租车、公共汽车和机场班车。为了保证快速通行，进场路应为机场专用道路，与其他道路的交通分开。进场路分为场外段和场内段，其道路等级、车道数、路面标准等应根据旅客航站区的等级指标和建设目标年的预测车流量确定。旅客航站区为5级和6级的干线机场，其进场路应采用高速公路和快速路的等级，并应设客、货分开的多个进出口；航站区3、4级机场的场内段应为快速路，场外段有条件时采用高速公路（表5-3-11）。

我国进出机场道路指标要求　　　　　　　　　　表5-3-11

旅客航站区指标	道路等级	道路路面标准
3、4	（有条件时）高速公路；城市快速路（场内段）	（有条件时）高级路面标准
5、6	高速公路（场外段）；城市快速路（场内段）	高级路面标准

在利用道路的交通方式中，小汽车（包括私人汽车、出租汽车、租赁汽车）具有快速和较高的机动性、舒适性，广受公务、旅游等目的出行旅客的青睐，机场相应要为之配置大规模的停车设施。公共汽车和机场班车的费用低，行驶路线、时间固定且运送速度较慢，对分散旅客的服务不够便捷，因而较适用于大客流地点人员的直接送达以及机场工作人员的通勤运输。

（2）城市多级轨道连接

除了道路以外，机场进出交通还可同时采用轨道交通等方式。由于轨道交通具有运量大、准时性好、能耗低、污染小等优势，能使大量旅客较为迅速而

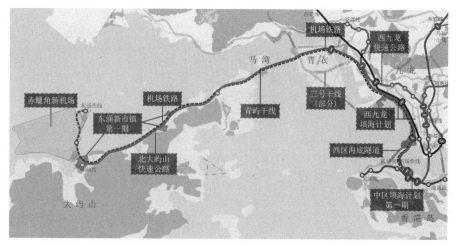

图 5-3-14　香港赤鱲角机场（一期）的地面交通衔接系统

可靠地到达城市大部分地区，世界上繁忙的大型机场更加趋向于采用轨道交通作为主要的集疏运模式，有的还开通了专用的机场轨道快线。目前，我国对机场的轨道建设有明确要求，即建设目标年旅客吞吐量达到 3000 万人次的机场，应在城市交通中统筹规划与建设连接机场的轨道交通。

香港在兴建赤鱲角新机场时，配套修建了连接市中心的机场快线（图5-3-14），这是世界上首条专为服务机场而设计的铁路。机场快线全长 34km，其中 8km 隧道段、6km 架空段和 20km 地面段，共设 4 站（后增设 1 站），由港岛到机场只需 23 分钟。同时，还开通了与机场快线部分共轨的东涌线，提供沿线地区性的运输服务，设有 8 个站点联系中环、西九龙、青衣、东涌之间的城市活动。

大兴机场是首都第三机场，距离北京市中心约 50km。为了保证与北京市中心的快捷联系，与之配套建设了大站快线模式的大兴机场线。一期线路全长41.36km，设大兴机场、大兴新城和草桥站 3 站，设计最高车速 160km/h，单程仅需 19min。该线路与新机场同步投入使用，可换乘多条轨道交通来扩大新机场的服务范围。

（3）城际铁路及高铁连接

城际、高铁的速度远快于城市轨道交通，作为集疏运方式会大大增加机场的辐射范围，为大型机场开展空铁联运提供有利的条件。尤其是"飞机＋高铁"的交通组织模式，可使机场的地面服务范围扩展到 300km 甚至更远的地方。欧洲某些国际枢纽机场不仅有都市区轨道，还提供了城际、高铁或两者兼有的进出交通方式，如法国的戴高乐机场（图 5-3-15）、德国的法兰克福机场。在我国，随着区域铁路的网络化发展，应积极地开展机场和铁路的多式联运，提供便捷、舒适的联程服务。但需要注意的是，由于高铁对中近程航线具有较大的竞争优势，以国内航线为主的机场往往缺乏大量的高铁衔接客流，如上海虹桥机场；反之，国际门户机场到发旅客的高铁转乘比例较高，需要在规划设计中重视机场与高铁的整合问题。

此外，水路交通也是机场进出的方式之一。在沿海或沿江具有水运条件的

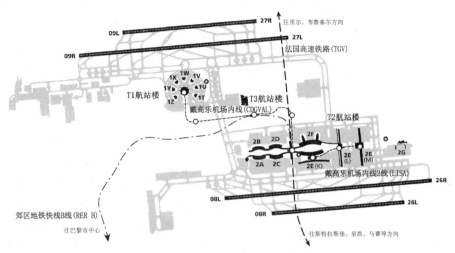

图 5-3-15　巴黎戴高乐机场的轨道交通衔接

机场，宜建设客、货运码头，以及通往机场航站区和货运区的道路。

5.3.6.2　航站前沿地面交通

航站楼前沿地面交通部分，是进出机场的地面交通区与航站楼旅客进程办理区的通道交接面，承担着人员进出航站楼的功能，具体有各种车辆停靠、旅客上下车、车辆停放及出入航站专用区等活动。为使进出机场的旅客能顺畅地完成航站陆侧交接，必须充分考虑机场规模、构型及集疏运方式的特点，统筹安排航站楼前方各种地面交通设施。

航站陆侧前沿的交通设施包括：为车辆进入航站楼前沿提供的行车通道、为进入车辆提供的停靠位置（车道边）、为旅客和接送者提供的停车设施、出租车排队等候场地、公共汽车站、轨道交通站、上述设施与航站楼之间的人行通道或过厅，以及航站楼与机场各功能分区间的地面交通。在近年来的机场建设中，多航站楼之间设置的交通捷运系统也更加常见。

（1）进出港行车通道和车道边

进出港道路上的小汽车、出租车和公交车等，均汇集到航站楼前沿，这些车辆的通行、停靠之间以及车辆与出入航站楼的人流之间会产生大量冲突。为此，需要对航站楼车道边设施进行合理规划，确定其建设规模和布局，使出租车停靠站、公共汽车站和小汽车上下客点得到妥善安排。

车道边的布置直接关系到机场车流运行的畅通性和客流集散的效率。通常要依据建设目标年的典型高峰小时车流量、车型组合、车道边占用时间等因素，计算进出港车道数量和航站楼前的车道边长度及宽度。在很大程度上，航站楼车道边的资源受到航站建筑平面尺度的制约，因而大型机场一般采用将出发、到达流线立体分层的组织模式，可以有效地增加车道边规模，使各种交通方式都能方便地接近航站楼。

根据我国机场建设的要求，当旅客吞吐量达到 250～300 万人次／年或旅客航站楼的总建筑面积达到 27000～30000m² 时，宜根据航站楼建筑构型设置高架桥。在繁忙的大型机场，随着旅客吞吐量的上升和进出港车流量的增加，航站楼车道边仍会发生拥堵。为了缓解这一状况，机场常常在地面交通中心或停车场库内部设置等候区车道边。

（2）航站楼前停车场库

进出机场的小汽车交通产生了大量的航站楼前停车需求，为了提高停车效率，应根据不同的停车服务方式来确定停车设施的数量和布局。其中，①短时停车主要用于迎接到港旅客的车辆，也有部分用于送客人员的车辆，停放时间多在数小时以内。这些车位的周转率较高，一般靠近航站楼布置，利于缩短旅客的步行距离，同时可分担航站楼前车道边的停车需求。②长时停车的车辆可能停放多日，主要用于旅客驾驶自己车辆进、出港的情况，由于车位周转率低，大多布置在机场附近、收费较低的停车场。目前，有些机场推出了代客泊车的新型服务，可以方便旅客并减少航站楼前停车设施规模。③机场的租赁车需求增长很快，过去通常分散布置在航站楼周边甚至机场外围的若干地方，以提供较大的停车面积，旅客使用相对不便；目前，已有机场开始设置统一的租赁车停车场，可由多家公司共享使用，并提供与航站楼的接驳服务。④员工停车场的车位周转率不高，通常散布在距离旅客航站楼较远的区域。

因此，航站楼前停车场库主要用于短时停车以及少量的长时停车和租赁车停车，工作人员用车辆和特种车辆另外设置停车场停放。根据建设目标年的典型高峰小时旅客、迎送人员数量，计算不同停车服务方式下各类车型车辆的停车数量及停放时间，得出航站楼前停车场库的规模和进出通道数量。为了满足航站前沿停车需求，我国 5、6 级指标的旅客航站区可设置停车楼。停车场（楼）的建筑面积宜按表 5-3-12 执行。

我国旅客航站楼停车场库建筑面积指标　　　　　　　　　表 5-3-12

车型	面积指标（m²/车）			
	微型车	小型车	中型车	大型车
停车场	18 ~ 21	25 ~ 30	50 ~ 60	63 ~ 75
停车楼	21 ~ 28	30 ~ 40	60 ~ 80	75 ~ 100

（3）航站楼间捷运系统

空间上分离的多航站区是大型机场常见的布局形式，为此需确保各航站楼之间有便捷、可靠的交通联系。除了地面短驳的公共汽车，进出港轨道交通可以兼为沿线的航站楼提供捷运服务，如上海虹桥机场的 T1 和 T2 航站楼由轨道交通 10 号线相连接。这些轨道车站应该与航站楼建筑进行一体化设计，为航站间转换的旅客提供更直捷的联络通道、优化安检流程，从而节省时间。

机场捷运系统专门服务于各航站楼之间的交通联系以及周边主要节点的进出港交通。20 世纪 70 年代，美国的机场最先实施了 APM（Automated People Mover，自动旅客输送）服务并推广到全球，它是一种无人驾驶的自动导向系统，采用 1 ~ 6 节的车辆编组，发车间隔为 2 ~ 3min，具有安全、可靠、方便的特点，有效解决了航站分散而使旅客步行距离过远的矛盾。伦敦希思罗机场于 2008 年建设了灵活运营的 PRT（个人快速公交）系统，服务于第 5 航站楼和 2 个远端停车场，它采用更小的车辆（4 ～ 6 人）和"站到站"的直达模式，但存在运量较小的局限性。在 2018 年全球旅客吞吐量排名前 50 的机场，有 35 个机场修建了机场捷运系统，其中 25 个采用 APM 系统，4 个同时采用了 APM 和其他形式的捷运系统。

　　机场捷运系统有空侧、陆侧两种形式。前者布置在安检区以内，主要用于主航站楼与卫星、中场航站楼之间或者长形候机楼内部的联系；大多采用地下形式，以利于飞行区的运行，个别为高架形式，如达拉斯－沃斯堡机场 APM 系统连接 5 个集中的航站楼、设 10 个车站，规模是目前全球之最。后者把多个航站楼及周边停车场等设施衔接起来，可以对安检区以外的公众开放使用；为减少与道路交通的冲突，多采用高架形式，如旧金山国际机场、芝加哥奥黑尔机场的 APM 系统，纽约肯尼迪机场则建有 3 条陆侧 APM 线路。有些国际枢纽机场同时设置了空侧、陆侧捷运系统，如伦敦希思罗机场、巴黎戴高乐国际机场、新加坡樟宜国际机场、北京首都国际机场、台北桃园机场、香港赤鱲角机场等。

5.3.7　机场的用地规模

　　机场的用地一般由飞行区用地、航站区用地、辅助设施用地及少量配套的居住生活用地构成。为了使机场的总容量能满足航空客货运输的发展，必须有足够的机场跑道容量、航站楼容量和机场地面交通容量，这些设施的占地往往很大。世界上主要机场的用地规模有越来越大的趋势，许多枢纽机场当初没有预留足够的用地，导致扩建困难、容量难以提高，而不得不另外选址建设新机场。因此，应在规划阶段就为机场发展预留足够的空间。

　　机场的用地规模与其类型、级别以及服务设施的完善程度有关，应根据机场的性质、类别、等级和作用等，确定经济合理的机场容量和构型，进而确定相应的机场工程项目的建设规模，如跑道数量、长度、布局以及航站楼等设施的面积，具体应执行《民用航空运输机场工程项目建设用地指标》（建标〔2011〕157 号）的要求。在此基础上，结合机场总平面规划、机场周围环境、居民点和环境保护（缓冲区）等的实际情况，并考虑未来发展的弹性，确定机场总的工程项目建设用地面积。通常，机场的近期建设用地应相对集中，同时预留和控制好远期的规划用地范围。

　　不同类型或等级的机场，其用地大小差别显著。最简单的机场仅有 1 条跑道和 1 座小型航站楼，用地不过几十公顷；一个大型的国际机场，不仅各项设施自身的规模庞大，还有大量为机场服务或由机场设置而衍生的功能，如旅游服务、商贸会展、工业加工等，形成以航空运输为中心的航空港，面积可达数百到上千公顷（表 5-3-13）。即便是同一类型或等级的机场，由于场地条件、建设内容及建设指标的不同，总的用地面积也会差异较大。

　　根据国外的统计资料，一般机场的用地规模在 4km^2 以上，国际性机场用地一般在 10km^2 以上，主要是布置了较大面积的停车场地。目前我国一般机场用地在 1 ～ 5km^2，新建的国际机场用地大多在 10 ～ 30km^2 之间。考虑我国经济发展状况，国内大型枢纽机场的规划用地应在 25km^2 左右为宜，为未来发展留有足够的余地和灵活性。

20 世纪末亚太地区几个主要机场总体规划比较　　　　　表 5-3-13

机场名称	机场规划容量			飞行区跑道	航站楼布局形式	机场用地（hm²）	航站区用地（hm²）	货运区用地（hm²）	机务区用地（hm²）
	年飞行架次（万次）	年旅客吞吐量（万人次）	年货邮吞吐量（万人次）						
香港赤鱲角机场（一期）	37.6	8730	890	2 条跑道（主跑道 3800m）	集中式（1 主楼 1 候机廊）	1248	300（120个机位）	90（28个机位）	121（18个机位）
东京羽田机场	26	6000	60	3 条跑道（主跑道 3000m）	2 个大单元	1100	202	90	95
大阪关西机场	26	6000	260	3 条跑道（主跑道 4000m）	2 个大单元	1200	220	60	30
吉隆坡机场	32.5	8060	—	5 条跑道（主跑道 4000m）	集中式（2 主楼 4 候机廊）	4147	800	176	96
新汉城机场	67.63	10000	646.6	4 条跑道（主跑道 4000m）	集中式（2 主楼 4 候机廊）	4743	580	360	180

5.4　空运设施布局规划

5.4.1　规划原则

　　航空运输布局的三大要素是航线、机场和运力。机场是城市和区域的重大交通基础设施，其规划布局会直接影响机场的服务范围、航线组织和运输能力，关系到国家航空运输产业的竞争力和可持续发展。但是，机场对周边地区的发展也有一定制约，如噪声干扰、空气污染、公共安全、高度控制等。由于航空运输设施的布局涉及多种影响因素，尤其是机场的选址、建设面临很多复杂的问题，在规划中必须加以综合考虑，进行科学论证和慎重决策。航空运输设施的布局规划具体应遵循以下原则：

　　（1）应符合全国民用机场布局和建设规划，要与所在城市或地区经济和社会发展以及航空运输需求相适应，并应满足我国民用航空行业标准及管理规定的要求，且符合国家国防要求。

　　（2）应妥善处理机场与城市和区域的关系，合理选择机场位置，使之能与城市的功能布局相结合，还有利于服务周边的城市，以促进城市空间结构的优化以及临空经济区的发展。协调机场邻近地区建筑物的高度限制问题，保证机场的空域净空要求。

　　（3）根据远期客货运量发展的趋势预测，确定机场规模并留有一定的余地。机场建设应实行统一规划、滚动发展、分期实施，达到系统完整、容量均衡、规模适当，整体资源得到最佳配置，满足近期（10 年）和远期（30 年）的发展要求。

　　（4）机场建设应因地制宜、合理布局、节约用地和资源。正确处理机场建设用地与农业、矿产等用地的关系，尽可能少占耕地，并避开自然和历史保护区。改、扩建机场工程应充分利用机场原有用地，且将功能相近的建筑联建或合建，尽可能减少新增土地面积。

　　（5）机场应与城市保持适当的距离，同时要建立快捷良好的交通联系。航空运输应与地面交通方式相协调，完善多式联运联程体系，形成综合运输能力。

（6）在保证民航运输安全的前提下，应进行多方案技术、经济比较，注重技术创新，积极采用新技术、新工艺、新材料、新设备，使得投资效益经济合理，满足机场高效运行管理的需要。

（7）机场建设应坚持"预防为主、防治结合"的环境保护方针，切实保护生态和环境，促进机场以及周边地区的可持续发展。

5.4.2 机场在城市的选址

机场选址是整个机场规划设计工作中最重要的一环，对机场的使用性能、建设运营和维护成本、后期扩建机会以及与城市的关系都有很大影响。机场选址不当而产生的问题难以在短期内解决，会大大制约航空运输的发展及其对地区发展的促进作用。例如，有的机场位置选得离城市太近，由于机场净空和飞机噪声污染影响，使城市建设和机场营运的矛盾越来越大，最后机场被迫搬迁。早期建设的香港启德机场位于市中心，是全球的繁忙机场之一，但仅1条跑道无法应对未来的需求。在调查过逾30个地点后，选定了西部的赤鱲角岛屿作为新机场地点，以便与港口融合发展，并为城区发展提供空间。又如，有的机场选在地势起伏很大的地方，土方工程量很大。还有的机场所在地区雾天较多，容易造成航班延误或取消，降低机场运行效率。由此可见，机场选址工作非常重要，在更为复杂的大都市区多机场体系情况下尤其如此。

为使机场能长期保证飞机安全、正点、高效运行，便于旅客进出且尽量减少对城市的干扰，在选择机场位置时，要尽量满足飞行安全使用、建设条件、环境保护等方面的技术要求。

5.4.2.1 飞行安全保证条件

飞行安全保证条件主要涉及场址空域、气象因素和其他相关活动因素。

（1）尽量使跑道两端、两侧净空良好

场址空域应满足机场空域规划的各项规定，这是对机场位置选择最基本的要求。如果净空条件不好，不但不能保证飞机起飞着陆安全，而且难以保证运输任务顺利完成。比如，有的跑道端近净空不好，使飞机起飞质量受限制，不能加满油或载满旅客及货物起飞，或者迫使机场开放飞行的气象条件较严，当天气不好时就要停飞，无法完成运输任务。因此，场址净空或经处理后的净空环境应符合民用航空行业标准《民用机场飞行区技术标准》MH 5001—2013的有关要求。对局部不能满足要求的，应进行航行方面的专项研究论证。

通常，为了使跑道的净空良好，机场的位置应设在城市建设用地沿主导风向的两侧并远离集中的城市化地区，同时也避免了进离场航线的净空要求对城市空间拓展的限制，以及减少飞机的起降飞行对城市的噪声干扰（图5-4-1）。

（2）相邻两个机场的飞机起降不会互相干扰

随着机场数量的增加，尤其是"多机场体系"的出现，机场间的空域协调十分关键。在选择机场的位置时，机场的跑道方位、飞行程序所使用的空域、飞机进离场航线，不得与周边机场存在不可协调的矛盾或冲突。

为了初步判别相邻两个机场的飞机起飞着陆是否会互相干扰，可根据表5-4-1对机场的飞机起降空域平面尺寸进行分析，看两个机场的起降空域是

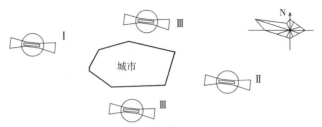

图 5-4-1　机场位置与城市的关系

Ⅰ-方案不便于降落；Ⅱ-方案不便于起飞；Ⅲ-方案位置最好

机场飞机起降空域平面尺寸　　　　　　　　表 5-4-1

飞机分类	空域总长度（km）		空域总宽度（km）	缓冲距离（km）	
	跑道双向仪表进近	跑道单向仪表进近		交通量不大	交通量很大
a 和 b	37	27.5	15	4	13
c 和 d	56	47	19	0	9

否重叠。

　　对于供 a、b 类飞机使用的两个飞行量不大的机场，其空域之间要有 4km 的缓冲距离，这是为了便于机场发展而设置的。如果两机场的跑道平行，则其间距为 19km。对于供 c、d 类飞机使用的两个飞行量不大的机场，若两机场的跑道平行而且不前后错开，则跑道间距可为 19km，与供 a、d 类飞机使用的机场跑道间距相同。若其中有一个机场飞行量很大，则两空域之间要有 9km 的缓冲距离，因而两机场的跑道间距相应增至 28km。

　　军用飞机机体小，机载导航设备不如民用运输机完善，易产生飞行偏差。因此所需空域宽度略宽，而且飞编队直线穿云时所需空域很长。当城市附近有军用机场时，跑道方向应尽量与军用机场跑道平行，使民用机场不致远离城市。

　　（3）距离干扰源应有足够的安全距离

　　为保障空中交通管制通信、导航、监视等设备的正常工作，根据国家标准《航空无线电导航台（站）电磁环境要求》GB 6364—2013 及民用航空行业标准《民用航空通信导航监视台（站）设置场地规范　第 1 部分：导航》MH/T 4003.1—2014、《民用航空通信导航监视台（站）设置场地规范　第 2 部分：监视》MH/T 4003.2—2014 中对机场空中交通管制通信、导航、监视等设备电磁环境保护的要求，确定对架空高压输电线、广播电台、电视塔、发信台站、电气化铁路等干扰源的防护距离。一般要求跑道两侧各 1km、两端各 4km 构成的矩形区域内不要有 110kV 及以上的高压线；不允许架空线路穿越机场飞机活动区。以无方向信标台为例。它们与机载无线电罗盘配合工作，用以测定航空器与导航台的相对方位角，引导航空器沿预定航路（线）飞行、归航和进近着陆，分为机场近距、机场远距和航路（线）无方向信标台。其中，用于保障复杂气象飞行的近距、远距无方向信标台宜设置在跑道中线延长线上，两者与跑道着陆端的距离分别为 900～1200m（通常为 1050m）和 6500～11000m（通常为 7200m）；航路（线）无方向信标台通常设置在航路（线）转弯点、检查点下方。无方向信标天线中心点与各种地形地物之间所允许的最小间隔距离见表 5-4-2。

无方向信标天线与地形地物之间的最小间距 表 5-4-2

地形地物名称	允许间距（m）
高于 3m 的树木、建筑物（机房除外）以及公路	50
铁路、架空低压电力线、通信线缆、110kV 以下架空高压输电线	150
山区、堤坝	300
110kV 及以上架空高压输电线	500

超短波定向台是一种具有自动测向装置的无线电定位设备，通过接收机载电台信号，测定航空器的方位，引导航空器归航、辅助航空器进近着陆。超短波定向台通常设置在跑道中线延长线上，亦可与精密进场雷达站配置在一起。以超短波定向天线为中心，半径 700m 以内不应有 110kV 及以上的高压输电线；500m 以内不应有 35kV 及以上的高压输电线、电气化铁路和树林；300m 以内不应有架空金属电缆、铁路和公路；70m 以内不应有建筑物（机房除外）和树木；70m 以外建筑物的高度不应超过超短波定向天线处地面为准的 2.5° 垂直张角。

此外，机场与易爆易燃、产生大量烟雾等设施也应满足安全距离的要求，如大型油库、发电厂等。机场离开重要军事基地应有足够的安全距离，在禁区附近修建机场时，跑道方向也要避开禁区。

（4）飞机起飞着陆受气象条件影响很少

对于飞机起降安全最为关键的气象因素有场地气温、气压、风向、风速及烟雾和阴霾等。我国不同地区的飞行气象条件不同，如东北大风、华南雷暴、青藏高原颠簸、四川盆地大雾等，在机场选址时应选择气象条件良好的场地。

①机场位置避开出现大风、暴雨、雷击、能见度低等不良天气较多的地区。②机场位置避开盆地、谷地等浓雾便于滞留的地区。③当机场距城市、大工厂、湖泊等不远时，机场应尽量设置在它们的上风方向，以减少跑道视程受到被风吹来的烟雾所影响。④尽量把跑道方向设置在风力负荷最大的方向上，使机场跑道的风向利用率不少于 95%。⑤在山区选择机场位置时，要避开容易产生风切变的地方。不仅要避开垂直方向风切变，还要避开水平方向风切变。例如某机场的跑道设置在一座大山南面的山脚下，两端附近都有一个山口，跑道沿东西方向设置。当刮北风时，就出现在跑道两端都刮顺风的现象，而且顺风风速都较大，飞机常因跑道两端都刮顺风而不能飞行。如果把跑道设置在离开山脚一些距离，或使跑道一端离开山口远些，就可以避免受到这种不利影响。

（5）远离候鸟群习惯迁徙的路线和吸引鸟类聚集的地区

机场位置常选择在海滩、湖泊或草地附近，以争取机场净空不受限制。但由于其生态环境很适宜鱼类、水生物和昆虫的生长，会引来小动物和大量鸟类生存集聚，尤其是吸引候鸟驻留，形成一个完整的生态链。这对于飞机起降安全将造成很大的威胁，尤其是大的候鸟被吸入发动机，将造成惨重的事故。为此，在这个地区要采取各种措施切断其间的生态链，以确保机场空域的飞行安全。

（6）飞机起飞着陆不穿越国境线

在边境附近修建机场时，跑道方向要尽量平行于国境线，以保证飞机能沿正常的飞行程序起飞着陆，否则会造成使用不便。

5.4.2.2 工程建设条件

机场的工程建设条件主要包括用地、地质和水文地质、进出港交通等方面的要求。

（1）场地便于机场发展

机场的场地应当开阔，跑道端安全地区以外的地势应当平坦，并有足够的用地面积，便于机场的弹性发展，也有利于为临空产业提供充足的发展用地。正常情况下，一个4条跑道的大型民用机场，其建设用地（不包括机场周边市政配套和临空产业用地）将达到 20～30km²，在密集城市化地区一般很难满足这么大的土地需求。鉴于机场批准需要 5～10 年的时间，需要提前谋划以控制机场建设所需要的土地。

（2）工程和水文地质条件应良好

机场所处的地区应有良好的工程和水文地质条件，尽量设置于便于排水的地方。在河流或湖泊附近修建机场时，要尽量把跑道设置在高出洪水位足够高度的地方，使跑道不被洪水淹没和飞行区不内涝。机场跑道尽量不穿越河流，更要避免把整条跑道设置在河床上。如果机场附近有大型水库，则要保证一旦水库破坏后，跑道不会被淹没。

我国南方有些机场跑道高度不够，在雨季易出现内涝现象；还有些跑道穿越河流或整条设置在河床上，尽管采取了改河和防洪措施，但在使用中遇到高出预计重现期的暴雨时，仍然发生被洪水淹没的事故。这些情况都会使飞行受到很大影响，在选址时应尽量避免。

机场选址要避开强烈地震区，还要注意避开地质条件恶劣地区（如大断层、滑坡、泥石流、膨胀土、盐渍土、湿陷性黄土、淤泥等地区），把跑道设置在不会遭受山洪或泥石流危害的地方。

5.4.2.3 地面交通条件

随着机场的规模增大，机场对城市的噪声干扰愈加严重，净空限制要求也越来越高，使得机场与城市的距离有所增长。一般说来，老机场离市中心较近，新建的大型机场往往距离城市较远，如上海浦东机场与市中心的距离达到40km。如果地面交通的时间进一步增加，地、空交通时间的比例将不断扩大，地面交通时间甚至超过空中交通时间，这会大大削弱航空运输的优势。许多机场存在地面交通滞后的突出问题，限制了机场的服务能力，因而有效解决机场与城市的交通联系，已成为发展现代航空运输不可或缺的重要支撑条件。

为了合理控制地面交通的时间，机场与城市距离应适中。即在满足合理选址的各项条件、保证机场营运不与城市建设发生矛盾的前提下，使机场不过于远离城市。为让机场尽量地靠近城市，在场址选择时应使跑道方向避开城市，且力争平行于城市边界。这样，如果整个飞机起降活动区与城市最终发展边界不重叠，就可以初步认为机场选址不会妨碍当地城市建设。机场起降活动区的范围可以基于表 5-4-1 的飞机起降空域尺寸，在其两端、两侧各增加 5～6km 的机场发展尺寸而得到。供c类和d类飞机使用的机场，其飞机起降空域平面尺寸为 19km×56km，相应的飞机起降活动区平面尺寸约为 30km×66km。那么，机场跑道离开城市最终发展边界的距离可为 15km（图 5-4-2），这可大致作

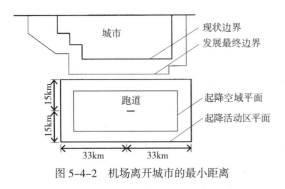

图 5-4-2　机场离开城市的最小距离

为机场与城市需要的最小距离。

从地面交通的条件来讲，新建机场与城市中心的距离控制在 30km 比较合适，这样可保证相应的地面交通时间控制在 30min 左右，联系比较方便。场址选择还应尽量使通往城市的集疏运公路不跨越大河、铁路及公路干线，以保证交通畅通和减少工程量。同时，还要预先规划高效的机场地面交通方式。根据经验，当机场年吞吐量达到 2000 万～4000 万人次时，一般需要 1～2 条轨道交通作为航空枢纽集疏运组织的骨干力量。

当一个城市拥有多个机场时，对机场地面交通条件的要求就会更高。国际上的纽约、伦敦、巴黎、东京等城市拥有多个运输机场，我国拥有两个及以上机场的城市数量也有所增加，如上海是国内首个实现了"一市两场"的城市，北京、成都等也相继规划和建设新机场。这些机场不仅要协调空域资源，还要协调定位、分工与航线组织，以形成良好的竞合关系。当采取国际国内分工、通航区域分工的模式时，旅客中转往往要通过不同的机场完成，为此，在机场选址时也应考虑机场间的交通联系条件。

上海虹桥机场和浦东机场分别以国内、国际航线为主，中转联运的交通可利用磁浮线，但不能直达；地铁和地面公交的速度较慢，因而新规划了一条市域铁路作为机场联络线。在北京，大兴机场与首都机场的距离为 67km，两者形成国际航空"双枢纽"格局，具有适度的客源交叉和竞争关系。新机场快线、京雄城际铁路将大兴机场与北京城区快速连接起来，但仍需要通过换乘其他线路与首都机场沟通。

5.4.2.4　环境和资源保护条件

随着航空运输业的快速发展，机场的建设和运行与生态环境的矛盾日益凸显。主要包括：噪声影响、大气和水体污染、生态系统的改变和地区景观的破坏等，这些问题在机场选址研究中必须予以重视。目前，我国环境保护和民航相关法律法规均已明确了机场建设应与城市中长期规划相协调的要求，机场位置选择必须符合环保要求，使机场不会对环境造成明显污染，对自然生态和人文景观也不会产生不良影响，为此机场选址应符合下列要求：

（1）对周围地区没有明显的飞机噪声污染

《中华人民共和国环境噪声污染防治法》规定，"民用航空器不得飞越城市市区上空"。《民用机场管理条例》第六十二条规定，"民用机场所在地有关地方人民政府应当在民用机场周边地区划定限制建设噪声敏感建筑物的区域并实施控制"。《民用机场选址报告编制内容及深度要求》中提出，机场选址应"与城市距离适中；飞机起落航线应尽量避免穿越城市上空"。《民用机场总体规划编制内容及深度要求》规定，在机场航空器噪声相容性计划中，应"对机场周边土地利用提出控制性建议"。

为了落实上述要求、减少飞机噪声影响，首先应保证机场离开城市一定距离，其次要合理安排机场跑道的位置和方位，尽量保证飞机起降不穿越城区

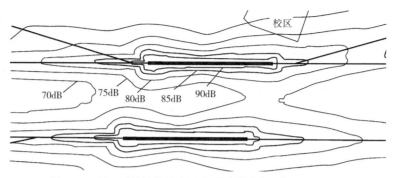

图 5-4-3　海口美兰国际机场飞机噪声影响范围与校区关系图

上空；同时，要加强与周边地区的规划协同，使机场的噪声影响区与其附近的土地用途相兼容。为此，跑道应远离居民区，尤其是跑道两端要尽量远离大型居民区、学校、研究所、医院和精密仪表厂等对噪声敏感的单位。因为在跑道两端附近，飞行高度低、噪声强烈，对人们生活、工作和学习影响更大。图5-4-3是海口美兰国际机场改扩建工程2020年WECPNL（计权等效连续感觉噪声）等值线的平面分布图，南侧跑道为已有跑道，北侧跑道为拟新建跑道，两跑道间距为2500m。2020年噪声等值线预测结果表明，右上方大学校区已位于WECPNL70～80dB内。在环境影响报告书中，建议调整跑道布局，第二跑道向南平移400～500m，既能满足两条跑道的独立运行，也可将飞机噪声WECPNL70dB等值线移出大学校区，减少飞机噪声对大学校区的影响。

在机场的选址和规划阶段，认真做好噪声影响分析和防噪规划设计十分重要。上海浦东机场将跑道两端高噪声区域内的土地纳入了机场总体规划，并将跑道侧面的土地用于建设物流设施，较好地控制了机场的噪声影响。

目前，我国正在拟定《机场周围区域飞机噪声环境质量标准》，将按照对噪声敏感性的差异把机场周围区域的城乡用地分为4类，并分别明确4类用地的飞机噪声限值（表5-4-3）：Ⅰ类、Ⅱ类、Ⅲ类用地的限值分别为年均昼夜等效声级 YL_{dB} ≤ 57dB（A）（相当于 WECPNL ≤ 70dB）、62dB（A）（75dB）、67dB（A），相当于 WECPNL ≤ 70dB、75dB、80dB，对Ⅳ类用地不作限制。

基于飞机噪声敏感性的用地分类　　　　　　　　　　表 5-4-3

分类	Ⅰ类（敏感）	Ⅱ类（较敏感）	Ⅲ类（较不敏感）	Ⅳ类（不敏感）
土地用途	居民住宅、教育科研、医疗卫生及其他类似用地	行政办公、文化艺术、商业服务及其他类似用地	工业生产、物流仓储、体育娱乐、公园广场及其他类似用地	农业生产、矿业生产、交通设施、公用设施及其他类似用地

（2）防止对生态环境和资源保护产生不良影响

在机场选址时，除了要关注净空区限高、机场噪声污染等对城市建设活动的影响，还要重视机场建设过程中对周边自然生态环境造成的影响。要避开自然保护区和重要风景区、重要水源保护区、森林和湿地；在草原地区，应尽量把机场选在植物生长不良的地方。此外，还要避开有开采价值的矿藏、省市级以上的历史文物保护区等区域。

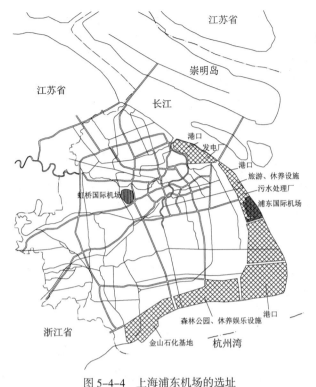

图 5-4-4　上海浦东机场的选址

总之，在具体选择机场位置时，要综合考虑各个方面的要求。当有些要求之间相互矛盾时，必须具体问题具体分析，找出主要矛盾和矛盾的主要方面，然后进行解决。

5.4.2.5　机场选址案例分析

以上海浦东国际机场的选址为例（图5-4-4）。在选址前期，上海曾面临建设新机场和扩建虹桥机场的选择。由于虹桥机场紧贴西侧铁路环线和东侧外环路，而机场南北两端地区城市化发展很快，机场扩建会给城市带来一定的环境影响，这些都制约了虹桥机场的更大发展，最终决定择址新建第二机场。

新场址选择不仅要考虑民航机场应具备的地理、气象、空域条件，更要结合上海市的城市和交通发展格局。上海市原有4个机场——虹桥国际机场、江湾机场、大场机场和龙华机场，按照相邻两个机场之间相距约30km以上的要求，新机场不论选在什么地方，原空域均须调整。若与虹桥机场处于城市同一侧，无论从空域、公共设施、地面交通的保证、客货流的组织上都极不合理。而且，由于上海地区的机场跑道为南北向，考虑航空噪声等问题，城市南北部均不适合建大规模的机场，只有浦东新区还有广阔的未城市化用地。这个场址正好位于上海东西发展轴与滨海开发带的交叉点，符合市域总体布局规划的要求。

经中共中央和中央军委批准，江湾机场搬迁解决了新机场的空域问题；在东距机场11km的长江口第三代沙洲——九段沙上种植芦苇和互花米草，创造更好的鸟类生态环境，解决了鸟类影响飞行安全的问题，做到了工程建设与环境保护相协调。

5.4.3　临空地区规划布局

5.4.3.1　临空地区发展趋势

民用航空作为目前为止最快捷的交通方式，使得全球时空阻隔效应大大压缩，不同国家、地区的城市在全球化与区域一体化背景下的相互联系与交往日益密切，催生了临空地区的持续发展。

（1）机场的多模式枢纽地位提升

随着航空客货运量的不断增加和进出机场交通的多元化需求，机场往往发展为一个城市乃至区域的客货集散中心，成为多种交通模式汇集的场所。尽管短程航线的客运需求被高铁挤压，但航空在长距离出行中占有比较优势，尤其是作为国际旅行和高附加值货物运输的主要方式而具有不可或缺的作用。因此，机场被作为综合交通运输体系中的重要交通枢纽，而枢纽机场具有更高的层级地位。

（2）机场的城市功能不断增强

在传统观念中，机场仅仅是航空运输服务的提供者，投资依赖于政府的公共开支，收入多来源于航空主业，投入大而利润薄。而在当今，机场经营的理念已经发生了深刻的变化。凭借大量的客流，机场对商业、服务活动日益重视，非航空主业占机场收益的比重不断提高、乃至超过航空主业的收入，这在欧美机场中已不鲜见。机场已从原来单一的交通功能转变为多元化的城市功能，由此产生了"航空港（Airport Hub）"的概念。机场带动了出口加工型的制造业以及商业、餐饮、住宿、旅游等产业的发展，对周边经济活动起到了积极的促进作用。

（3）临空经济区的发展方兴未艾

利用航空快速度、远距离的运输方式，国际枢纽机场能让城市更好地加入全球经济分工，国际航空枢纽体系已成为全球城市体系发展水平的重要体现；国内机场也促进了所在城市在区域经济中的分工和参与。依托机场区位的时间可达性优势，在机场相邻地区及进出港走廊沿线出现了生产、技术、资本、贸易、人口的聚集，形成了以机场为中心、以航空运输为指向的不同关联度的产业集群（图5-4-5）。这一多功能的经济地理空间即临空经济区，也称"航空城（Airport City）"。

临空经济区的产业主要包括三类：一是与航空运输保障相关的配套产业，如运输服务、油料、维修、配餐、安检、培训等产业；二是利用航空运输方式的加工制造、物流、贸易、会展、旅游、信息等关联产业，其中加工制造主要生产技术含量和附加值高、体积小的产品；三是以研发和管理为主的公司地区总部经济，由于机场周边聚集了大量的人力、物流和信息，为总部人员捕捉市场需求信息提供了便利，增强了临空经济区对总部的吸引力。

（4）航空大都市的出现与演进

拥有发达的航空运输条件的一些城市，能通过机场将城市以外的物资、资金、人才输送进来，经过加工利用后再将产品交易到周边区域和国家，极大地促进技术、资金密集型产业的发展，进而带动服务业功能的发展乃至城市产业结构的升级，产生机场的空间扩散效应。

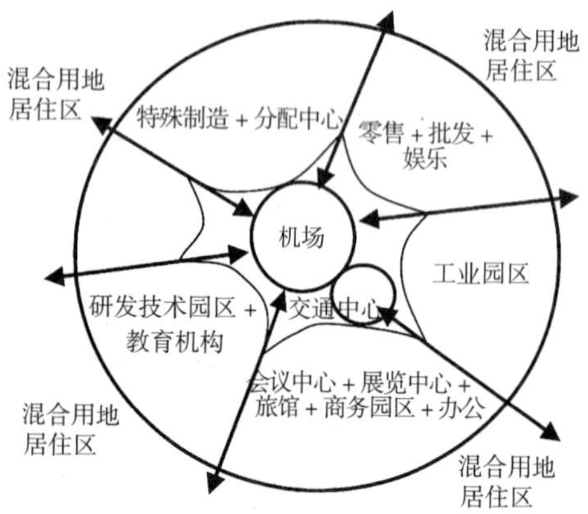

为此，美国的卡萨达（John D. Kasarda）进一步提出了"航空大都市（Aerotropolis）"的概念，它是指以机场为核心，由航空产业吸附商务、休闲娱乐等相关活动，互相协同、聚集发展而形成的城市形态。他认为机场的航空客流带来零售业和商业地产在机场周边的聚集，形成航站楼、航空城、航空大都市三个圈层的空间发展模式。航空大都市由以机场为基础的航空城和受航空城影响的周边区域共同组成，可以扩展至距机场30km的范围，包括与机场联系的走廊、空港相关的产业组团以及居住生活区等。

图5-4-5 临空经济区的空间布局结构

航空大都市是航空运输高度发展的产物，它主要依赖于大型枢纽机场提供的便利网络和大规模的航空客货活动，具有与远距离的伙伴地区关系密切的特点。

从发展历程来看，临空经济区的发展大致经历了几次变迁：

1）第一代临空经济区以机场自身航空运输职能为主；

2）第二代临空经济区在邻近机场的地区发展物流和加工产业，总体规模相对较小。1959年，爱尔兰成立了香农国际航空港自由贸易区，它包括紧靠香农国际机场的香农自由工业区和香农镇，在自由贸易区大力发展出口加工业，这是临空经济区的早期形式。

3）第三代临空经济区强调"航空运输＋物流＋加工制造＋关联产业集群"的整体发展，用地拓展到机场周边更大的范围，是当前大多数城市临空经济区所采用的模式。

4）第四代临空经济区更加注重创新驱动，正在成为智慧物流、信息技术、会展文化、高端制造等新兴产业和新经济的聚集地，并与空港、保税区、自贸区等功能相融合，通过空港地区与城市、区域的联动发展，打造更具影响力的航空大都市。

例如，北京大兴机场临空经济核心区规划面积达到 150km^2，将以综合保税区的开发为契机，力求通过国际人才的引进和科技创新，发展国际化航空服务、生命健康、新一代信息产业技术以及智能制造等产业，这将对发展相对滞后的京南地区产生辐射带动作用。

5.4.3.2 临空经济区规划布局

临空经济区以"空－城"双引擎为发展动力，"空运"提供客货流量，"城市"提供产业基础，临空经济区的发展受到这两方面的共同作用。但从布局上来说，作为一种依托机场而发展起来的区域经济形态，临空经济区的基本布局模式是以机场为圆心，依据临空功能与机场联系的紧密程度而形成的多层次圈层结构。在半径约 10 ～ 15km 甚至更大范围内，各个圈层功能区与机场之间构成相互依存、相互促进的关系。

在实际规划时，临空经济区的布局要综合考虑机场位置、性质、规模以及城市的社会经济条件、交通条件、周边用地条件、政策条件等因素。在多种因素的影响下，圈层模式可能出现复杂的变形，尤其是交通走廊地区对临空产业的吸引力会有所增强，由此形成"圈层＋走廊放射"的复合式空间布局模式。

（1）荷兰史基浦（Schiphol）航空城

史基浦机场是阿姆斯特丹的主机场，距市中心约20km。作为欧洲门户机场，年旅客吞吐量和货邮量一直保持在欧洲机场的第 3 ～ 4 位。为了创造可持续发展的价值，史基浦机场将建立和发展航空城作为一个重要的目标。

1996年，阿姆斯特丹机场区域联盟成立后，开始在史基浦机场周边地区开发商务及工业园区，以构建基于临空产业的航空城市。经多年发展，机场周边已开发 7 处商务园区、8 处工业园区以及 1 处物流园区，集聚了物流、航空科技、商务金融、创意工业、信息通信技术、生物工程及医疗保健研究等多种类型产业；吸引了近 600 家与航空服务业有关的公司或企业设立总部或办公室，超过 1400 家国际企业设立总公司或欧洲地区的分公司。其中，仅航空科技工业如飞机零部件生产、航空机械维修保养及航空教育培训等每年就为荷兰带来超过 1100 亿欧元的收益和约 6 万个就业岗位。此外，机场南边还有一个占地 1.5km² 的阿斯米尔鲜花拍卖市场。这是世界上最大的鲜花交易市场，全球 80% 的花卉产品在这里交易。

从空间布局来看（图 5-4-6），史基浦机场周边的用地分布大致遵循圈层影响模式，且各类园区混合布局，复合化程度高，大大加强了机场区域的活力。机场还非常重视农业，尤其是易腐产品如鲜花及奶制品的进出口，这为其他拥有临空农业发展条件的临空经济区做出了一个典范。

（2）美国孟菲斯（Memphis）航空大都市

孟菲斯曾经是 19 世纪棉花的主要交易市场，也是摇滚和蓝调的发源地。孟菲斯的地理区位及气候、时区条件优越，货物运输可实现"次日达"的目标（即 24h 内到达北美各地，48h 内到达全球主要城市）。20 世纪 70 年代，联邦快递 FedEx 选择孟菲斯机场作为枢纽机场，建立了完整的航运配送体系，占据了空运市场的主导地位。联邦快递设在机场里的"世界港（World Hub）"场地，每小时就可处理 18 万件包裹。孟菲斯机场也连续多年位列世界上最繁忙的货运机场之一，2018 年的货邮量达到 447 万吨，为全球第二位，服务覆盖 220 个国家和地区。孟菲斯市由此从美国南部最不活跃的城市跃升为世界著名的航空大都市。

基于航空货运为企业带来的速度、灵活度和联结性的优势，孟菲斯的工业、零售、服务业等也得到快速发展。在机场周边，吸引了一大批全球企业和第三方物流公司。其中，世界 500 强企业除了联邦快递，还有 AutoZone、

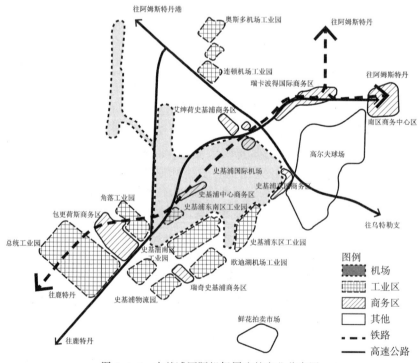

图 5-4-6　史基浦国际机场周边的产业分布图

资料来源：闫永涛，2013

International Paper 等；医疗设备生产商 Smith & Nephew 在这里兴建了其最大的全球分拨网络中心，使孟菲斯成为全美第二大整形外科设备的生产地区；由于孟菲斯机场能够为企业提供可靠的快递服务保证，美国"全国眼库中心"、伟创力（Flextronics）全球最大的笔记本电脑维修点也设于该市。

在机场周边的这些企业，逐渐整合形成了仓储、物流、加工及制造、商务、科研等一系列产业增值链。在孟菲斯机场的东面，发展了高科技产业走廊；在西部，发展了信息及通信科技、生物医药科技及相关的科研教育设施。此外，还有一些知名的网络零售商在机场附近建立了订购营运中心，这种崭新的业务形态成功地融合了信息科技、航空港及快递业务三者所提供的服务，成为机场经济增值链上的新特色。

有研究者曾在 2008 年评估了孟菲斯国际机场对这个城市的影响力，发现机场间接地影响着该市近一半的经济，相当于 286 亿美元和 220154 个工作岗位（约占该市的 1/3）。

（3）上海虹桥临空经济区

虹桥机场位于上海中心城区以西，作为上海联系长三角地区的辐射中心，具有重要的区位条件。2010 年，虹桥机场启用了 2 号航站楼及第二跑道，与虹桥高铁站共同组成了一个特大型的综合交通枢纽。2018 年旅客吞吐量达到 4300 万人次，居全国机场的第 8 位。为了发挥综合枢纽和临空区的作用，2009 年上海设立了虹桥商务区，围绕大交通、大商务、大会展"三大功能"，提出了以总部经济为核心，以高端商务商贸和现代物流为重点，以会展、商业等为特色，其他配套服务业协调发展的产业布局规划（图 5-4-7）。

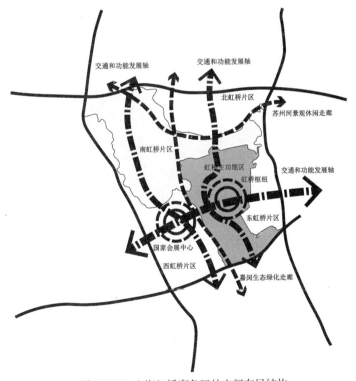

图 5-4-7　上海虹桥商务区的空间布局结构

经过 10 年的建设，虹桥商务区核心区初具规模，多家世界五百强或行业领先企业的区域性总部、地区性总部入驻，已逐步产生了现代服务业的集聚效应。因此，上海 2035 规划把虹桥定位为重点培育的主城副中心，以承载世界一流商务区的功能；并深化编制了《上海市虹桥主城片区单元规划》，用来指导虹桥临空经济区新的建设。

根据公布的草案，虹桥单元规划范围为 88km²，规划总目标是"面向全球、面向未来，建设引领长三角地区更高质量一体化发展的国际开放枢纽"。4 个子目标为：高效绿色的国际交通枢纽区、开放引领的国际会展贸易区、创新共享的世界级商务区和生态宜居的主城片区。规划将在提升虹桥综合交通枢纽功能的基础上，重点建设高水平对外开放的会展贸易门户，强化总部经济、创新经济等高端商务功能。

虹桥单元的规划布局以机场片区、核心区为中心，在周围布置西虹桥、南虹桥、北虹桥和东虹桥片区。六大片区的功能为：①核心区重点塑造面向国际、服务长三角的商务区和交通枢纽，重点发展高端商务、总部经济、商务创新、交通枢纽等功能；②机场片区主要以机场功能为主，重点保障航空安全，优化内部组织和航线网络；③西虹桥在会展功能基础上拓展贸易和消费功能，重点发展会展产业、平台贸易、国际交往、配套服务等功能；④南虹桥体现公共服务创新示范功能，重点发展国际服务、国际医疗、国际教育、特色创新等功能；⑤北虹桥营造创新创业特色功能，重点发展电子商务、文化信息、互联网、智能制造等创新性产业；⑥东虹桥发展航空创新服务，重点发展航空创新、航空服务以及航空要素衍生的相关特色航空功能。各片区内部强调居住和就业功能融合，并设置地区中心和社区中心，提高公共服务水平。

■ 参考文献

[1] ICAO．Aerodrome Design Manual，Part 1—Runways[S]．3rd editon．2006．

[2] ICAO．Aerodrome Design Manual，Part 2—Taxiways，Aprons and Holding Bays[S]．4th editon．2005．

[3] 机场净空障碍物限制的假想面（资料来源：FAA）．

[4] 徐循初．城市道路与交通规划（下册）[M]．北京：中国建筑工业出版社，2007．

[5] 吴念祖．浦东国际机场总体规划[M]．上海：上海科学技术出版社，2008．

[6] 约翰·卡萨达，格雷格·林赛．航空大都市：我们未来的生活方式[M]．曹允春，沈丹阳，译．郑州：河南科学技术出版社，2013．

[7] 闫永涛，李文龙．国内外典型空港周边地区发展分析及启示[C]．青岛：中国城市规划年会，2013．

第6章　交通运输一体化与枢纽规划设计

6.1　交通运输一体化发展趋势

从狭义上看，一体化交通运输是指交通运输体系内部的紧密关联，即设施平衡、运行协调、管理统一以及无缝衔接，强调各种交通运输方式的相互协作、交通运输网络的连贯组织，是不同交通运输服务的全面整合。这与现代综合交通运输体系的发展要求相一致，即根据一个国家或地区的经济地理特征和国民经济发展水平采用现代先进技术，使各种运输方式分工协作、优势互补，在物理上和逻辑上实现一体化。

从广义上看，一体化交通还表现在综合交通运输体系与外部因素的关联，即交通运输与土地使用相互耦合、与经济相互适应、与环境相互协调、与社会相互促进，支持社会公平、经济繁荣、环境改善的可持续发展目标，强调交通政策与社会经济发展政策、环境保护政策和土地使用政策的一体化。由于交通运输系统日益庞大和复杂，交通运输体系的规划建设必须统筹协同，由各种交通方式相对独立发展向更加注重一体化融合发展转变，同时，注重交通运输对社会、经济、环境的外部性影响，更好地支持城市和区域的可持续发展（图6-1-1）。

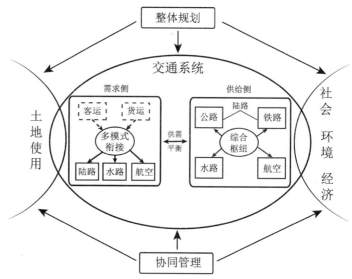

图 6-1-1　综合交通运输一体化的总体发展框架

从综合交通运输系统的发展历程上看，交通运输一体化呈现出从初级水平向高级水平发展的趋势。

6.1.1　高度连接的"流动空间"

在全球化和区域化的背景下，城市与外部地区的连接更加重要。随着交通技术的发展和运输方式的多样化，交通运行的速度、容量和效率不断提高。尤其 20 世纪 70 年代以来，通信技术、全球自由贸易的发展，使得即时性服务成为一个地理区位比较优势的关键。在全球城市、国家和区域中心城市的竞争中，门户型枢纽的建设受到重视，大型机场、深水港口的数量和规模明显增加，交通运输大通道也得到了扩展和升级。借助快捷、通达的交通运输网络，一些大城市产生了强大的虹吸效应、辐射范围更大；而越来越多的中小城市融入区域交通网络，并参与到更大层面的经济社会活动中去。因此，随着交通运输一体化程度的提高，城市之间产生了更高水平的连接性和更强的流动性，从而塑造出新的空间网络结构关系。

在全球城市网络上，根据 2018 年 GaWC 的城市连接度分类（City Link Classification）[1]，alpha++ 级的"城市对"为伦敦—纽约；alpha+ 级的有香港—伦敦、香港—纽约、伦敦—新加坡、纽约—新加坡、伦敦—巴黎、纽约—巴黎、伦敦—上海、北京—伦敦、纽约—上海、北京—纽约、迪拜—伦敦、伦敦—东京、伦敦—悉尼、芝加哥—纽约、纽约—东京、纽约—悉尼、香港—新加坡、迪拜—纽约、北京—香港、法兰克福—伦敦、芝加哥—伦敦、香港—上海、洛杉矶—纽约、上海—新加坡。不难发现，这些城市无一例外的都是全球性的门户枢纽城市。

---

① The GaWC City Link Classification for 2018 是根据一个城市与其他 707 个主要城市的商务服务联系程度来分类的，其中包括了"城市对"之间 1.77 亿的联系测度。GaWC 的城市连接度（City Link）选出了 1741 个最大联系，如伦敦和纽约之间的联系程度最大，被表示为 alpha++ 级别。

在经济全球化的浪潮中，一些枢纽城市凭借其有利的交通地理区位，不断提高它们在跨国经济活动中的吸引力；全球城市网络也随着这些城市的加入而不断扩大（图6-1-2）。

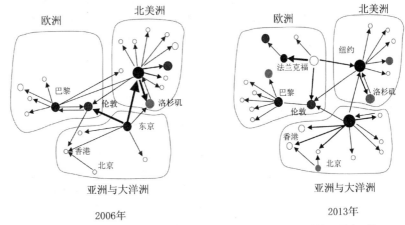

2006年   2013年

图6-1-2 日益扩大的全球城市网络——跨国公司组织结构"城市对"
（以大都市区为单元）

资料来源：Kwon, GaWC Research Bulletin 449

6.1.2 日益融合的一体化服务

一体化交通是现代城市交通发展的基本要求。首先，在全球化的尺度下，门户枢纽的建设使国家中心城市与全球网络及本地网络更好地连接起来，由此发挥国际和国内两个扇面的作用；其次，在区域尺度上，城市群、都市圈的发展也高度依赖交通运输的一体化，通过连续而无缝衔接的交通网络使不同规模、功能的城市形成更加紧密的交流圈。从国际经验来看，交通运输一体化已成为高质量交通发展最重要的特征之一。

（1）各系统自身的网络化建设：尽管交通技术经历了水—陆—空的发展进程，但各个系统不断通过基础建设、服务创新来提升硬件设施和运营组织，使系统自身的网络化水平得到提高。比如，我国公路已实现了从高速公路到通村公路的覆盖城乡的大规模网络；铁路网也正从国家和区域大通道向更密集的城际、市域层级扩展，许多城市形成了多车站、多线路的组合铁路枢纽；干支航道网贯通、港口群协作互补和江海联运组织不断完善；基于枢纽机场、支线机场建设而形成的轮辐式航线结构，使航空运输的网络化水平也得到了极大的改善。

（2）多模式交通的整合发展：综合交通运输具有多方式、多尺度、多主体的特点，各种方式在需求多元化的市场竞争中逐步形成从分离到互补的关系。高层级的交通枢纽，尤其是大型的国际深水港、航空港，通过公路、铁路、内河和国内航线等多种方式进行集散和中转，从而通达广大的腹地和目的地。这些综合型枢纽不仅强调多模式交通设施、通道网络的整合，也注重多式联运和联程的运输服务，为大尺度空间活动的"快捷"和"到门"要求提供了一体化的解决方案。

（3）以城市群为重点的一体化推进：城市群的内在联系需求强，且各种重大交通设施布局集中，打破行政区划壁垒、推行交通一体化是城市群融合发展的前提条件。一方面，基于快速基础设施网络的互联互通，区域人员和物资要素得以在 2 ～ 3h 的更大时空范围内有序流动。另一方面，区域港口群、机场群的持续建设与功能协作，提高了交通资源组合配置的效率和效益，面向交通一体化的管理服务和联动协调机制也逐步建立起来。这些均极大地促进了城市群跨行政区的社会经济交流和一体化发展，也为未来持续地提升区域交通运输能力和服务水平奠定了重要基础（图 6-1-3）。

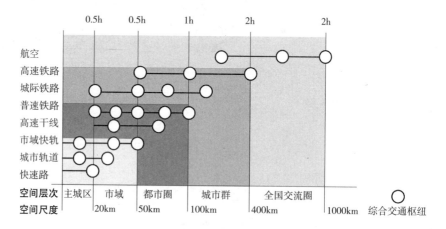

图 6-1-3　多尺度—多模式的综合交通运输一体化空间组织关系

6.1.3　交通运输一体化战略的顶层设计

6.1.3.1　交通运输一体化发展面临的主要挑战

综合交通运输的一体化，不仅要提供各类设施之间的物质性连接，还要提供运营市场准入、联网售票、时刻表衔接、车辆通行统一管理等制度方面的软性连接，从而真正实现交通运输一体化的目标。这涉及体制、机制、政策、法规、规划、投资、建设、运营、管理、财税等诸多方面的问题，对交通运输一体化发展构成了挑战。

（1）市场供需的易变性

从短期来看，国际航空、远洋运输的需求容易受到全球经济、贸易活动波动的影响，而这些系统的需求变化又会引发联运和联程市场的变化。从中长期来看，传统交通方式通过技术变革，能够提升其服务性能从而导致整个运输结构的调整，如高速铁路对航空市场的冲击，直接影响了一体化交通的空间组织结构。而运营者的创新服务和出行主体的选择偏好，也会打破既有的市场格局，对一体化交通衔接产生新的要求。英国曾在 2003 年展望了东南地区的航空运输发展前景，未能预见到廉价航空公司带来的机场分散化趋势，使得交通一体化措施无法很好地适应这一变化。

（2）管理条块的分割性

交通运输一体化要求场站设施的无缝衔接。尽管对外交通设施与地铁、出租车等城市交通的用地界限已打破，但在条块分割的管理体制下，铁路、公路等场站仍偏向在专属用地上独立建设，各类设施分散布局、不便换乘的"广场式"枢纽仍很常见，增加了交通一体化的空间阻碍[①]，也不利于枢纽 TOD 的建设。区域性枢纽服务于周边多个城市，有些城市之间缺乏统筹的公交（及出租车）跨市运营服务和价格标准，甚至未能实现公交互通，造成乘客换乘次数和费用的增加，制约了枢纽交通的顺畅衔接。

（3）规划程序的制约性

交通运输一体化涉及国家、区域、地方不同层级的多种网络和设施，其规划编制往往归口不同的部门，且编制时间、深度、期限等不完全一致，容易出现规划及设计整合不足的问题。尤其是机场、港口等重大设施的选址因素复杂、决策时间长，其规划布局具有一定的不确定性，如果不能做好长期规划的动态和弹性管控，必然会给交通运输一体化的建设实施带来被动局面。

（4）多方利益的冲突性

在交通运输一体化的过程中，会涉及不同地区、部门、机构、公众的利益冲突。尤其是在交通建设市场化程度加大、逐步推进公私合作（PPP）的情况下，不仅要考虑公共部门的诉求，还要考虑民间参与者的利益要求，以吸引他们的交通投资意愿。在有限的空间、资源和资金条件下，交通一体化规划的作用是协调各方利益，力求通过最佳的折衷和平衡，来提高交通一体化的水平。

6.1.3.2　交通一体化战略的顶层设计

交通运输一体化是构建综合交通运输体系的关键，包括交通基础网络、运输服务和支持保障等诸多方面的政策措施。由于交通运输一体化具有多因素、多问题、多主体的特点，要将一体化目标落实到复杂多变的具体行动中，且使这些行动措施产生协同效应，进行一体化交通战略的顶层设计十分必要。

（1）明确一体化的目标导向

交通运输一体化以一个国家、地区或城市的总体发展目标为导向。在可持续发展和生态文明的理念下，绿色集约型交通方式在交通一体化战略决策中占有更高的优先地位。以新加坡打造世界级交通系统的经验为例，该国于 2008 年成立了可持续发展部际委员会，共同制定了《新加坡可持续发展蓝图》，作为交通部与国家发展部（主管总体规划）、国家公园理事会、国家土地管理局、裕廊镇以及环境与水资源部（主管环境保护、公共健康事务）等部门携手合作的根本宗旨，为交通一体化发展指明了未来的愿景目标。

我国在十九大会议明确提出了"交通强国"的构想，以支撑"实现中华民族伟大复兴中国梦"两个百年的目标。2019 年出台的《交通强国建设纲要》，进一步明确了建成"人民满意、保障有力、世界前列"交通强国的总体方略，是指导我国今后一个时期交通运输一体化高质量发展、全面实现交通现代化的纲领性文件。

（2）搭建一体化的制度平台

按照交通运输一体化的发展要求，搭建综合协同管理框架。首先要理顺交

---

① 我国铁路车站有严格的安全检查要求，候车空间与外部公共区域分开，一定程度上增大了多方式换乘衔接的空间尺度。

通管理体制，形成跨地域、跨部门的一体化规划决策机制，并协调相关部门的事权，促进一体化战略的贯彻落实；同时，要制定交通一体化建设和管理的相关政策法规，完善基础网络、枢纽设施、运营服务等相关技术标准，形成有利于交通一体化发展的制度和政策环境。

新加坡的交通部下设陆路交通管理局、公共交通理事会、民用航空管理局和海洋与港口管理局四大机构，形成了对水、陆、空系统的统一管理。其中，陆路交通管理局负责对所有陆路交通实施"一站式"管理，包括制定发展政策和战略、规划道路和快速公交网络、建设及维护道路和轨道设施、管理工程项目设计与建造、管理道路交通运行、规范公共交通的车辆和服务。这种全过程、全覆盖的综合协同管理，为实现交通运输一体化提供了制度保障。

（3）强化一体化的过程监管

要保证交通运输一体化的目标落实，建立面向规划实施过程的动态监管体系十分重要。一方面，将交通一体化的规划决策、投资建设、运营组织和行业管理等环节纳入整体监管中，可以及时地跟踪和解决一体化实施面临的主要问题；另一方面，构建以交通运输一体化目标为核心的评价指标体系，通过定期评估交通一体化的发展进程和绩效，形成促进交通相关部门互动协作的反馈机制，为交通运输一体化的持续优化奠定基础。

（4）提供一体化的技术支持

推动互联网、人工智能、超级计算等新技术的应用，建立多个部门信息整合与共享的智慧交通系统，提供各系统交通运输活动的多源数据分析和信息服务，同时拓宽公众参与的渠道。利用智慧交通技术，加强干线通道和枢纽地区的客流、物流实时监测，建立能够即时响应需求变化的交通一体化衔接体系；同时，跟踪当前新的交通技术和服务对一体化交通产生的影响，提高交通运输一体化发展策略的前瞻性。

6.2 交通运输一体化规划

交通运输一体化规划有三大重点：网络连接（Connection）、枢纽整合（Integrattion）、服务通达（Access），并有国家级、区域级、都市区级和市／县域级等不同的层次。上位规划重点在于布局国家和区域的骨干通道及重大枢纽设施、部署国家综合交通运输发展的政策措施；下位规划重点在于落实重大交通设施、布局集散通道和中小型枢纽设施，以及具体制定交通运输一体化的地方行动方案。

6.2.1 国家交通运输一体化规划

我国《交通强国建设纲要》体现了国家层面交通运输一体化规划的基本内容。

（1）指导思想

我国制定《交通强国建设纲要》，根本目的在于统筹推进交通强国的建设。其指导思想是要牢牢把握交通的"先行官"定位，坚持以供给侧结构性改革为主线，推动交通发展向更加注重质量效益、更加注重多模式交通融合发展和更加注重创新驱动转变，以构建安全、便捷、高效、绿色、经济的现代化综合交通体系。

(2) 阶段目标

到 2035 年，基本建成交通强国，现代化综合交通体系基本形成。拥有发达的快速网、完善的干线网、广泛的基础网，城乡区域交通协调发展达到新高度；基本形成"全国 123 出行交通圈"(都市区 1h 通勤、城市群 2h 通达、全国主要城市 3h 覆盖)和"全球 123 快货物流圈"(国内 1 天送达、周边国家 2 天送达、全球主要城市 3 天送达)，旅客联程运输便捷顺畅，货物多式联运高效经济；智能、平安、绿色、共享交通发展水平明显提高，城市交通拥堵基本缓解，无障碍出行服务体系基本完善；基本实现交通治理体系和治理能力现代化，市场环境优良；交通国际竞争力和影响力显著提升。

到 21 世纪中叶，全面建成人民满意、保障有力、世界前列的交通强国。基础设施规模质量、技术装备、科技创新能力、智能化与绿色化水平位居世界前列，交通安全水平、治理能力、文明程度、国际竞争力及影响力达到国际先进水平，全面服务和保障社会主义现代化强国建设，人民享有美好交通服务。

(3) 主要规划任务

在国内交通方面，要建设现代化高质量综合立体交通网络，构筑多层级、一体化的综合交通枢纽体系。以国家发展规划为依据，发挥国土空间规划的指导和约束作用，统筹规划铁路、公路、水运、民航、管道、邮政等基础设施；完善多层次交通网络布局，以多中心、网络化为主形态，优化资源配置，实现立体互联，增强系统弹性。强化西部地区补短板，推进东北地区提质改造，推动中部地区大通道大枢纽建设，加速东部地区优化升级，形成区域交通协调发展新格局；打造具有全球竞争力的国际门户枢纽，建设一批全国性、区域性交通枢纽，完善集疏运体系，加快推进港口集疏运铁路重点项目建设；推进出行服务快捷化，构筑以高铁、航空为主的高效率区际快速客运服务，提升主要通道旅客运输能力；打造绿色高效的现代物流系统；强化节能减排、污染防治和交通生态环境保护修复；完善综合交通法规体系，建立健全适应综合交通一体化发展的体制机制。

在跨国交通方面，要构建互联互通、面向全球的交通网络。以丝绸之路经济带六大国际经济合作走廊为主体，推进与周边国家基础设施互联互通；提高海运、民航的全球连接度，建设世界一流的国际航运中心，推进 21 世纪海上丝绸之路建设；拓展国际航运物流，发展铁路国际班列，推进跨境道路运输便利化，大力发展航空物流枢纽，构建国际寄递物流供应链体系，打造陆海新通道；加大对外开放力度，协同推进自由贸易试验区、中国特色自由贸易港建设；积极推动全球交通治理体系建设与变革，积极参与交通国际组织事务框架下规则、标准的制定修订。

6.2.2　城市群交通运输一体化规划

全球化空间竞争引发了世界网络更加紧密的连接，多节点、协同化的大城市群成为国家竞争力的重要支撑力量。目前，我国确立了以城市群推动重大区域融合发展的空间战略，城市群将会成为我国新型城镇化发展的主体形态，在发展若干国家级城市群的基础上，打造京津冀、长三角、粤港澳大湾区等世界级城市群。

城市群人员和货物的自由流动，必须依靠便捷、顺畅、高效、经济的一体化交通网。在 2 ～ 3h 可达的城市群范围内，要重点推进干线铁路、城际铁路、市域（郊）铁路、城市轨道交通的整合，完善快速公路网络，加强公路与城市道路衔接。提高城市群内轨道交通通勤化水平，推广城际道路客运公交化运行模式，打造旅客联程运输系统。破除区域壁垒，防止市场垄断，完善运输价格形成机制，构建统一开放、竞争有序的现代交通市场体系。

6.2.2.1　长三角地区交通运输一体化规划

长三角城市群是世界六大城市群之一，经历了公路时代、大桥时代和高铁时代，已形成了内部关联日益紧密的综合交流圈。为了进一步推动长三角城市群的协调发展，发挥其国民经济发展的引擎作用，我国于 2016 年制定了《长三角城市群发展规划》，要求以上海为龙头，推动南京都市圈、杭州都市圈、合肥都市圈、苏锡常都市圈、宁波都市圈的同城化发展。2018 年，长三角区域一体化上升为国家战略，次年出台了《长三角区域一体化发展规划纲要》，明确了长三角"一极三区一高地"的战略定位[①]。

交通运输对城市群的多节点网络化发展起着推动作用，而更高层次的城市群发展也对交通运输体系有着全新的要求。长三角城市群要建设面向全球、辐射亚太、引领全国的世界级城市群，必须充分发挥交通一体化的先行作用，交通运输部为此专门编制了《长三角区域交通运输更高质量一体化发展规划》。目前，长三角区域交通一体化仍存在较大的提升空间，今后将强化跨区域、跨方式的交通融合发展，结合重大基础设施新建和既有设施提升，打造具有国际竞争力的世界级机场群、港口群，构建一体化轨道网、高密度干线公路网和现代化高等级航道网，形成枢纽型、功能性、网络化的现代化综合交通体系（图 6-2-1）。

具体的规划措施包括：①提升交通设施的互联互通。除了打通省际断头路、继续提高公路连通度以外，要重点建成沪通铁路一期工程，推进沪通铁路二期和沪苏湖铁路等项目，完善城际铁路网的规划建设，解决城际通勤、商旅等人群的快捷出行需要；合理增加机场密度，加强区域民航的协同发展。②加强交通服务的互通共享。包括加快苏浙沪毗邻地区客运公交化发展、加强长三角地区交通一卡通互联互通、推进取消高速公路省界收费站工作、推进信息资源共享等。③促进运输市场统一开放。推行长三角地区货运行业征信体系建设，实现高速公路治超、"两客一危"车辆管理等信息联通和联防联控。④推进区域港航协同发展。加强内河航道成网化、区域港口一体化、运输船舶标准化、绿色发展协同化、航运中心建设联动化等工作。

---

① 2018 年 11 月 18 日，我国发布了《中共中央国务院关于建立更加有效的区域协调发展新机制的意见》，明确要求以上海为中心引领长三角城市群发展，带动长江经济带发展。2019 年 7 月中央政治局审议通过了《长三角区域一体化发展规划纲要》，明确要使长三角成为全国经济发展强劲活跃的增长极，成为全国经济高质量发展的样板区、率先基本实现现代化的引领区和区域一体化发展的示范区，成为新时代改革开放的新高地。

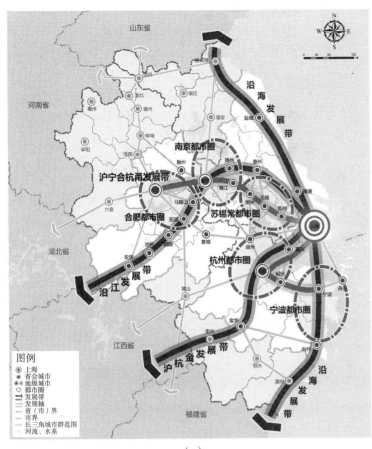

(a)

图 ◎ 高铁枢纽站　　——— 高速铁路　　——— 普通铁路
例 ○ 城际铁路枢纽站　——— 城际铁路　　—·—·— 省级行政区边界

(b)

图 6-2-1　长三角城市群交通走廊以及城际铁路网络规划研究
(a) 长三角城市群交通走廊规划；(b) 局部地区城际铁路网络布局深化研究

6.2.2.2　粤港澳大湾区交通运输一体化规划

粤港澳大湾区是由广州、深圳、珠海、佛山、惠州、东莞、中山、江门、肇庆 9 市和香港、澳门两个特别行政区形成的"9+2"城市群。2017 年，我国确定了将粤港澳大湾区建设为国际一流的航运中心、贸易中心、金融中心、全球科技创新中心的国家发展战略。

2018 年，广深港高铁正式通车，标志着香港加入了国家高铁网络，同年港珠澳大桥通车，形成了粤港澳 1h 紧密经济带，对提升珠三角地区的综合竞争力、保证港澳的长期繁荣有着重大意义。截至 2018 年底，粤港澳大湾区高速公路网密度已达 7.96km/100km²，是全国高速公路网最密的地区之一；基本形成了以广州为核心、纵贯南北、沟通东西两岸的城际铁路主骨架网络；沿海港口集装箱年吞吐量达 7632 万标箱，香港港、广州港、深圳港均为全球集装箱大港；高等级内河航道 1187km，位居全国前列；民航旅客年吞吐量达 2.15 亿人次，位居全球湾区之首。

为了进一步完善大湾区的现代化交通运输体系，交通运输部制定了《关于支持粤港澳大湾区交通运输发展的实施意见》。要通过"提升大湾区交通运输服务能力、品质和效率，提升大湾区在全球交通网络中的枢纽地位和辐射地位"两大任务，努力把大湾区打造成为

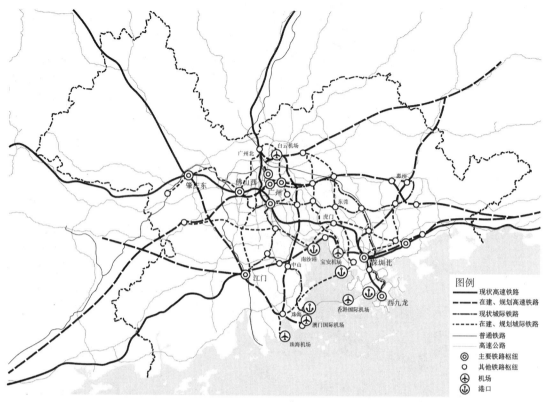

图例
—— 现状高速铁路
－－ 在建、规划高速铁路
—·— 现状城际铁路
－－－ 在建、规划城际铁路
—— 普通铁路
—— 高速公路
◎ 主要铁路枢纽
○ 其他铁路枢纽
✈ 机场
⚓ 港口

图 6-2-2　粤港澳大湾区交通运输一体化规划研究示意

交通强国建设示范区、交通运输改革创新的试验区和交通运输转型升级的先行区。

粤港澳大湾区交通运输发展的支持措施主要有七个方面（图 6-2-2）。

1）推进对外综合交通运输通道建设和升级。加快构建以高速公路、干线铁路、快速铁路和西江航运干线组成的综合交通大通道，连接泛珠三角区域和东盟国家，优化铁路、高速公路、城市轨道交通网络布局，形成结构合理、功能完善、衔接高效的综合交通网络。

2）构筑大湾区快速交通网络。打造多方式、多通道、复合型交通走廊，形成主要城市间高效连接的网络化空间格局，完善区域城际轨道网，推进深中通道建设，确保虎门二桥建成。

珠三角的城际铁路网重大项目包括广佛环线，建设里程约 127km；南北放射线有穗莞深、广清、新塘—白云机场—广州北站、广佛江珠等，建设里程约 382km，改善珠三角高铁网东密西疏的不均衡问题；东西放射线有广佛肇、莞惠、佛莞等，建设里程约 219km。此外，还有轨道路网加密线，包括珠海市区—珠海机场、穗莞深琶洲支线、肇顺南、中南虎、深惠等，建设里程约 226km。

3）提升珠三角港口群国际竞争力。优化大湾区港口资源配置，完善国际航运功能，全面提升国际航运枢纽地位，形成具有国际影响力和竞争力的世界级港口群。

4）建设世界级机场群。推进粤港澳三地机场协同发展和资源综合利用，建成我国对外开放的重要航空门户和全球重要的航空枢纽，提高效率、效益和服务水平。

5）提升客货运输服务水平。实行口岸接驳设施和联运服务一体化，海陆空联程联运更加便利。在日常出行方面，打造宜居宜业宜游的优质生活圈。加密城市间高速客船航线，实现城际客运的公交化运营，香港青年在内地就业、就读时享受与内地同等的交通出行优惠政策。在物流方面，加快推广铁水、公铁、铁空等多式联运"一单制"等服务，构筑大湾区对外货运物流体系、城市群快速货运体系和城市共同配送体系，共同构成多层次、高效率、低成本的现代货运物流体系。

6）提升交通科技创新能力。继续深化新一代交通控制网和智慧公路、智慧港口等试点项目，进一步创新交通建设投融资模式，放宽甚至取消港澳投资者在交通运输领域投资的资质要求、持股比例和行业准入限制，促进城市群的创新融合，支撑粤港澳大湾区建设成为充满活力的世界级经济区。

7）建设绿色生态交通。推行绿色交通优先政策，加强交通建设和运行各环节的节能环保、绿色生态工作。建立城市群"高铁／城际＋地铁＋绿色接驳"的一体化客运交通网络，优化城际交通和城市交通的出行结构。

6.2.3 都市圈（区）交通运输一体化规划

6.2.3.1 规划重点

都市圈是城市群内部以超大、特大城市或辐射带动功能强的大城市为中心，以 1 ～ 1.5h 活动圈为基本范围的城镇化空间形态，是城镇化发展到较高阶段时产生的城市空间组织形式。在都市圈里，核心城市与周边城市之间可以实现当日往返，通常半径不大于 200km。比如，东京都市圈是东京都及其周边居民日常工作和通勤的空间范围，包括"一都三县"，即东京都、神奈川县、千叶县和琦玉县，面积 1.35 万 km^2。

都市圈的中心城市与周边城市之间具有密切的社会经济联系和空间交互作用，并逐渐形成了基于 1 ～ 1.5h 通勤范围的同城化大都市地区。在都市圈内，各个城市内部、邻接城市之间以及区域交通汇集在一起，使多模式交通呈现更大的需求和更高的组织复杂性。因此，都市圈的交通运输一体化规划更应着眼于整体性、系统性和未来弹性，统筹考虑城镇和产业功能布局，以更好地引导都市圈的精明增长和空间结构优化。

都市圈交通运输一体化的重点任务包括：建立有机衔接的多层级交通网络，打造 1 ～ 1.5h 的便捷"同城交通圈"；统筹考虑都市圈轨道交通网络布局，构建以轨道交通为骨干的通勤圈，推动干线铁路、城际铁路、市域（郊）铁路、城市轨道交通"四网融合"；推进城乡客运服务一体化，提升公共服务均等化水平，保障城乡居民行有所乘；建立跨省市域的交通沟通协商机制，完善一体化综合交通管理，加强交通安全、交通智能化、公交信息共享、物流运输、出租车改革等方面的紧密合作，促进各地交通的对接共建、合作共赢。

此外，针对大都市区蔓延带来的交通拥堵问题，还要优化供给侧结构，构建集约、高效的都市圈 TOD 走廊，加强交通需求管理，优先发展绿色交通，合理引导个体机动化出行。

6.2.3.2　上海都市圈交通运输一体化

根据《上海市城市总体规划（2017—2035）》，上海的城市性质是长三角世界级城市群的核心城市，是国际经济、金融、贸易、航运、科技创新中心和文化大都市，将建设成为卓越的全球城市、具有世界影响力的社会主义现代化国际大都市。上海将与苏州、无锡、南通、嘉兴、宁波、舟山、湖州等周边城市协同发展，构建 90min 通勤范围的上海大都市圈，强化近沪地区的同城效应，以促进实施长三角区域的整体协调发展这一国家战略。上海都市圈陆域面积 4.9 万 km^2，常住人口约 6500 万人。

2018 年编制的《上海大都市圈空间协同规划》，进一步制定了交通一体化和生态共治、设施统筹、产业协调、蓝网绿道、文化旅游、合作机制等八大行动策略以及杭州湾区域协调、海洋港口一体化等五大空间板块行动，用以指导都市圈内各城市的中长期功能发展与结构优化，构建开放协调的区域空间发展格局。

上海都市圈既要全面承载国家重要战略，又要满足本地的发展要求。因此，其交通规划必须面向全球、对接区域、优化局域，重点推进城际、近沪地区、市域等多个尺度的空间—交通协同优化，建立枢纽型引领、网络化支撑、多方式紧密衔接的一体化交通运输网络（表 6-2-1、图 6-2-3）。

（1）稳步提升枢纽门户地位，实现腹地与门户的快速连接，改善战略枢纽节点的直连直通水平。提高亚太航空门户枢纽能级，完善航空服务体系，强化浦东国际机场与长三角区域城际铁路网络的衔接；推动国际海港枢纽功能升级，进一步优化港口布局和集疏运体系，加强上海港与宁波—舟山港、苏州港、南通港、嘉兴港等长江下游和杭州湾地区港口的分工合作；优化铁路客货枢纽布局，结合浦东机场新增国家沿海通道上的上海东站，与虹桥站、上海站、上海南站形成"四主"；优化调整南翔编组站功能，在沪乍杭、沪通通道上研究控制新的铁路编组站；新增外高桥集装箱站，以整合外移为原则，提升完善沿海通道上徐行、四团等货运枢纽功能。

（2）完善国家综合运输通道布局。在南京方向（京沪、沪陕、沪蓉）、杭州方向（沪昆）等既有通道格局基础上，拓展上海乃至长三角城市群与其他国家级城市群之间的联系通道，形成南京、杭州、南通、宁波、湖州等 5 个主要联系方向。加快推进沪通铁路，贯通沿海大通道；研究控制沪甬（舟）铁路、北沿江铁路，为京沪铁路沪宁段分流预留高速铁路通道。

上海和近沪地区对外交通廊道组织一览表　　表 6-2-1

方向	廊道	联系重点	交通运输方式（主要构成）
南京	沪宁	客运（商务）、货运	高铁、城际、普铁、高速公路、公路
	沿江	货运、客运	城际、普铁、高速公路、公路
南通	沪通	货运、客运	城际、普铁、高速公路、公路
杭州	沪杭	客运（商务）、货运	高铁、城际、普铁、高速公路、公路
	沿湾	货运、客运	普铁（城际）、高速公路、公路
湖州	沪湖	客运（游憩）、货运	高铁（城际）、普铁、高速公路、公路
宁波	沪甬	货运、客运	高铁（城际）、普铁、高速公路、公路

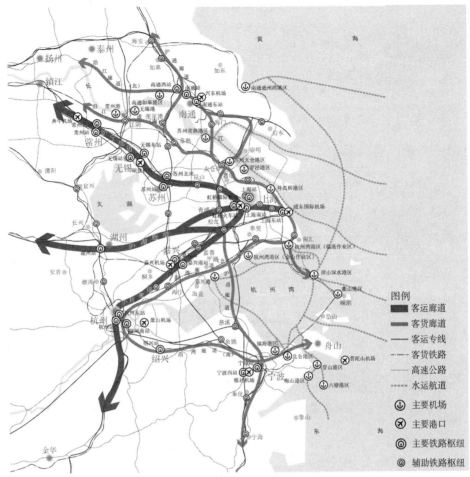

图6-2-3　上海和近沪地区综合交通协调图（有水系）

资料来源：上海市人民政府，2018

（3）强化城际和跨省市域地区的交通廊道能力，注重以交通走廊推动形成都市圈多级多类的发展轴带。规划建设沪乍杭铁路、沪杭城际铁路和服务苏浙皖的沪苏湖铁路（新增），打破行政边界壁垒，预控上海新城、中心镇至近沪地区的重要交通廊道，探索中心城市快速轨道交通适当向周边城市（镇）的延伸，加强陆路交通网络对接和同城化发展。

（4）重构都市圈公共交通网络，以城际铁路和快速轨道为骨架，形成城际线、市区线、局域线"三个1000km"的轨道交通网络，提供多层次、多样化的公交服务，实现上海市域轨道交通网络内1h可达（表6-2-2）。基于30～40min公交活动范围，设置若干个城镇圈，作为市域空间组织和资源配置的基本单元，统筹城乡人口、就业、公共服务协同发展。其中包含3个跨省界城镇圈，分别是南通方面的东平—海永—启隆城镇圈、苏州昆山方面的安亭—花桥—白鹤城镇圈、嘉兴嘉善方面的枫泾—新浜—嘉善—平湖城镇圈，以促进跨省市的功能统筹、交通对接、环境共治和设施共商。

（5）从机制上加强跨区域、多部门的分工协作，探索上海与周边地区交通—空间统筹发展的路径，实现从规划、建设、管理和运营的全过程协同合作。

211

上海都市圈轨道交通网络功能层次　　　　　　　　表 6-2-2

系统模式		功能定位	设计速度（km/h）	平均站距（km）	设计运能（万人/h）	规划里程（km）
城际线	城际铁路/市域铁路/轨道快线	服务于主城区与新城及近沪城镇、新城之间的快速中长距离联系，并兼顾主要新市镇	100 ~ 250	3.0 ~ 20.0	≥ 1.0	≥ 1000
市区线	地铁	服务高度密集发展的主城区，满足大运量、高频率和高可靠性的公交需求	80	1.0 ~ 2.0	2.5 ~ 7.0	≥ 1000
	轻轨	服务较高程度密集发展的主城区次级客运走廊，与地铁共同构成城市轨道网络	60 ~ 80	0.6 ~ 1.2	1.0 ~ 3.0	
局域线	现代有轨电车、胶轮系统等	作为大容量快速轨道交通的补充和接驳，或服务局部地区普通客流、中客流走廊，提升地区公共交通服务水平	—	0.5 ~ 0.8	0.5 ~ 1.5	≥ 1000

6.3　综合客运枢纽规划与设计

6.3.1　综合客运枢纽的发展趋势

客运枢纽的产生和发展，与交通运输业的结构变化密切相关。客运方式的变化与兴衰给客运枢纽的设计带来很大的影响。同时，社会、经济、技术和文化事业的发展，也促进了客运枢纽在功能和形式上的变化。在我国，客运枢纽设备的高度自动化、交通运输体制改革和投资建设渠道多元化，为枢纽多模式交通一体化和综合开发提供了技术和政策条件。

当前，交通运输已逐步从单一方式的分散独立发展向多模式紧密衔接、分工合作的联合运输转变。交通枢纽是综合交通运输网络中实现不同模式、线路之间转换和集散的节点，是整合各种交通资源、落实交通一体化战略的基本空间载体。尤其是承担区域之间大规模客流换乘组织的大型综合客运枢纽，是提高客运效率和提升服务质量的关键。

自 20 世纪 90 年代以来，国际上兴起了推动客运系统整合和交通一体化发展的实践，强化枢纽功能、服务地区经济的战略被广为采用。美国 1991 年制定了《地面多模式交通运输效率法案》，并成立了多模式交通国家中心（NCIT）对多式联运系统进行评价和规划设计。英国伦敦于 2001 年出台了《多模式交通枢纽最佳实践导则》，并制定了换乘枢纽规划，旨在通过增加交通方式选择和提升换乘体验来改善城市交通的可达性和服务质量。

同时，客运枢纽具有高可达性和流量的优势，有利于吸引开发活动、发展枢纽经济。依托大型综合客运枢纽建设公共中心，创造交通功能与城市功能融合的建筑综合体，已成为现代城市功能开发、增强活力的一种重要手段。综合客运枢纽不仅要满足多种交通方式的接驳与换乘，提供购物、休闲、娱乐、信息交流等综合功能，还要打造成为城市重要的标志性景观。日本实行了依托枢纽的站城一体化开发策略，在多模式交通与商业办公相结合的综合体建筑、枢纽车站地区更新改造等方面取得了丰富的经验。

我国各种运输方式快速发展，基础设施网络规模不断提升。但是，综合交通运输整体效率还不高，服务水平与社会经济发展要求相比还有较大差距，特别是各种交通方式之间衔接不畅，旅客中转换乘不便，客运枢纽功能仍相对单一，综合交通优势难以有效发挥。2013年，国家发改委出台了《促进综合交通枢纽发展的指导意见》，要求把综合交通枢纽作为推动交通运输综合发展的切入点，加强客运枢纽的一体化衔接；2016年又出台了《关于打造现代综合客运枢纽提高旅客出行质量效率的实施意见》。我国《交通强国建设纲要》进一步提出，要打造具有全球竞争力的国际海港枢纽、航空枢纽和邮政快递核心枢纽，建设一批全国性、区域性交通枢纽，推进综合交通枢纽一体化规划建设，提高换乘换装水平。

6.3.2 综合客运枢纽的分类与分级

6.3.2.1 分类

综合客运枢纽是指将两种及以上对外运输方式与城市交通的客流转换场所在同一空间（或区域）内集中布设，实现设施设备、运输组织、公共信息等有效衔接的客运基础设施。

依据我国《综合客运枢纽分类分级》JT/T 1112—2017行业标准，可按照综合客运枢纽主导方①，将其分为铁路主导型、公路主导型、水运主导型和航空主导型综合客运枢纽四类。铁路主导型是依托铁路客运站，与其他交通运输方式衔接形成的综合客运枢纽；后面三种相应是依托公路客运站、港口客运站和机场航站楼形成的综合客运枢纽。

在某些情况下，也会形成由两种运输方式共同主导的综合枢纽。如上海虹桥枢纽是虹桥高铁站与虹桥机场组合而成的综合枢纽，由于高铁与国内航线的换乘比例较低，这两种运输方式相对独立而并非接驳转运关系。这一"航空＋高铁"双模式主导的超大型枢纽，显著地提升了虹桥地区在长三角区域中的关键性节点地位，但也容易产生客流高度集聚下的巨大集散压力。

6.3.2.2 分级

（1）根据设计年度综合客运枢纽的总发送量或对外运输方式总发送量，将综合客运枢纽分为一级、二级、三级、四级四个等级（表6-3-1）。

综合客运枢纽分级　　　　　　　　　　　　　　表6-3-1

等级	日均总发送量（万人次）				对外运输方式日均总发送量（万人次）			
	一级	二级	三级	四级	一级	二级	三级	四级
铁路主导型	$P \geqslant 20$	$10 \leqslant P < 20$	$5 \leqslant P < 10$	$P < 5$	$P \geqslant 10$	$5 \leqslant P < 10$	$2 \leqslant P < 5$	$P < 2$
公路主导型	$P \geqslant 10$	$2 \leqslant P < 10$	$1 \leqslant P < 2$	$P < 5$	$P \geqslant 5$	$1 \leqslant P < 5$	$0.5 \leqslant P < 1$	$P < 0.5$
水运主导型	$P \geqslant 4$	$2 \leqslant P < 4$	$0.5 \leqslant P < 2$	$P < 0.5$	$P \geqslant 2$	$1 \leqslant P < 2$	$0.2 \leqslant P < 1$	$P < 0.2$
航空主导型	$P \geqslant 10$	$6 \leqslant P < 10$	$2 \leqslant P < 6$	$P < 2$	$P \geqslant 5$	$3 \leqslant P < 5$	$1 \leqslant P < 3$	$P < 1$

---

① 综合客运枢纽主导方是指在综合客运枢纽形成过程中，受空域、水域、线位、净空、地质条件、土地资源等特定工程建设条件及建设标准限制，对其他交通运输方式起主要约束影响作用的某一种对外运输方式。

（2）根据综合枢纽在国际国内交通运输网络中承担的功能和作用，可以将枢纽分为国际性、国家性、区域性、地区性等不同等级。

《上海市城市总体规划（2017—2035）》确定了三级的对外客运枢纽体系。国际（国家）级枢纽为浦东枢纽、虹桥枢纽；区域级枢纽为上海站、上海南站；城市级枢纽的数量较多，主城区有上海西站、龙阳路、迪士尼、杨行、莘庄、三林南等，新城地区有安亭北站、松江 南站、奉贤、青浦、南汇、惠南、金山滨海、城桥等。

6.3.3　综合客运枢纽的规划设计要求

6.3.3.1　一般要求

（1）综合客运枢纽的选址应符合城市国土空间规划和综合交通体系规划的要求，具备良好的外部集疏运条件，做好通道与枢纽的统筹协调，保证枢纽服务人口的可达性要求。

（2）坚持统筹规划、统一设计、协同运营的原则，合理划分各种运输方式的使用空间和管理界面，同时推动不同运输方式功能区的合并布设，强化设施设备共享，实现紧凑布局、集约发展、资源高效配置和综合利用。

（3）合理确定综合客运枢纽的用地和建筑规模，满足交通功能与城市功能的整合发展需要。推进站城一体化开发，考虑诱增客流的影响，留有远期发展余地。

（4）依据各种运输方式之间的关联程度进行衔接组织，尽量缩短换乘距离，使换乘量最大的交通方式之间换乘距离或换乘时间最短。

（5）坚持绿色、环保、智能、美观的理念，推行节地节能模式，满足环境保护的要求。枢纽设计应与周边建筑和景观相协调，注重形象特色的塑造。

（6）遵循人车分流的原则，综合利用地上、地下空间进行一体化设计，实现枢纽及周边地区交通组织的安全、有序、顺畅，并满足无障碍设计的要求。

6.3.3.2　总体空间布局要求

（1）总体布局

综合客运枢纽由枢纽建筑主体、站前区（含集散通道）、交通工具运行区、配套用房以及道路、广场、绿化区等多个部分构成。在保障交通功能的前提下，枢纽建筑会容纳多种的城市服务和产业服务功能，形成以综合客运枢纽为核心的现代城市综合体。这从根本上改变了过去铁路和城市等部门的分割体制下，对外交通与城市交通分离、场所功能与交通功能相互割裂的局面。

在以综合体为形式的客运枢纽空间设计中，为了解决空间安排与交通组织的复杂性问题，需要统筹考虑交通功能和城市活动功能两个方面的需求，使之能够便捷连通，又避免相互干扰，形成各自连续紧凑的空间序列。

按照交通运行管理的界面，将综合客运枢纽空间划分为公共区域和非公共区域（图6-3-1）。其中，非公共区域是为保证交通运输安全而设置的特殊准入区域，如机场候机厅、火车站候车厅等；公共区域则是指在枢纽用地范围内各种交通运输方式安检界限以外的空间，对公众进入不加限制。国外的铁路客运站通常不设安检要求，候车厅可以设在公共区域。

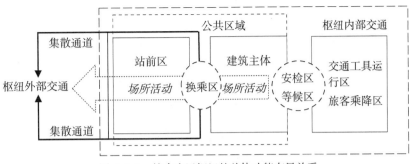

图 6-3-1　综合客运枢纽的总体功能布局关系

（2）公共区域

枢纽公共区域的构成多样，包括旅客活动空间、集散交通空间、停车和广场空间以及场所活动空间等。其中，旅客活动空间和场所活动空间是枢纽综合体的主体部分；停车及绿化、广场经常布置在建筑主体以外，也可以结合设置；集散交通的布局则视不同交通方式来定，轨道车站一般设在枢纽建筑内部，出租车、小汽车上下客点常设在站前区的车道边上。

1）旅客活动空间是客运枢纽的基本功能区域，主要由票务区、换乘大厅、人流汇合点、管理办公区、附属商业及旅客滞留区等组成。为了确保大客流组织的秩序性，应合理地安排各种交通流线，使出发旅客、到达旅客、接送站人员、行李和包裹流线清晰，避免交叉。同时应保证通行、换乘、等候、驻留等各种空间的衔接与匹配，其中换乘大厅由最高旅客聚集人数来确定其使用面积，且宜不小于 $0.2m^2/$ 人；在换乘大厅靠近各类交通方式的出口处，应适当设置旅客等候区域。此外，管理用房应根据需要设置办公室、监控室、调度室、广播室、公安用房等。

2）各类场所活动空间是客运枢纽的拓展功能区域，包括商业、餐饮、酒店、办公、会展、娱乐等不同功能业态。场所活动空间需求有较大的弹性，应在枢纽规划设计的前期使相关开发和服务机构介入，以便同步推进"交通＋商业"功能融合的空间开发模式，满足枢纽多元化的功能目标。

3）为了强化枢纽各部分的联系，应在枢纽内设置贯通各大空间的连通道。枢纽内的人行道还应接入城市步行系统，使枢纽综合体与周边更多的场所空间建立直捷的步行连接，形成连续的慢行交通网络。

4）综合客运枢纽具有复杂的立体交通网络，要加强空间通透性和寻路系统的设计，在枢纽中均匀地设置易于辨认和接近的人流汇合点，并从形态、色彩、亮度等方面增强可识别性，提高乘客对枢纽的空间方位感。

6.3.3.3　换乘集散组织要求

各种运输方式的高效集散和无缝衔接，是提高客运枢纽交通一体化水平的核心。在大型综合客运枢纽，不仅旅客的换乘和集散规模大，枢纽地区的城市功能活动也会吸引大量客流，产生较大的集散交通。在枢纽换乘和集散区域的各种车辆和人群，其通行—停驻、上客—下客、进出—换乘等环节交织在一起，而这些交通活动的特性和空间需求差异大，既要适当分离，又要便利连接，形成了枢纽规划设计的复杂性。

交通流组织是综合客运枢纽设计的首要问题。应从运输服务的全过程出发，研究不同交通方式的集散需求和换乘衔接关系，根据各种交通方式之间衔接的技术要求，确定综合客运枢纽交通空间的组合形态以及各项交通设施的规模与布置。

(1) 换乘交通组织

综合客运枢纽的换乘系统承担枢纽内部的交通组织功能，主要由换乘大厅、换乘广场、换乘通道等空间以及与之相配套的楼梯、自动步道、自动扶梯、电梯等辅助设备构成。

总体上，换乘交通系统应具备换乘客流组织、多模式运力和班次协调、引导客流在各方式之间有效分流的能力，满足安全、便捷、舒适的换乘要求。换乘空间布局应与对外客运方式的站场密切结合，并具有一定的灵活性，能适应改建和扩建的要求；换乘空间规模应根据枢纽的用地条件、建筑形态、换乘量等因素综合分析确定。换乘交通的主要技术要求如下。

1) 换乘距离。换乘量最大的两种交通运输方式之间的换乘距离不宜大于300m，对于受用地条件限制或枢纽客流量过大而需要考虑安全缓冲等特殊情况，换乘距离不应大于500m。各种方式间宜采用同台或立体换乘方式。

2) 换乘大厅。换乘大厅内不同交通运输方式的进、出口和换乘通道进、出口宜分散布置，两个换乘口之间的距离不应小于15m。

3) 换乘广场。换乘广场宜与主导客运方式站场的出站层同层设置，并按照资源共享的原则确定广场规模的大小。受季节性或节假日影响大的综合客运枢纽，其换乘广场应具备设置临时候乘、购票设施的条件。换乘广场应设置换乘风雨廊道，其净宽度应不小于3m。

4) 换乘通道。包括地下通道、天桥、地面换乘走廊等，换乘通道长度大于300m时应加设自动步道通道；换乘通道净宽度应按高峰小时换乘量确定，单向通行换乘通道的净宽度应按每通过100人不小于0.25m计算且不小于3m，双向混行换乘通道的净宽度应按每通过100人不小于0.32m计算且不小于4m。

5) 换乘设备。新建客运枢纽应立体布局换乘设施，鼓励既有客运枢纽实施立体化换乘改造。原则上，换乘设施工程应一次建成，可分期投入使用。当换乘设施楼层高度差在6m及以上时，宜设置上、下行自动扶梯；当设置双向自动扶梯困难时，应设上行自动扶梯。

6) 服务设施。换乘空间应设置问询、售票、信息发布、广播服务、小件寄存、饮水、临时休息、配套商业和餐饮、邮政快递等服务设施和场所。

(2) 内部集散交通组织

综合客运枢纽的集散交通组织包括两个层次。一是内部交通组织，即枢纽内部各种交通方式的运行组织，要满足进出枢纽建筑主体的交通联系需求。二是外部交通组织，即枢纽与周边地区以及外围更广地域的交通组织，要满足进出枢纽用地的交通联系需求，并与过境交通相分离。对于所有的集散方式，都应保证它们从外部到内部整个过程的连贯性，结合不同方式的优先秩序，统筹各类集散交通设施的总体布局。

内部集散交通组织的主要原则如下。

1）进出便利原则。尽量使主要集散交通能够接近枢纽建筑主体，缩短旅客步行进出枢纽的距离。利用枢纽建筑前的上下客平台，紧凑布置公交、出租车上下客点和小汽车下客点。小汽车上客点宜与停车场库结合，与枢纽建筑之间通过步行通道连接。

2）多向分流原则。大型枢纽的集散方式多且流量大，而站前集散空间资源十分宝贵，一般应采用立体组织方式，使各方式均能无缝衔接枢纽建筑。可将集散通道按出发（送客）和到达（迎接）方向上下叠合，分别连接枢纽建筑的进站层、出站层；或按集散方式进行分层，一般公交站点设在站前广场，小汽车、出租车上下客区可结合地下停车场布置，但应合理设置集散道路，减少对广场空间的切割。

3）公交优先原则。保证公交衔接的便利性，提高公交在集散交通中的比例。除了轨道站点与枢纽综合体的一体化衔接，地面公交上下客区要接近枢纽建筑进出口，使公交乘客的步行距离短于个体机动交通。

4）连续步行原则。通过连续步行系统将不同位置的集散通道、站点、设施连接起来，并与枢纽建筑内的步道空间有机衔接，实现相互之间的灵活转换。还要与周边公共步行网络相连，使其出入口与邻近物业、地下通道、过街天桥相结合，以改善枢纽地区的整体性联系。

5）站场分离原则。地面公交和出租汽车的上下客站点分别与公交停车场、出租车蓄车场分开，以紧凑利用枢纽集散区域的空间资源。

(3) 外部交通组织

枢纽外部交通联系的空间尺度较大，重点是组织好快速道路和轨道交通系统，使之与城市乃至区域交通网络相衔接。主要规划设计原则如下。

1）快速接入原则。距城区较远的机场、高铁站等枢纽应采用快速集散交通方式，枢纽进出性路段与周边高快速网络相连通，实现枢纽内外车流的快速转换。有条件时应设置枢纽快线轨道系统。

2）分区组织原则。可采用多向进出、分区组织的集散方式，以均衡交通量分布，减少车辆交织及绕行距离，提高交通运行效率。

3）单向运行原则。机动车总体采用单向交通的组织模式，以简化流线。当主通道上各流线交织严重时，可采用定向匝道、分层道路等方式消除交织点，保证主线交通的运行顺畅。

6.3.3.4　空间环境设计要求

随着客运枢纽服务水平的提高和功能的多元化发展，人们对其场所空间的环境品质要求进一步提升。改善枢纽的场所品质，将有利于促进枢纽的功能集聚，打造城市公共活动的承载地。因此，枢纽设计不仅要充分考虑交通空间使用者、运营者、管理者的要求，还要考虑其他城市活动人群和服务提供者的要求。

2002 年，英国公路管理局（The Highways Agency）就提出了地下交通换乘枢纽的 18 个最佳实践标准，认为"交通枢纽应该为乘客提供一个令人振奋的体验过程"，"通过强调到达站和出发站使乘客产生乘车的兴趣"，设计应该"经久不衰"，"优秀的设计应赋予换乘枢纽恒久的魅力"，"应确保换乘枢纽是乘客长期光顾的理想场所"。这些标准对当今综合客运枢纽的设计仍具有参考价值。

在总体上，建筑、技术和设施应相互配合，形成统一整体。综合考虑交通与场所活动的关系，将公共空间及商业、服务、文化等活动有机植入枢纽公共区域的步行网络，并强化舒适宜人的空间环境塑造，满足客运枢纽在功能性、经济性、生态性、美观性、特色性等多方面的设计目标。一些具体的设计原则有：

1）建筑形式的表达应反映现代交通技术和时代文化的特征，使换乘枢纽和交通工具为乘客提供一贯舒适的高品质服务，并在枢纽空间中融入特色要素，使乘客获得良好的空间感知和愉悦体验。

2）提供较为宽敞的交通空间，改变过去由于枢纽空间狭小而导致人们对封闭式枢纽存有的偏见。特别是换乘空间应确保良好的视线和清晰的导乘指示，有助于寻路和转乘。

3）尽可能多地利用自然光线，合理使用灯光，同时保证良好的空气质量，为乘客创造一个健康、明亮且方位感较强的枢纽环境，这对于提升封闭型枢纽的乘客体验尤其重要。

4）枢纽空间设计要突出特色，利用室内布局、材料和色彩变化，并设置雕塑、小品等观赏点，丰富和美化枢纽的室内环境。

5）注重枢纽与外部环境的协调，加强枢纽集散通道与周边地下街、高架步道和街道空间的整合设计，合理布置绿化和景观，塑造整体风貌和谐的枢纽地区形象。

6.3.4 典型枢纽案例

6.3.4.1 航空主导型枢纽

（1）北京大兴国际机场

北京大兴国际机场（简称"大兴机场"）于 2019 年 9 月投入使用，是目前世界上最大的单体航站楼和唯一采用"双进双出"模式的航站楼。规划至 2025 年的旅客和货邮吞吐量分别为 7200 万人次和 200 万吨，至远期将达到 1 亿人次和 400 万吨的规模。

1）航站楼总体结构

大兴机场枢纽综合体具有集中放射构型、超大设计容量、多条轨道贯通等主要特征，在空间组织上采用了多项创新的措施，包括：双层高架桥及出港层、国内进出港混流、值机—安检设施多层分布、集中设置中转设施、轨道交通与航站楼立体层叠等。由 6 条放射型指廊组成（5 条候机指廊和 1 条备用服务指廊）的"集中式"布局，在满足大容量需求的前提下有效控制了主楼的平面尺度（指廊长度 600m），并通过垂直叠加和分区组织的方式，灵活安排便捷的流程线路和值机办理、检查通道、行李处理等各类流程设施，缩短了主要功能节点的距离，实现了增加近机位数量与缩短最远登机口步行距离之间的良好平衡，整体提升了航站楼的运行效率和旅客使用的方便程度。

主体航站楼及综合换乘中心为 78 万 m^2，加上楼前双层高架桥和地面道路、地下轨道车站、综合服务楼、两座停车楼和制冷站等交通及配套项目，共同组成了一个建筑功能和技术系统紧密衔接的大型交通枢纽综合体，总建筑面积约 143 万 m^2。

2）交通一体化衔接

机场进出交通由新建机场高速路、机场北部横向联络线、既有的京台和京开等 4 条高速公路，新机场快线和京雄、廊涿城际线等 3 条轨道线组成，为机场提供了快速通达的对外联系条件。机场快线车辆采用基于城际平台的市域车型，为目前国内城市轨道交通车辆运行速度最高等级的车辆。

在航站楼设置综合换乘中心（图 6-3-2）。地下一层为站厅，地下二层为站台，依次排列京雄线、新机场快线、R4 线地铁、预留线地铁和廊涿线，5 条线路共 8 台 16 线，站台区总宽度约 270m。除预留线为尽端站，其他 4 条线路均贯穿航站楼。

航站区地面集散交通的衔接便利。充分利用航站主楼延展面长度增加便利的车道边资源，由近及远依次设置机场大巴、出租车、社会大巴、网约车等接站道边，体现公交优先。主楼两侧分设市域和城际长途站，但候车厅布置在航站楼内部，实现了多模式交通的空间整合。

大兴机场还开展了空地联运服务，通过一站购票、一码过站等措施，提高联程运输的便利性。同时设置城市航站楼托运行李，使旅客出行更加灵活轻便。

3）空间设计特色

航站楼建筑设计以使旅客获得优质出行条件和环境体验为目标，力求在总体构型和功能组织的基础上，达成建筑表现力与工程合理性的统一。航站楼屋顶是建筑的最大组件，面积约 31 万 m^2，由贯通指廊的带状天窗切分为 6 片，由起伏流畅的不规则连续曲面构成。18 万 m^2 的主楼屋顶是一个整体结构单元，仅靠 8 组"C"形柱、12 组支撑筒及四周的幕墙结构支撑起来，形成几乎无柱的巨大中厅（图 6-3-3）。百余米的大跨结构为机场提供了通透而宽敞的公共空间，使旅客通行更通畅、视野更开阔，还使楼层布局更自由，最大限度地满足未来设施配置调整的空间灵活度需求。

重点依托建筑中"空"的部分，协同各楼层功能布局和上部屋顶及采光条件，营造符合航站楼使用特点的功能空间和活动场景。整个航站楼采用线性的天窗网格，通过 8000 多块屋顶玻璃，引入充足的自然光。在一层交通厅通过多处楼板开洞，将地下层的轨道旅客融入其中，共同形成充满活力的航站楼迎客前厅。航站楼中心区设在空侧，形成一个贯通各楼层的宏大共享空间，旅客可以在中心点遥望各条指廊的远端，整

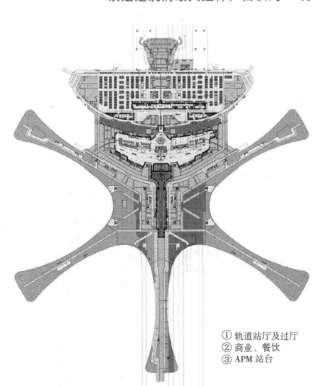

① 轨道站厅及过厅
② 商业、餐饮
③ APM 站台

图 6-3-2　北京大兴国际机场的换乘中心布局
资料来源：王骁群，2019

图 6-3-3　北京大兴国际机场航站楼内部的"C"
形柱和商业区
资料来源：王骁群，2019

体感知航站楼的放射状结构。在局部五层还设置了"亲友话别区"，旅客在安检后可以在大厅回首与家人告别，家人也可以在高处目送亲人候机，体现了独特的人性化设计。

围绕建设人文机场的要求，航站楼突出中国特色文化。在航站楼5个指廊的尽端，分别设置中国园、瓷园、田园、丝园、茶园，这些"中国风"室外庭院与室内空间相融合，为旅客提供放松的候机环境和绿色的活动空间。同时，机场强化"公共艺术整体规划"，以艺术"＋交互（公共艺术）、＋功能（艺术化设施）、＋计划（遗产活化）、＋平台（天空美术馆）"的四加原则，塑造活态文化氛围，使机场公共空间成为一座公共、开放、共享的艺术"博物馆"。

（2）香港国际机场

1）航站楼布局结构

香港国际机场位于大屿山北部的机场岛上，其用地为 12.7km²，3/4 是填海而成。机场一期于 1998 年 7 月通航，这一项目包含了机场及其配套的机场铁路、高速公路、西区海底隧道、三号干线（部分）、中区及湾仔填海等十大核心工程，是香港历史上最大的工程（曾被评为 20 世纪全球十大建筑之一）。T1 航站楼作为香港的门户建筑，由一个主大楼和通往 38 个登机口的候机廊构成，长达 1.3km，有地下捷运列车往返大楼东西两端（图 6-3-4）。2007 年完成航站楼二期扩建工程，T2 航站楼在两端及中间均设有出入口，分别连接地面运输中心和 T1 航站楼的抵港层。2016 年，香港国际机场的中场客运大楼建成使用，提高了机场的运输能力。2018 年，香港国际机场的旅客吞吐量接近 7500 万人次，货邮吞吐量为 512 万吨。

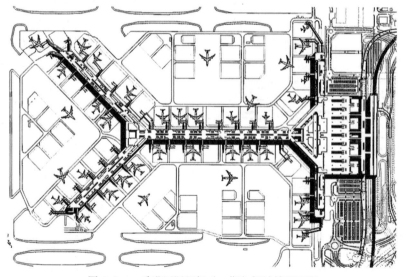

图 6-3-4　香港国际机场（一期）航站楼平面图
资料来源：马丁·波利，2004（诺曼·福斯特设计）

2) 交通一体化衔接

交通一体化是香港国际机场规划设计的基本原则, 机场快线和其他交通集散通道均接驳离境和抵港大堂。香港国际机场快线是世界上第一条特别为服务机场而设计的铁路, 它将列车、机场车站、市中心轨道车站和转乘站等设施有机结合起来, 使乘客感到方便舒适。机场快线介于 T1 和 T2 航站楼之间, 车站采用双侧式站台, 进、出机场方向分层布设, 快线车站由若干通道直接与航站楼的离港层和抵港层相连, 步行距离最为短捷。机场巴士、出租车的进港和出港车道边则分设在最上、下层的集散通道, 与航站楼紧密衔接。社会小汽车的上下客点与航站楼的距离最远, 便捷性低于轨道交通和地面公交 (图 6-3-5)。

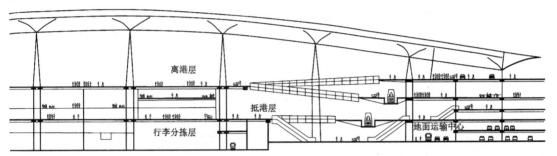

图 6-3-5　香港国际机场 (一期) 航站区的多模式交通一体化衔接剖面示意

香港国际机场 T2 航站楼是连接海、陆、空三种方式的交通枢纽。该航站楼在地面层的两端及中间均设有出入口, 分别连接地面运输中心及 T1 航站楼的抵港层。在海侧接驳方面, 它与海天客运码头相衔接; 在陆侧接驳方面, 除了机场快线, 航站楼内还设有大型旅游车总站, 集中了通往中国内地、香港酒店及旅行团的客车服务。这些使得香港国际机场成为一个协调管理航空、轨道、渡轮、旅游客车、机场大巴等多模式交通的综合性枢纽 (图 6-3-6)。

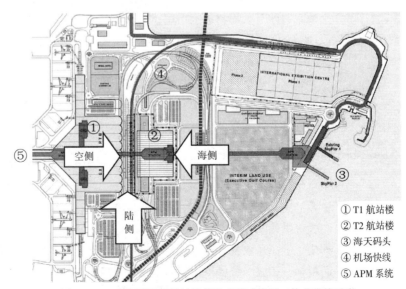

图 6-3-6　香港国际机场航站楼的多模式交通一体化衔接示意

3）空间设计特色

香港国际机场 T1 航站楼呈"Y"形平面布置,建筑面积 55 万 m²,是世界上最大的单体机场建筑之一。该航站楼主要分为出发层、到达层和下层的行李处理系统,并把配套服务设施和捷运系统置于旅客活动流线的下方,优化了机场的结构和运营系统。无论机场的内部空间还是建筑之外,都强调明确的方向感,使乘客明了自己所在的位置并能看到外面的大海和飞机。机场采用整齐简洁的设计,以拱形的屋顶结构作为统一的建筑元素,通过轻型屋顶和明亮充足的自然采光,形成了进入香港城市门户的特色景观。T1 航站楼还被称为当时世界上最大的室内公众场所,机场购物廊(Sky Mart)提供多种服务设施及商店,合计逾 150 间零售店铺,还有港式、日式、美式等各类食店。香港国际机场通过完善的服务设施和丰富的休闲活动,使机场成为一个旅行的场所,有助于让乘客的候机时间变得更加有趣,获得轻松愉快的航空出行体验。

T2 航站楼与多项新设施共同构成了机场北面的商业开发建筑——航天城,以打造机场城市。航天城在六层设有"翔天廊"这一大型商场和综合消闲娱乐中心;东北面的机场行政大楼(HKIA Tower)是香港机场管理局总部,其天台作为机场展望台,与航空探知馆连接,体现了提升机场公共空间的设计理念。

机场铁路车站的设计也有别于将车站深入地下的常规地铁设计。香港国际机场快线的车站采用了敞亮的平面规划,运用明晰的建筑法则,将光、空间深度结合最时代感的材料,为乘客营造一个愉悦而乐于使用的环境。为此,车站内部还广泛应用了以冷灰色和淡白色调子的建材,如玻璃、石材与金属材料等。

6.3.4.2　铁路主导型枢纽

东京站是以铁路主导的枢纽站,总建筑面积约 22 万 m²。它不仅是新干线网络最重要的始发站,也是东海道本线、中央本线、东北本线等传统铁路干线的起点站。每天从东京站出发、到达的列车超过 4000 个班次,居日本首位。

(1)高效交通组织

东京站是一个多级铁路衔接的枢纽,共有 18 条轨道交通线在此交汇。整个车站有地下 5 层和地上 2 层,充分利用了地下空间和高架空间。在付费区内的地面一层,有北通路、中央通路与南通路等三条东西向通路,连接南北侧站房和各个高架站台。各条线路主要采用站台候车的方式,上下车和换乘效率高。

在八重洲出口处设有长途汽车站,可以搭乘长途汽车前往大阪、京都和东北地区的青森、秋田、新潟等地。东京站周边的高层建筑地下部分与东京站相通,可从办公楼地下换乘地铁或电车。

(2)站城一体开发

"东京站之城"(Tokyo Station City)是东京站改造的核心概念(图 6-3-7)。东京站是一个多功能的场所,其中丸之内(Marunouchi)侧的站房周围紧临历史性的丸之内商业区,而位于东部的八重洲(Yaesu)口被定位为象征未来感和先进性的门户。车站综合体由南北双塔和长达 230m 的"光之帆"透明屋顶构成,这一开放式穹廊为人们提供了享受阳光和风的步行体验,成为东京站的新地标。在这一项目中,站前广场、站前道路与地下街同步更新,全面考虑了地下街出入口、地面过街等慢行设施。

在东京站的地下建有 Grandsta 购物中心。该中心是沟通丸之内地区和八重洲地区的地下商业街，于 2007 年完工并开放。其开发面积约 4500m²，商铺面积约 1500m²，约有 50 个商家，包括熟食店、糖果店、面包房、咖啡馆、杂货店等，希望通过提供地道的高质量产品，让人们对东京产生持久的记忆。

东京站的丸之内侧站房是文艺复兴式"赤炼瓦"红砖造建筑，是重要的文化遗产。东京站周边的丸之内、大手町、有乐町被划为"东京站周边都市更新诱导地区"，通过连锁型都市更新项目，不断激发整个地区的活力。

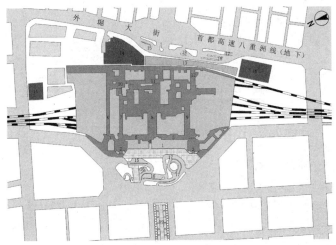

1. 丸之内站屋
2. 丸之内北口
3. 丸之内南口
4. 丸之内中央口
5. 南北通路
6. 北自由通路
7. 北通路
8. 中央通路
9. 南通路
10. 八重洲北口
11. 八重洲中央口
12. 八重洲南口
13. Gran Roof 光之帆屋顶
14. 高层建筑
15. 出租车候车区
16. 机动车地面停车场
17. 机动车地下停车场出入口
18. 巴士停靠站
19. 丸之内广场

图 6-3-7　东京"站城一体化"设计平面示意

6.3.4.3　"航空 + 铁路"主导型枢纽

国际性门户枢纽的腹地范围广大，对"空铁联运"服务的需求相对较高，往往会形成"航空 + 铁路"主导的综合性枢纽，如巴黎戴高乐机场、法兰克福机场等。我国虹桥枢纽是国内将高铁站和机场毗邻布局的首例，尽管由于虹桥机场以国内航班为主，两者之间的中转联系并不突出，但它在综合客运枢纽一体化设计方面具有范例作用。自 2010 年运行近十年来，虹桥枢纽的日均旅客吞吐量已达到 115.6 万人次，最高峰日流量为 145.6 万人次。

（1）交通整合设计

虹桥枢纽呈轴线对称布局，由东至西分别是虹桥机场西航站楼、东交通中心、磁悬浮虹桥站、铁路虹桥站、西交通中心，共同形成了枢纽建筑综合体（图 6-3-8）。在空间组织上，采用枢纽本体分层控制的方法，规定了各个层面的功能布局、公共通道、立体交通设施和静态设施布局，保证了大客流组织的安全、有序和顺畅。

在地面二层，布局西航站楼出发（候机）厅、磁悬浮站厅、铁路站厅以及东西贯通的公共通道等；在地面层，布局西航站楼到达厅、铁路轨道和站台等；在地下一层，布局地下大通道及地铁、铁路、长途巴士地下站厅层等；地下二、三层为地铁站台层。

乘客采用"下进下出、上进下出"的铁路进站方式（图 6-3-9），即由地铁方式换乘铁路的客流可以在地下一层进站；其他出发客流可以通过地面二层进站。对于到达客流，均通过地下一层出站。铁路与其他对外交通方式之间的

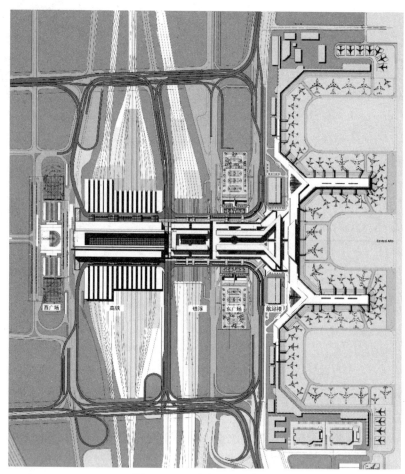

图 6-3-8　虹桥枢纽总平面图
资料来源：上海现代建筑设计（集团）有限公司，2010

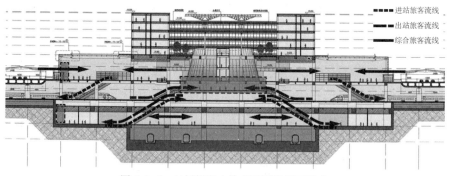

图 6-3-9　虹桥枢纽立体交通组织剖面示意
资料来源：上海现代建筑设计（集团）有限公司，2010

转换客流主要通过地下一层、地面两层来组织。

虹桥枢纽还实行了南北分行、分块循环的道路交通组织方式，南北又各自分为高铁、机场两部分，共形成 4 个单向运行的高架循环圈。各个分区之间设置一定的联络通道，增加了枢纽交通组织的灵活性。

（2）培育极核功能

利用"高铁＋机场"的区位优势，在枢纽周边建设虹桥商务区的核心区。为了突出城市门户形象，创造舒适宜人的公共活动空间，《虹桥商务区核心区控制性详细规划》对核心区轴线公共空间、步行化模式与组织、街区发展模式与尺度、重要的沿街界面和重要节点城市设计等提出了引导性要求。经过近几年的建设，在核心区一期建成了虹桥天地、龙湖天街等以商业为主的大型综合体，以及万科中心、绿谷大厦等以商务为主的办公建筑和配套的休闲娱乐设施。在虹桥枢纽与会展中心之间建设了空中连廊，高铁站到核心区各重点地块均有地下通道相连接，形成了较为连续的步行活动系统。

与此同时，虹桥商务区的总部经济也得到了明显发展。截至2017年底，共有40多家总部类企业入驻核心区，涵盖区域总部、地区总部、开发商总部、上市公司区域总部等，提升了虹桥商务区的中心辐射功能。按照《长江三角洲区域一体化发展规划纲要》的要求，虹桥商务区将进一步打造国际开放枢纽，建设国际化中央商务区和国际贸易中心新平台，增强服务长三角、联通国际的枢纽功能。

参考文献

[1] Kyusang Kwon. The Evolution of the World City Network 2006–2013: the Case of the Organizational Structures in Transnational Corporations[EB/OL]. GaWC Research Bulletin.

[2] 《我国交通运输对标国际研究》课题组. 我国交通运输对标国际研究[M]. 北京：人民交通出版社，2016.

[3] 马丁·波利，诺曼·福斯特. 世界性的建筑[M]. 北京：中国建筑工业出版社，2004.

[4] 徐循初. 城市道路与交通规划（下册）[M]. 北京：中国建筑工业出版社，2007.

[5] 王晓群. 北京大兴国际机场航站区建筑设计[J]. 建筑学报，2019（9）：32–37.

[6] Christopher Blow. Transport Terminals and Modal Interchanges–Planning and Designs[M]. Amsterdam：Elsvier Architectural Press, 2005.

[7] 克里斯多弗·布罗. 交通枢纽——交通建筑与换乘系统设计手册[M]. 田轶威，杨小东，译. 北京：机械工业出版社，2009.

[8] Will Jones. New Transport architecture[M]. [s.l.]：Mitchell Beazley, 2006.

[9] 上海市人民政府. 上海市城市总体规划（2017—2035年）图集[R]. 上海：上海市人民政府，2018.

[10] 中国城市规划设计研究院，上海市城市规划设计研究院. 虹桥商务区控制性详细规划[R]. 北京：中国城市规划设计研究院，2009.

[11] 上海现代建筑设计（集团）有限公司. 上海虹桥综合交通枢纽规划与建筑设计[M]. 北京：中国建筑工业出版社，2010.

[12] 国务院. 交通强国建设纲要[EB/OL]. (2019–09–19). http://www.gov.cn/zhengce/2019–09/19/content_5431432.htm.

附　录

高速铁路区间线路最小曲线半径

附表 2-3-1

设计速度	200（km/h）		250（km/h）			300（km/h）			350（km/h）		
最小曲线半径（m）	一般	2200	有砟	一般	3500	有砟	一般	5000	有砟	一般	7000
				困难	3000		困难	4500		困难	6000
	困难	2000	无砟	一般	3200	无砟	一般	5000	无砟	一般	7000
				困难	2800		困难	4000		困难	5500

注：表中设计速度为 200km/h 的线路指仅运行动车组列车的客运专线。

Ⅰ、Ⅱ级铁路平面曲线半径优先取值范围和最小曲线半径

附表 2-3-2

路段旅客列车设计行车速度（km/h）		160	140	120	100	80
曲线半径（m）		2500 ~ 5000	2000 ~ 4000	1600 ~ 3000	1200 ~ 2500	800 ~ 2000
最小曲线半径（m）	一般	2000	1600	1200	1200	600
	困难	1600	1200	800	800	500

Ⅰ、Ⅱ级铁路的车站平面最小圆曲线半径

附表 2-3-3

路段旅客列车设计行车速度（km/h）				200	160	140	120	100	80
最小圆曲线半径（m）	区段站			2000	1600	1200	800	800	
	中间站、会让站、越行站	工程条件	一般	3500	2000	1600	1200	800	600
			困难	2800	1600	1200	800	600	

高速铁路站内相邻线路最小线间距

附表 2-3-4

设计速度（km/h）	站内正线			站内正线与相邻到发线	到发线到相邻到发线
	$v \leqslant 250$	$250 < v \leqslant 300$	$300 < v \leqslant 350$		
最小线间距（m）	4.6	4.8	5.0	5.0	5.0

注：线间有建（构）筑物或有影响限界的设施，最小线间距按建筑限界计算确定。

Ⅰ、Ⅱ级铁路站内相邻线路最小线间距　　附表 2-3-5

相邻线路				最小线间距（m）
站内正线				5.0
站内正线与相邻到发线	无列检作业			5.0
	有列检作业（km/h）	v ≤ 120	一般	5.5
			改建特别困难	5.0
		120< v ≤ 160	一般	6.0
			改建特别困难	5.5
		160< v ≤ 200	一般	6.5
			改建特别困难	5.5
到发线间或到发线与其他线				5.0
站内线间设有高柱信号机时，相邻两线（含正线）均需通行超限货物列车				5.3
牵出线与其相邻线	调车作业繁忙车站			6.5
	改建困难或仅办理摘挂取送作业			5.0

注：线间有建（构）筑物或有影响限界的设施，最小线间距按建筑限界计算确定。既有线列车最高运行速度提速到 140 ~ 160km/h 时，可保持 4.0m 线间距。

Ⅰ、Ⅱ级铁路站坪长度（单位：m）　　附表 2-3-6

车站种类	车站布置形式	远期到发线有效长度						
		1050		850		750		650
		单线	双线	单线	双线	单线	双线	单线
会让站、越行站	横列式	1450	1700	1250	1500	1150	1400	1050
中间站	横列式	1600	2000	1400	1800	1300	1700	1200
区段站	横列式	2000	2500	1800	2300	1700	2200	1600
	纵列式	3500	4000	3100	3600	2900	3400	2600

注：1. 站坪长度未包括站坪两端竖曲线长度。
　　2. 如有其他线路接轨时，站坪长度应根据需要计算确定。
　　3. 多机牵引时，站坪长度应根据机车数量及长度计算确定。
　　4. 会让站、越行站、中间站和区段站的站坪长度，除越行站、双线中间站两端按各铺一组 18 号道岔单渡线确定外，正线上其他道岔采用 12 号确定，当采用其他型号道岔时应另行计算确定。
　　5. 复杂中间站、区段站的站坪长度可按实际需要计算确定。

高速铁路直线地段的标准路基面宽度　　附表 2-3-7

轨道类型	设计速度（km/h）	双线线间距（m）	路基面宽度（m）	
			单线	双线
无砟轨道	250	4.6	8.6	13.2
	300	4.8		13.4
	350	5.0		13.6
有砟轨道	250	4.6	8.8	13.4
	300	4.8		13.6
	350	5.0		13.8

注：有砟轨道的路基面宽度等于道床坡脚间所占用的路基宽度再加上两侧路肩的宽度。有砟轨道路基两侧的路肩宽度，双线不应小于 1.4m，单线不应小于 1.5m。山区的客运专线铁路路堤边坡高度不宜超过 15m，路堑边坡高度不宜超过 30m。

客运专线铁路区间线路用地指标（单位：hm²/km） 附表 2-5-1

路基面宽度	地形条件	路基平均填挖高（m）					
		$h \leqslant 5$	$5 < h \leqslant 6$	$6 < h \leqslant 7$	$7 < h \leqslant 8$	$8 < h \leqslant 10$	$h \leqslant 15$
13.2m $v=200$km/h	平原	5.1200	5.3333	6.0792	6.4537	—	—
	丘陵	6.8860	7.2050	7.8760	8.5690	9.8890	—
	山区	8.7650	9.2500	9.7900	10.0000	10.6350	12.0600
13.4m $200 < v \leqslant 250$km/h	平原	5.1590	5.4800	6.1826	6.4751	—	—
	丘陵	7.4030	8.0740	8.3930	8.7120	9.9220	—
	山区	9.0650	9.8500	10.0650	10.2750	10.9050	12.5400
13.8m $300 < v \leqslant 350$km/h	平原	5.2018	5.5523	6.2540	6.5179	—	—
	丘陵	7.4470	8.1180	8.4370	8.7670	9.9990	—
	山区	9.1450	9.8950	10.1100	10.3200	10.9500	12.5850

注：该指标采用模拟设计法计算得出，试用后将根据客运专线铁路项目的实际建设情况进行补充完善。计算区间路基长度时，应扣除车站、隧道、桥梁（两桥台椎体外缘之间长度）长度。

客货共线铁路区间正线用地指标（单位：hm²/km） 附表 2-5-2

地形等级		I	II	III	IV	V
铁路等级	I 级双线	5.2537	4.5901	4.9387	4.8338	4.1365
	I 级单线	4.1600	3.6333	3.9100	3.8267	3.2733
	II 级单线	4.1100	3.5833	3.8600	3.7767	3.2233
	III 级单线	3.8100	3.2833	3.5600	3.4767	2.9233

注：指标内含 11% 取土场取土因素，其余均按就近取弃土计算；指标内不含石磕场及岔线和苗圃用地。指标内不含代征地 0.0467hm²/km。

火车司机最小瞭望视距和机动车驾驶员侧向最小瞭望视距 附表 2-6-1

路段旅客列车设计行车速度（km/h）	火车司机最小瞭望视距（m）	机动车驾驶员侧向最小瞭望视距（m）
100	850	340
80	850	270

注：机动车驾驶员侧向最小瞭望视距为机动车在距道口相当于该级道路停车视距并不小于 50m 处，应能看到两侧铁路上火车的范围。线间距小于或等于 5m 的双线铁路道口，机动车驾驶员侧向最小瞭望视距还应增加 50m，多线铁路道口按计算确定。

全国内河高等级航道布局方案表（2007 ~ 2020 年） 附表 3-3-1

航道名称	起讫点	里程（km）	现状	规划	备注
两横					
1. 长江干线	水富 – 重庆	412	五 ~ 三级	三级	
	重庆 – 长江口	2426	三 ~ 一级	一级	城陵矶 – 武汉利用自然水深通航 3000 吨级海船；武汉 – 铜陵利用自然水深通航 5000 吨级海船；铜陵 – 南京利用自然水深通航 10000 吨级海船；南京 – 长江口通航 5 万吨级及以上海船

续表

航道名称	起讫点	里程（km）	现状	规划	备注
2. 西江航运干线	南宁 – 广州	854	五～三级	三级及以上	肇庆 – 思贤滘通航 3000 吨级海船
一纵					
京杭运河	梁山 – 杭州	1052	六～二级	三～二级	梁山 – 济宁三级；济宁 – 扬州（含湖西航道）二级；谏壁 – 杭州三级
两网					
长三角高等级航道网		4330			两纵六横
珠三角高等级航道网		939			三纵三横三线
十八线					
1. 岷江	乐山 – 宜宾	162	六～四级	三级	
2. 嘉陵江	广元 – 合川	603	六～四级	四级	
	合川 – 重庆	95	四级	三级	
3. 乌江	乌江渡 – 涪陵	594	七～五级	四级	
4. 湘江	松柏 – 城陵矶	497	六～三级	三级及以上	
5. 沅水	三板溪 – 常德	667	六级	四级	
	常德 – 鲇鱼口	192	四级	三级	
6. 汉江	安康 – 丹江口	352	六、七级	四级	
7. 江汉运河	龙洲 – 高石碑	69	不通航	三级	
8. 赣江	赣州 – 湖口	606	六～三级	三级及以上	
9. 信江	贵溪 – 罐子口	244	七～五级	三级	
10. 合裕线	合肥新港 – 裕溪口	143	六～三级	三级	
11. 淮河	淮滨 – 正阳关	177	五级	四级	
12. 沙颍河	漯河 – 沫河口	378	六、五级	五～四级	
13. 右江	剥隘 – 百色	80	四级	四级	
	百色 – 南宁	355	六级	三级	
14. 北盘江 – 红水河	百层 – 来宾	678	七、六级	四级	
	来宾 – 石龙三江口	63	六～四级	三级	
15. 柳江 – 黔江	柳州 – 桂平	284	六～五级	三级	
16. 黑龙江	恩和哈达 – 伯力	1890	四、二级	三级及以上	根据《中俄额尔古纳河和黑龙江界河段水资源综合利用规划》确定
17. 松花江	大安 – 肇源	90	四级	四级	
	肇源 – 同江	886	四、三级	三级及以上	
18. 闽江	南平 – 外沙	278	六～一级	四级及以上	

规划航道里程约 1.9 万 km，其中三级及以上航道 14300km，四级航道 4800km，分别占 75% 和 25%。

注：1. 现状年份为 2005 年。
　　2. 长江干线的航道建设方案在不同时期的规划中会做出一定的调整，以适应新的发展要求。由于"十五""十一五""十二五"的规划实施力度大，部分建设目标已经提前实现或已超出既有目标。资料来源：《全国内河航道与港口布局规划（2007—2020）》。

天然和渠化河流航道尺度　　　　　　　　附表 3-3-2

航道等级	船舶吨级	代表船舶尺度（总长×型宽×设计吃水）(m)	代表船舶、船队	船舶、船队尺度（长×宽×设计吃水）(m)	航道水深	航道直线段宽度		弯曲半径
						单线	双线	
I	3000	驳船 90.0×16.2×3.5 货船 95.0×16.2×3.2		406.0×64.8×3.5	3.5~4.0	125	250	1200
				316.0×48.6×3.5		100	195	950
				223.0×32.4×3.5		70	135	670
II	2000	驳船 75.0×16.2×2.6 货船 90.0×14.8×2.6		270.0×48.6×2.6	2.6~3.0	100	190	810
				186.0×32.4×2.6		70	130	560
				182.0×16.2×2.6		40	75	550
III	1000	驳船 67.5×10.8×2.0 货船 85.0×10.8×2.0		238.0×21.6×2.0	2.0~2.4	55	110	720
				167.0×21.6×2.0		45	90	500
				160.0×10.8×2.0		30	60	480
IV	500	驳船 45.0×10.8×1.6 货船 67.5×10.8×1.6		167.0×21.6×1.6	1.6~1.9	45	90	500
				112.0×21.6×1.6		40	80	340
				111.0×10.8×1.6		30	50	330
				67.5×10.8×1.6				
V	300	驳船 35.0×9.2×1.3 货船 55.0×8.6×1.3		94.0×18.4×1.3	1.3~1.6	35	70	280
				91.0×9.2×1.3		22	40	270
				55.0×8.6×1.3				
VI	100	驳船 35.0×9.2×1.3 货船 55.0×8.6×1.3		188.0×7.0×1.0	1.0~1.2	15	30	180
				45.0×5.5×1.0				
VII	50	驳船 24.0×5.5×0.7 货船 32.5×5.5×0.7		145.0×5.5×0.7	0.7~0.9	12	24	130
				32.5×5.5×0.7				

注：1. 考虑不同航区的特殊通航条件，我国《内河通航标准》GB 50139—2014 对黑龙江水系和珠江三角洲至港澳线内河航道尺度做了单独规定。前者属宽浅河流，以1000吨级驳船组成的顶推船队为主力船型；后者水深条件良好，适宜通航吃水较深的船舶。

2. 对枯水期较长或者运输繁忙的航道，应采用本表所列航道水深幅度的上限；对整治比较困难的航道，应采用表列航道水深幅度的下限。当底部为石质河床时，水深值应增加 0.1~0.2m。

3. Ⅰ~Ⅲ级航道均为船队和货船混合通航的航道，本表仅规定了以船队通航为控制条件的航道尺度；在Ⅲ级以下航道则同时规定了船队和货船通航的航道尺度。

河港的单船和顶推船回旋水域尺度　　　　　　　　附表 3-3-3

沿水流方向的长度	不宜小于单船或船队长度的 2.5 倍	流速大于 1.5m/s 时，回旋水域长度可适当加大，但不应大于单船或船队长度的 4 倍
垂直水流方向的宽度	不宜小于单船或船队长度的 1.5 倍	当船舶为单舵时，回旋水域宽度不应小于单船或船队长度的 2.5 倍

注：1. 拖带船队回旋水域长度和宽度可适当减小。

2. 当船舶回旋水域占用航行水域时应保证航行安全。

附表 3-3-4

海港回旋水域尺度

适用范围	回旋圆直径（m）
没有侧推及无拖轮协助	设计船长的 2.0 ~ 3.0 倍，掩护条件差时，可适当增大
有港作拖轮协助，掩护条件较差	设计船长的 2.5 倍
有港作拖轮协助，掩护条件较好	设计船长的 1.5 ~ 2.0 倍
允许借码头或转头墩协助转头的水域	设计船长 1.5 倍
受水流影响较大的港口，应适当加长转头水域沿水流方向的长度，宜通过操船试验确定加长尺度；缺乏试验依据时，沿水流方向的长度可取 2.5 ~ 3.0 倍设计船长	

注：1. 回旋水域可占用航行水域，当船舶进出频繁时，经论证可单独设置。
 2. 对于液化天然气码头，回旋水域尺度不宜小于 2.5 倍的设计船长。

附表 3-3-5

平原河流、河网地区和山区河流码头设计高水位

码头受淹损失类别	码头设计高水位			
	平原河流、河网地区重现期（a）	山区河流		
		斜坡式、直立式重现期（a）	分组直立式多年历时保证率（%）	
			高水级	低水级
一类	50	20	0.5	10 ~ 30
二类	20	10	1	
三类	10	3	2	

注：1. 码头受淹损失分类：一类，码头受淹将造成生产、货物和设备重大损失的码头；二类，码头受淹将造成生产、货物和设备一定损失的码头；三类，码头受淹将造成生产、货物和设备损失较小的码头。
 2. 对出现高于码头设计高水位历时很短的山区斜坡式码头和直立式码头，经论证后，其码头设计高水位可适当降低。
 3. 多年历时保证率可采用综合历时曲线法计算，其计算方法见现行行业标准《港口与航道水文规范》JTS 145—2015。

附表 3-3-6

潮位和波浪的组合标准及富裕高度

组合情况	上水标准		受力标准		
	设计水位	富裕高度	设计水位	波浪重现期	富裕高度
基本标准	设计高水位	一般情况可取 10 ~ 15 年重现期波浪的波峰面高度，并不小于 1.0m；掩护良好码头可取 1.0 ~ 2.0m	设计高水位	50 年	0 ~ 1.0m
复核标准	极端高水位	一般情况可取 20 ~ 50 年重现期波浪的波峰面高度；掩护良好码头可取 0 ~ 0.5m	—	—	—

注：1. 按受力标准设计时波浪采用波列累积频率为 1% 的波高。
 2. 按上水标准设计时波浪采用波列累积频率为 4% 的波高。
 3. 对于风暴增水情况明显的码头应在设计高水位基础上考虑增水影响。
 4. 受力标准的波浪重现期采用结构设计的规定，一般为 50 年，有特殊要求时，可相应调整。

附表 3-3-7

港内道路主要技术指标

指标名称		主干路	次干路	支路
计算行车速度（km/h）	一般港区	15	15	15
	集装箱港区	35	25	15

续表

指标名称		主干路	次干路	支路
路面宽度（m）	一般港区	7 ~ 15	7 ~ 9	3.5 ~ 4.5
	集装箱港区	15 ~ 30	15 ~ 30	4 ~ 7.5
最小圆曲线半径（m）	行驶单辆汽车	15	15	15
	行驶拖挂车	20	20	20
交叉口路面内缘最小转弯半径（m）	载重 4 ~ 8t 单轴汽车	9	9	9
	载重 10 ~ 15t 单辆汽车	12	12	12
	载重 4 ~ 8t 单辆汽车带挂车	12	12	12
	集装箱拖挂车、载重 15 ~ 25t 平板挂车	15	15	15
	载重 40 ~ 60t 平板挂车	18	18	18
停车视距（m）		15	15	15
会车视距（m）		30	30	30
交叉口停车视距（m）	一般港区	20	20	20
	集装箱港区	40	30	20
最大纵坡（%）		5	5	8
竖曲线最小半径（m）	一般港区	100	100	100
	集装箱港区	250	100	100
竖曲线最小长度（m）	一般港区	15	15	15
	集装箱港区	30	20	15

注：1. 有长大件运输的道路和突堤码头至后方库场区的道路，其路面宽度按工艺要求确定。
　　2. 当通行电瓶车、非机动车时道路纵坡宜放缓，电瓶车道纵坡不宜大于 3%，非机动车道纵坡不宜大于 2%。
　　3. 道路纵坡大于 3% 时，最大坡长不宜大于 700m。
　　4. 浮码头和滚装码头的引桥，纵坡不宜大于 9%，困难条件下不应大于 10%，限制坡长为 150m。
　　5. 冰冻和积雪地区的港内道路最大纵坡不宜大于 5%。
　　6. 仓库引道宽度应与库门宽度相适应。
　　7. 港内道路平面转弯处，不宜设超高和加宽。

高速公路路段服务水平分级

附表 4-3-1

服务水平等级	v/c 值	设计速度（km/h）		
		120	100	80
		最大服务交通量 [pcu/（h·ln）]	最大服务交通量 [pcu/（h·ln）]	最大服务交通量 [pcu/（h·ln）]
一	$v/c \leqslant 0.35$	750	730	700
二	$0.35 < v/c \leqslant 0.55$	1200	1150	1100
三	$0.55 < v/c \leqslant 0.75$	1650	1600	1500
四	$0.75 < v/c \leqslant 0.90$	1980	1850	1800
五	$0.90 < v/c \leqslant 1.00$	2200	2100	2000
六	$v/c > 1.00$	0 ~ 2200	0 ~ 2100	0 ~ 2000

注：v/c 是在基准条件下，最大服务交通量与基准通行能力之比。基准通行能力是五级服务水平条件下对应的最大小时交通量。

一级公路路段服务水平分级

附表 4-3-2

服务水平等级	v/c 值	设计速度（km/h）		
		100	80	60
		最大服务交通量 [pcu/（h·ln）]	最大服务交通量 [pcu/（h·ln）]	最大服务交通量 [pcu/（h·ln）]
一	$v/c \leqslant 0.3$	600	550	480
二	$0.3 < v/c \leqslant 0.5$	1000	900	800
三	$0.5 < v/c \leqslant 0.7$	1400	1250	1100
四	$0.7 < v/c \leqslant 0.90$	1800	1600	1450
五	$0.90 < v/c \leqslant 1.00$	2000	1800	1600
六	$v/c > 1.00$	0 ~ 2000	0 ~ 1800	0 ~ 1600

注：v/c 是在基准条件下，最大服务交通量与基准通行能力之比。基准通行能力是五级服务水平条件下对应的最大小时交通量。

二、三、四级公路路段服务水平分级

附表 4-3-3

服务水平	延误率（%）	设计速度（km/h）									
		80				60				≤ 40		
		速度（km/h）	v/c			速度（km/h）	v/c			v/c		
			禁止超车区（%）				禁止超车区（%）			禁止超车区（%）		
			< 30	30 ~ 70	≥ 70		< 30	30 ~ 70	≥ 70	< 30	30 ~ 70	≥ 70
一	≤ 35	≥ 76	0.15	0.13	0.12	≥ 58	0.15	0.13	0.11	0.14	0.12	0.10
二	≤ 50	≥ 72	0.27	0.24	0.22	≥ 56	0.26	0.22	0.20	0.25	0.19	0.15
三	≤ 65	≥ 67	0.40	0.34	0.31	≥ 54	0.38	0.32	0.28	0.37	0.25	0.20
四	≤ 80	≥ 58	0.64	0.60	0.57	≥ 48	0.58	0.48	0.43	0.54	0.42	0.35
五	≤ 90	≥ 48	1.00	1.00	1.00	≥ 40	1.00	1.00	1.00	1.00	1.00	1.00
六	> 90	< 48	—	—	—	< 40	—	—	—	—	—	—

注：1. 设计速度为 80、60 和 40km/h 时，路面宽度为 9m 的双车道公路，其基准通行能力分别为：2800、2500 和 2400pcu/h。

2. v/c 是在基准条件下，最大服务交通量与基准通行能力之比。基准通行能力是五级服务水平条件下对应的最大小时交通量。

3. 延误率为车头时距小于或等于 5s 的车辆占总交通量的百分比。

后 记

—Afterword—

　　本教材以交通运输可持续发展为基本理念，吸收了我国交通运输系统最新发布的相关政策、规范、标准和规划，弥补了现有教材内容相对陈旧的不足，可以作为一本系统实用的工具书。但限于时间和篇幅，有些内容没有深入展开，仍待后续扩展。

　　在本教材的编写完成之时，正值我国公布了《交通强国建设纲要》这一标志性文件，表明我国综合交通运输事业进入到一个新的历史阶段。交通运输作为国家建设现代化经济体系的先行领域，将更加注重交通运输的新技术应用、网络互联、多式融合、绿色集约，以构筑多层级、一体化的综合交通枢纽体系，更好地服务于国家、区域和地方的发展。与此同时，随着国土空间规划编制体系的建构，综合交通运输规划如何与之整合并充分发挥引领和支撑作用，有待进一步思考和总结。为此，教材编写人员将继续跟踪这一领域的发展动态和最佳实践，不断地充实和完善教材的内容，为城乡规划和相关学科的专业人才培养、综合交通运输规划理论和实践探索做出努力。